D1704432

HARALD FRANZEN

FOTOGRAFIEREN IN BERLIN
UND POTSDAM

Rheinwerk
Fotografie

Für Lena und Tari

Liebe Leserin, lieber Leser,

wenn Sie es mit Marlene Dietrich halten, haben Sie sicher schon einen Koffer in Berlin. Hoffentlich ist da eine Kamera drin! Denn die brauchen Sie, wenn Sie sich von Harald Franzen zu den bekannten und unbekannten Foto-Hotspots der deutschen Hauptstadt führen lassen.

Brandenburger Tor, Fernsehturm und Schloss Sanssouci in Potsdam – Sie kennen die typischen Postkartenmotive. Harald Franzen zeigt Ihnen, wie sich diesen tausendmal fotografierten Sehenswürdigkeiten noch neue, ganz individuelle Motive entlocken lassen. Shell-Haus, Park am Nordbahnhof, Hansaviertel und Dampfmaschinenhaus – kennen Sie die auch? Und verbinden Sie eine U-Bahn-Fahrt und einen Besuch auf dem Teufelsberg mit spannenden Fotomotiven? Sollten Sie! In diesem Buch entdecken Sie neben »alten Bekannten« auch zahlreiche Orte, die in einem normalen Reiseführer nicht zu den Top-Ten-Locations zählen, fotografisch aber richtig was hermachen.

Berlin und Potsdam haben viel zu bieten, und daher haben wir für Sie eine Auswahl getroffen. Leider mussten wir auf einige Motive aus rechtlichen Gründen verzichten – die Kuppel des Reichstagsgebäudes und der Spreepark Plänterwald sind prominente Beispiele. Dennoch wird Sie die Vielfalt der Motive begeistern, und manche Schranke, die wir für dieses Buchprojekt nicht passieren konnten, gilt für Ihre private Fotografie nicht.

Lassen Sie sich inspirieren, Berlin einmal »planvoll« zu fotografieren – so wie wir es mit der Aufteilung dieses Buches vorschlagen. Oder folgen Sie einer der sieben exemplarischen Touren durch Berlin und Potsdam, die Harald Franzen für Sie zusammengestellt hat. Nehmen Sie nur Ihre Kamera aus dem Koffer, und legen Sie los!

Viel Freude beim Lesen und beim Betrachten! Und dann ran an de Buletten, ähem, die Motive!

Ihr Frank Paschen
Lektorat Rheinwerk Fotografie

frank.paschen@rheinwerk-verlag.de
www.rheinwerk-verlag.de

Rheinwerk Verlag • Rheinwerkallee 4 • 53227 Bonn

Inhalt

Vorwort 6
Der Autor 10

Berlin – von Preußen bis in die NS-Zeit 13

Wo alles begann: Die Museumsinsel 14
Brandenburger Tor 24
Rotes Rathaus 30
Olympiastadion 36
Kirche am Hohenzollernplatz 42
Flughafen Berlin-Tempelhof 48
Ullsteinhaus 54
Shell-Haus 60

Straßenfeste und Umzüge 66

Berliner Mauer 71

East Side Gallery 72
Gedenkstätte Berliner Mauer 80
Kapelle der Versöhnung 86
Mauerpark 90

Checkpoint Charlie 98
Park am Nordbahnhof 104
Mauerweg – verstreute Spuren der Mauer 110

(Ost-)Berlin – Hauptstadt der DDR 119

Rund um den Alex 120
Karl-Marx-Allee 136
Sowjetisches Ehrenmal im Treptower Park 146
Friedrichstadt-Palast 152

Berlin am Wasser 158

West-Berlin 165

Haus der Kulturen der Welt 166
U-Bahn-Linie 7 172
»Raumschiff« ICC 180
Teufelsberg 190
Hansaviertel 198

Berlin bei Nacht 206

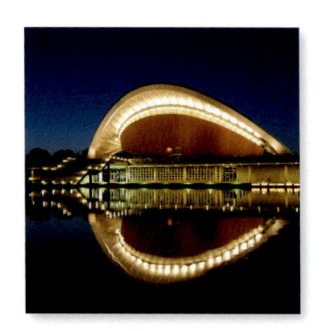

Grünes Berlin 213

Tiergarten 214

Siegessäule 220

Tempelhofer Feld 224

Natur-Park Südgelände 232

Gärten der Welt in Marzahn 242

Wannsee 248

Streetart 256

Das neue Berlin 267

Potsdamer Platz 268

Forum des Sony Centers 278

Das Denkmal für die ermordeten Juden Europas 280

Berlin Hauptbahnhof 286

DHM – Ausstellungshalle von I. M. Pei 294

Museen, Ausstellungen und Events 300

Potsdam 305

Schloss Sanssouci 306

Im Park Sanssouci 310

Belvedere auf dem Pfingstberg 318

Dampfmaschinenhaus 322

Der Neue Garten 328

Russische Kolonie Alexandrowka 334

Telegrafenberg 338

Touren

Tour 1: Neu und alt und neu 344

Tour 2: Ab durch die Mitte 346

Tour 3: Die DDR-Tour 348

Tour 4: Interbau und ganz viel Grün 350

Tour 5: Tief im Westen 352

Tour 6: Insel Wannsee – die »Fahrradtour« 354

Tour 7: Potsdam ohne Sanssouci 356

Index 358

Vorwort

Berlin ist eine faszinierend vielfältige Stadt. Ich wohne inzwischen seit fast 10 Jahren hier, aber so richtig klar wurde mir das tatsächlich erst, als ich begann, mich für dieses Buch auf die Suche nach Fotomotiven zu machen. Dabei erlebte ich einige Überraschungen. Manche Touristenmagneten, von denen ich mir sicher war, dass sie im Buch landen würden, fand ich unerwartet langweilig. Andere Orte, die kaum jemand besucht, bieten hingegen faszinierende Motive.

Berlin hat in seiner wechselhaften Geschichte viel einstecken müssen: Kriege, Eroberungen, Bomben und die Mauer, aber auch immer wieder Aufbau und Neubeginn erlebt. Dadurch wirkt die Stadt oft zerrissen und gestückelt in ihrem Erscheinungsbild, aber eben auch sehr abwechslungsreich. Aufgrund seiner Geschichte als geteilte Stadt bietet Berlin auch einige sehr ungewöhnliche Orte, die man in dieser Form in München oder Köln nicht finden kann. Zum einen sind da natürlich die Relikte der Berliner Mauer, aber darüber hinaus gibt es hier auch mehr als 25 Jahre nach der Wiedervereinigung noch viele Brachflächen, Ruinen und faszinierende, scheinbar vergessene Orte, oftmals mitten in der Stadt.

Und dann ist da noch das oft zitierte Berliner Lebensgefühl. Hier geht es irgendwie noch etwas entspannter zu als andernorts, Geld ist (noch) nicht ganz so wichtig, und inzwischen tummeln sich junge Menschen aus aller Welt in der einstmals so isolierten Stadt. All das bietet faszinierende Fotomotive, von denen ich Ihnen auf den folgenden Seiten einige vorstellen möchte.

Was mir wichtig ist

» Dieses Buch erhebt **keinen Anspruch auf Vollständigkeit**, und ob Orte einen Besuch wert sind oder nicht, ist und bleibt Geschmackssache. Sie finden hier einige meiner Lieblingsorte zum Fotografieren, aber es gibt sicher viele andere, die ebenfalls einen Abstecher lohnen.

» Berlin ist eine Stadt, die **ständig im Wandel** ist, viel mehr noch als die meisten anderen Städte Deutschlands oder Europas. Daher kann es gut sein, dass es Motive oder sogar Orte, die ich in diesem Buch vorstelle, bei Ihrem Berlin-Besuch schon nicht mehr gibt. Im Zweifel sollten Sie daher die in den jeweiligen Abschnitten angegebenen Webseiten konsultieren, bevor Sie sich auf den Weg machen.

» Bitte **respektieren Sie die Menschen und Orte**, die Sie fotografieren. Berlin ist kein Zoo, und seine Bewohner sind keine Attraktionen. Behandeln Sie sie mit dem Respekt, den Sie selbst erwarten, wenn jemand die Kamera auf Sie richtet.

» Viele Orte in Berlin sind frei zugänglich, sind aber rechtlich gesehen Privatgelände. Holen Sie in solchen Fällen auf jeden Fall erst die Erlaubnis des »Hausherrn« ein, bevor Sie **Bilder veröffentlichen**.

» Alle Brennweiten in diesem Buch sind auf 35 mm äquivalent umgerechnet, und **nicht jede Kameraeinstellung ist immer optimal, perfekt und sorgfältig durchdacht**. Ich mache auch manchmal Fotos mit ISO 800, die ich mit ISO 100 hätte machen können, einfach weil ich vergesse, meine Kamera umzustellen, oder weil das Foto spontan entstanden ist und ich keine Zeit hatte, mich um die ISO-Einstellung zu kümmern. Beißen Sie sich nicht so sehr an diesen Dingen fest. Das **Entscheidende ist das Ergebnis,** und wenn der ISO-Wert, die Blende, die Belichtungszeit oder die Brennweite wirklich wichtig sind, erwähne ich das im Text.

» Vergessen Sie beim vielen Fotografieren nicht, die Stadt auch ein bisschen zu genießen. Manchmal kann es auch schön sein, die Kamera wegzulegen und einfach **den Moment zu leben.**

Wie dieses Buch aufgebaut ist

Es gibt sicher viele Möglichkeiten, wie man ein solches Buch aufbauen kann, ich habe hier im weiteren Sinne eine chronologische gewählt. Das Buch beginnt mit dem alten Berlin und arbeitet sich dann vor bis zur Gegenwart. Wenn Sie also keine Lust auf Paläste haben, dafür aber abstrakte, moderne Architektur lieben, wissen Sie schon, in welchem Kapitel Sie am besten anfangen zu lesen, wenngleich es auch diesbezüglich immer wieder Überraschungen gibt. So stammt beispielsweise das Shell-Haus aus den 1920er/30er Jahren, ist aber sehr modern gestaltet. Gegen Ende des Buches werfen wir noch einen Blick auf die vielen großen und kleinen Flecken Grün in Berlin und auf das ebenfalls sehr grüne Potsdam. Und damit das Buch nicht zu einem Architekturführer wird, finden Sie dazwischen immer wieder kurze Exkurse, die Sie dazu inspirieren sollen, auch mal im alltäglichen Berlin, abseits der typischen Attraktionen, nach Motiven und eigenen Fotoprojekten zu suchen.

Berlin ist eine ziemlich große Stadt, und die Motive in diesem Buch liegen zum Teil recht weit verstreut. So liegen zwischen den Gärten der Welt in Marzahn (Seite 242) und dem Schloss Sanssouci (Seite 306) mehr als 40 Kilometer. Daher bietet es sich an, einen Blick auf die Karte zu werfen, bevor Sie auf Motivjagd gehen. Ab Seite 344 finden Sie einige **Touren,** die ich Ihnen zusammengestellt habe, auf denen Sie Berlin und Potsdam fotografisch entdecken können.

Womit Sie in Berlin fotografieren sollten

Empfehlungen für Ihre Ausrüstung zu geben ist immer eine knifflige Sache, denn jeder Fotograf hat individuelle Vorlieben und einen eigenen Stil. Manche Puristen fotografieren prinzipiell nur mit einer Leica der M-Serie mit 35 mm Festbrennweite, andere lieben die Flexibilität und Bequemlichkeit von Premium-Kompaktkameras mit eingebautem 10-fach-Zoom und nehmen dafür deren Nachteile wie kleine Bildsensoren und teilweise eher mittelmäßige optische Qualität in Kauf. Der eine fotografiert Menschen auf der Straße, der andere mit Vorliebe die Strukturen von Häuserfassaden. Wenn Sie so spezialisiert sind, bietet es sich an, Ihre Kameraausrüstung konsequent entsprechend anzupassen.

Die Motive in diesem Buch sind sehr vielfältig, daher habe ich bei der Arbeit an diesem Buch zum

Zwei der sehr unterschiedlichen Kameras, die ich für dieses Buch verwendet habe

Teil mit sehr unterschiedlichen Formaten experimentiert. Während die Mehrzahl der Bilder hier mit einer Spiegelreflexkamera bzw. einer spiegellosen Systemkamera mit Wechseloptik entstanden sind, habe ich auch mit einer analogen Hasselblad Mittelformatkamera experimentiert, die keinen eingebauten Belichtungsmesser besitzt, nur zwölf Bilder pro Filmrolle macht und bei der jedes Foto gefühlt mehrere Minuten Vorbereitungszeit brauchte. Andere Fotos habe ich mit einer Kompaktkamera oder sogar mit dem Handy gemacht, einfach weil es die Kameras waren, die ich spontan zur Hand hatte. Dabei darf man aber natürlich auch nicht vergessen, dass ich in Berlin lebe und den Luxus hatte, für dieses Projekt auch hier und da mal etwas zu »riskieren«. Wenn etwas nicht klappte, konnte ich in vielen Fällen auch an einem anderen Tag mit einer anderen Kamera wiederkommen.

Wenn Sie diesen Luxus nicht haben (wovon ich ausgehe), würde ich versuchen, bei der Ausrüstung einen guten **Kompromiss zwischen Leistungsfähigkeit, Flexibilität und Größe/Gewicht** zu finden. Als **Grundausrüstung** würde ich persönlich immer eine Spiegelreflexkamera bzw. eine spiegellose Systemkamera mit mehreren Objektiven empfehlen. Schneller Autofokus und dank großen Bildsensors gute Bildqualität selbst in schlechten Lichtverhältnissen (sprich bei hoher ISO-Zahl) sowie eine große Palette an Objektiven und ein umfangreiches Zubehörsortiment machen Spiegelreflexkameras nach wie vor zu den optimalen Allroundern. Aber die spiegellosen Systemkameras sind ihnen inzwischen hart auf den Fersen. Die Fortschritte in diesem Bereich in den vergangenen paar Jahren sind beeindruckend, und diese Kameras bieten zunehmend eine interessantere Alternative zu den traditionellen Spiegelreflexkameras, insbesondere auch, weil sie meist deutlich kleiner und leichter sind.

Das schont den Rücken. Wer schon einmal seine komplette Fotoausrüstung über mehrere Stunden durch die Stadt geschleppt hat, weiß, wie stark das den Entdeckerdrang dämpfen kann. Ein anderer, nicht zu unterschätzender Aspekt ist die psychologische Wirkung einer großen Kamera. Bei einem Fotoprojekt in Laos vor einigen Jahren machte ich die Erfahrung, dass der Anblick meines lichtstarken Zoomobjektivs mit 77 mm Filterdurchmesser kleine Kinder zum Weinen brachte, woraufhin ich mich ernsthaft auf die Suche nach einer kompakteren Alternative für gewisse Fotosituationen gemacht habe. Zum Weinen werden Sie Passanten in der Berliner Innenstadt zwar wahrscheinlich nicht bringen, aber eine kleinere, unauffälligere Kamera kann auch hier manchmal besser sein.

Objektive

Wenn Sie fotografisch nicht spezialisiert sind, sollten Ihre Objektive möglichst mindestens die Brennweiten von ca. 28–200 mm (35 mm äquivalent) abdecken. Ob Sie dabei Festbrennweiten oder Zoomobjektive nutzen, ist ein bisschen eine Glaubensfrage. Für beides gibt es gute Argumente. Mehr geht natürlich auch immer, und 16–400 mm sind besser, aber Sie müssen die Objektive dabei auch immer tragen, und das kann schnell recht schwer werden. Es geht in erster Linie darum, dass Sie von Weitwinkel bis Tele alles einfangen können, was Sie möchten. Und verschiedene Brennweiten eröffnen Ihnen einfach mehr kreative Möglichkeiten.

Die Fototasche

Im Prinzip könnte man sich für jeden Anlass eine andere Fototasche zulegen. Für Städtetouren mit etwas größerer und schwererer Fotoausrüstung würde ich einen Fotorucksack empfehlen, den man wie eine Schultertasche nach vorne ziehen kann, ein Design, das mehrere Hersteller anbieten. Der Vorteil: Sie können die Ausrüstung bequem auf dem Rücken tragen, kommen aber auch schnell an einzelne Objektive oder Zubehör heran, ohne die Tasche absetzen zu müssen. Das finde ich wichtig, denn Berlin ist zwar eine recht sichere Stadt, aber dass Sie Ihre gesamte Fotoausrüstung mitten in einer Menschenmenge auf dem Boden ausbreiten, muss ja nun doch nicht sein.

Wenn Sie extrem viel Ausrüstung verwenden und partout auf nichts verzichten wollen, könnte für Sie auch eine Fototasche mit Rollen interessant sein. Achten Sie allerdings darauf, dass sie große Räder und eine gewisse Bodenfreiheit bietet, denn Berlin ist voller Wiesen, Parks und Kopfsteinpflasterstraßen.

Allgemein bin ich ein großer Fan von Fototaschen, die nicht unbedingt direkt nach Fototaschen aussehen. Viele Hersteller haben das inzwischen beherzigt und verzichten auf große Logos und Designs, die »Fototasche!« schreien. Understatement ist in diesem Bereich sicher besser, denke ich, auch als latenter Diebstahlschutz. Geben Sie kein Statement mit Ihrer Ausrüstung ab, sondern mit Ihren Bildern!

Das Stativ

Klar, ein Stativ ist für Nachtaufnahmen unerlässlich. Aber auch für wirklich gute Panoramaaufnahmen ist ein gutes Stativ mit einem drehbaren Kopf wichtig. Im Idealfall ist es stabil und leicht (was meist leider auch teuer bedeutet). In manchen Situationen tut es auch ein Tischstativ, aber eben nur, wenn Sie eine stabile Auflagefläche haben. Das muss übrigens nicht unbedingt ein Tisch oder ein Auto sein (die Autos fremder Leute sollten Sie hierfür bitte nicht verwenden!). Auch Säulen oder Straßenlaternen leisten hier zum Teil gute Dienste. Und oft können Sie Tischstative an Orten verwenden, an denen große Stative verboten sind. Auf dem Tempelhofer Feld oder im Park Sanssouci könnten Sie mit einem Tischstativ allerdings kräftig in die Röhre gucken, in solchen Fällen müssen Sie also unbedingt vorausplanen.

Ansonsten gilt das, was immer gilt: **Ersatzbatterien** und **Speicherkarten** mitnehmen, sowie ein Microfasertuch und eventuell einen kleinen Blasebalg, um Staub vom Objektiv zu pusten – Sie sind ja schließlich draußen unterwegs, und wir verbringen doch alle lieber mehr Zeit damit, Fotos zu machen, als später stundenlang zu Hause in Photoshop Fusseln und Staubkörner aus unseren Fotos zu stempeln.

Last but not least: Wenn Sie sich gerade erst an die ernsthafte Fotografie herantasten und **noch keine entsprechende Ausrüstung** haben, heißt das natürlich nicht, dass Sie jetzt keine guten Fotos machen können. Ich habe einige meiner besten Fotos mit einer Kompaktkamera gemacht. Ziehen Sie los mit dem, was Sie haben, und wenn Sie merken, dass Sie fotografisch an Ihre Grenzen stoßen, weil Ihnen ständig die 200er Brennweite oder der Blitz fehlen oder der Autofokus für Ihre Zwecke einfach zu lahm ist, dann können Sie Ihre Ausrüstung immer noch Schritt für Schritt gezielt ergänzen.

Viel Spaß in Berlin und mit diesem Buch

Ihr Harald Franzen

Der Autor

Harald Franzen

Seinen ersten Fotoapparat bekam Harald Franzen mit 12 Jahren. Nach dem Abitur studierte er zunächst Betriebswirtschaftslehre in Deutschland, Frankreich und Argentinien und anschließend Journalismus an der Columbia University in New York. Er arbeitete als Reporter für das LIFE Magazine und als Redakteur für die Zeitschriften Scientific American und Popular Science. Inzwischen arbeitet er als Redakteur für die Deutsche Welle.

Am 11. September 2001 verbrachte er die Nacht am Ground Zero in New York und fotografierte. Warum er das tat, weiß er bis heute nicht genau, aber seine Fotos erregten die Aufmerksamkeit mehrerer Fotoagenturen. Inzwischen sind seine Fotos in vielen Zeitungen und Zeitschriften erschienen, u. a. in Stern, Focus, Welt, New York Times, Newsweek International, Washington Times, Business Week, USA Today, Le Figaro, New York Magazine und der New York Post. Zu seinen Kunden gehören mehrere Bundesministerien und internationale Organisationen wie United Nations Volunteers (UNV), der International Fund for Agricultural Development (IFAD) und die Deutsche Gesellschaft für Internationale Zusammenarbeit (GIZ). Seine Fotos vom 11. September 2001 waren als Teil der Ausstellung »Here is New York« auf drei Kontinenten zu sehen und im September 2011 im International Center of Photography (ICP) in New York. Er lebt seit 2007 in Berlin.

www.haraldfranzen.com

Die Wahl fiel mir nicht leicht, aber letztlich habe ich mich für das nebenstehende Bild als mein Lieblingsbild entschieden. Es entstand in einer ungewöhnlich warmen Sommernacht in einer der kleinen improvisierten Beach Bars am Spreeufer in Kreuzberg. Ich war eigentlich nicht zum Fotografieren dort, sondern um Freunde zu treffen. Aber dann griff ich doch zur Kamera. Mir gefallen in diesem Foto die warmen Farben der Bar, die wunderschön mit dem tiefblauen Abendhimmel kontrastieren, die Linie der Sitzbank, die den Betrachter ins Bild hineinführt, das leicht verschwommene Gewusel der Menschen und wie die zusammengezimmerte Bar mit den drei modernen Bürotürmen im Hintergrund kontrastiert. Das sind alles Bildgestaltungsaspekte, die rational erklären, warum das Foto »funktioniert«. Aber der Grund, warum mir dieses Bild ganz besonders gut gefällt, ist, dass es das Berlin zeigt, das ich liebe. Die Großstadt, in der sich noch nicht alles um Geld und Statussymbole dreht, in der man auch mit einem Bier aus dem Supermarkt einen tollen Abend mit Freunden verbringen kann, und wo es immer noch spannende »unfertige« Orte wie diesen zu entdecken gibt.

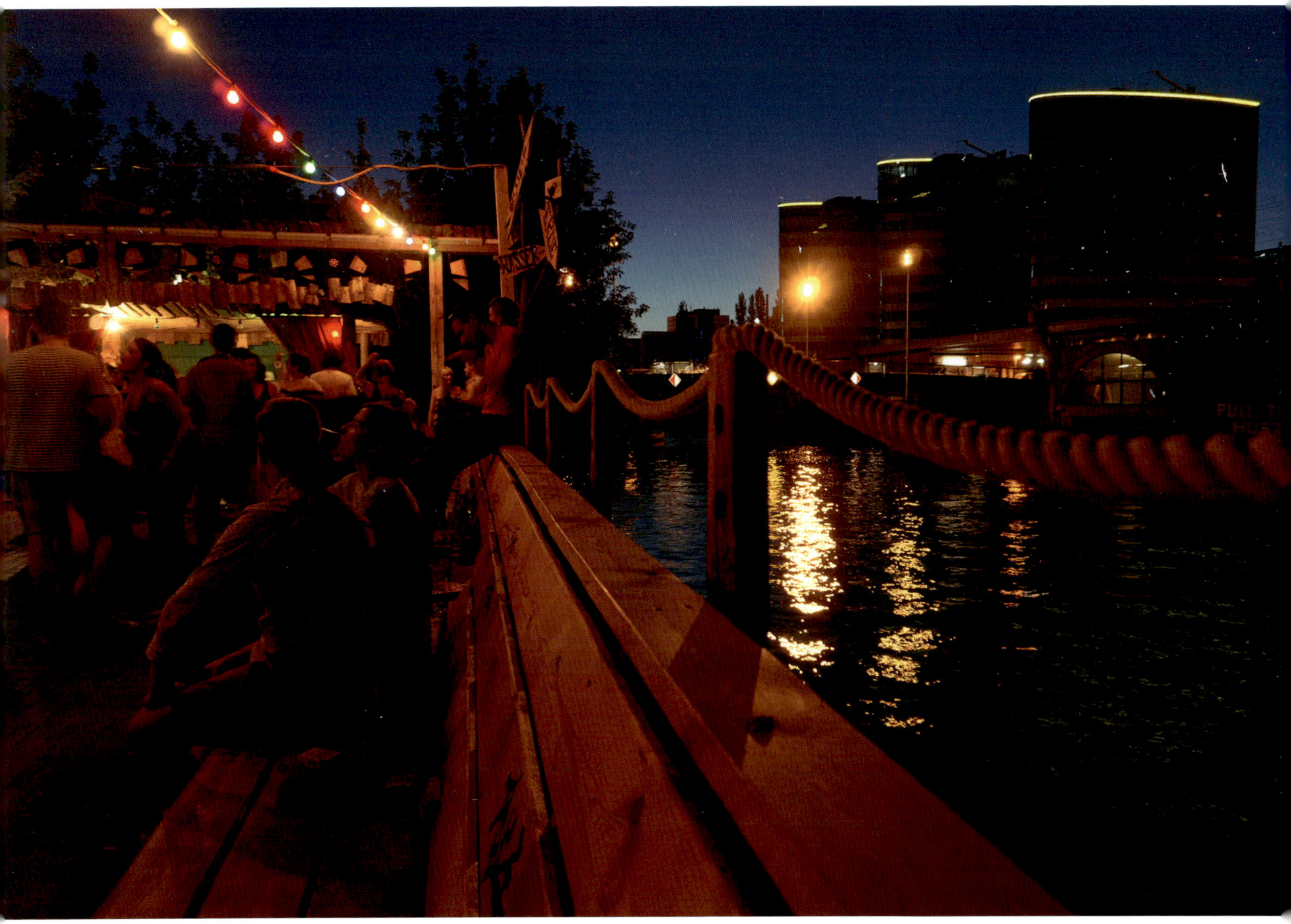

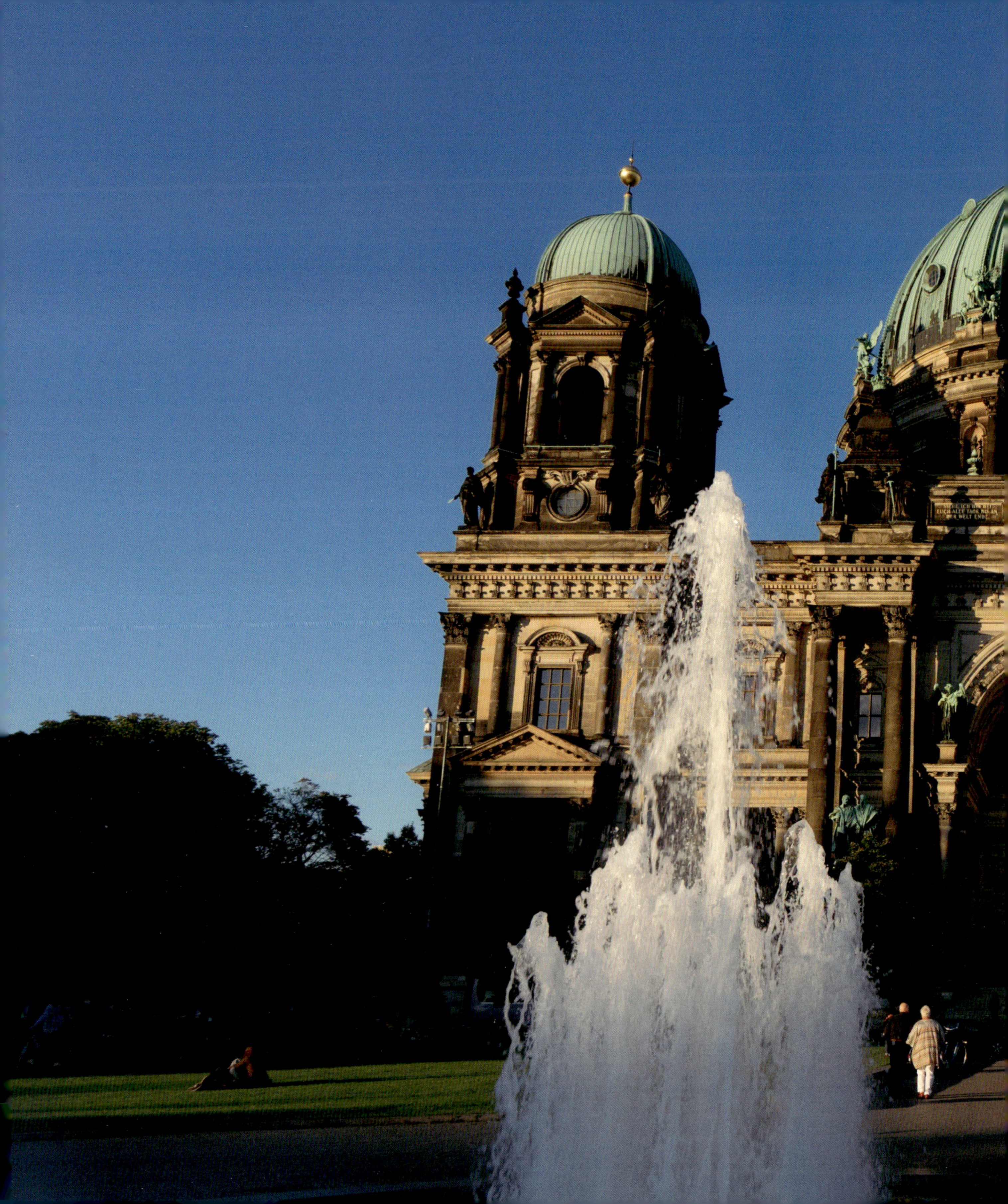
EUCH ALLE TAGE BIS AN
DER WELT ENDE

Berlin – von Preußen bis in die NS-Zeit

Berlin blickt auf eine sehr bewegte Geschichte zurück und hat sich im Laufe der Jahrhunderte verändert, aber es gibt sie noch, die Zeugen aus der Zeit der Markgrafen, der Kaiser, der wilden 1920er und auch aus der NS-Zeit.

» **Wo alles begann: Die Museumsinsel**
  Seite 14

» **Brandenburger Tor**
  Seite 24

» **Rotes Rathaus**
  Seite 30

» **Olympiastadion**
  Seite 36

» **Kirche am Hohenzollernplatz**
  Seite 42

» **Flughafen Berlin-Tempelhof**
  Seite 48

» **Ullsteinhaus**
  Seite 54

» **Shell-Haus**
  Seite 60

» **Exkurs: Straßenfeste und Umzüge**
  Seite 66

Wo alles begann: Die Museumsinsel

Mit der Siedlung Cölln auf einer Spreeinsel begann im Jahr 1237 die Geschichte Berlins. Heute ist die Museumsinsel, der nördlichste Teil der Spreeinsel, ein Magnet für Touristen aus aller Welt

MITTE

Das alte Berlin hat seinen Ursprung auf und rund um eine Insel in der Spree, die passenderweise Spreeinsel heißt. Auf dieser Insel wird 1237 erstmals eine Siedlung erwähnt, die allerdings nicht Berlin, sondern Cölln hieß. Das hält aber bis heute niemanden davon ab, 1237 als das Gründungsjahr Berlins für diverse Jubiläen heranzuziehen. Das eigentliche Berlin entstand nordöstlich von Cölln auf dem anderen Spreeufer (erstmals 1244 erwähnt), aber man tat sich 1307 zusammen und baute ein drittes, gemeinsames Rathaus – diplomatischerweise *auf* einer Brücke über die Spree, die die beiden Siedlungen verband.

Der nördliche Teil der Insel war eine sumpfige Flussaue und somit kein sehr attraktives Bauland. Zwar wurde es über die Jahrhunderte vielfältig genutzt, aber wirklich interessant wurde die Gegend erst, als Karl Friedrich Schinkel, der große preußische Baumeister und Stadtplaner, die Nordspitze der Insel ab 1822 komplett neu gestaltete. Es entstanden mehrere Brücken und sukzessive diverse Museen, dank derer die Museumsinsel heute zum

Die Alte Nationalgalerie thront umgeben von Säulengängen im nördlichen Teil der Museumsinsel. Dieses Foto habe ich von der Bodestraße aus gemacht. Der Säulengang im Vordergrund gibt dem Bild mehr Tiefe, und mir gefielen die Schattenmuster der Säulen, die dem Foto zusätzliche Komplexität verleihen.

24 mm | f9 | 1/160 s | ISO 100

Berlin – von Preußen bis in die NS-Zeit

UNESCO Weltkulturerbe gehört und einen der wichtigsten Museumskomplexe der Welt bildet. Bei so viel geballter Museumsarchitektur überrascht es kaum, dass sich auf der eng gedrängten Insel auch jede Menge Fotomotive bieten, sowohl in den Museen als auch um sie herum.

Die Spreeinsel unterteilt sich in drei Viertel, das nördlichste davon ist die Museumsinsel, die sich vom Schlossplatz (der Straße, die Unter den Linden mit der Karl-Liebknecht-Straße verbindet) bis zur Nordspitze der Insel erstreckt. Von Süden kommend, blickt man zunächst auf den weitläufigen Lustgarten. Rechts daneben grenzt der Berliner Dom direkt an die Straße an. Hinter dem Lustgarten erhebt sich das Alte Museum. Weiter nördlich folgen dicht an dicht das Neue Museum, die Alte Nationalgalerie, das Pergamonmuseum und an der Nordspitze der Insel das Bode-Museum (siehe Karte).

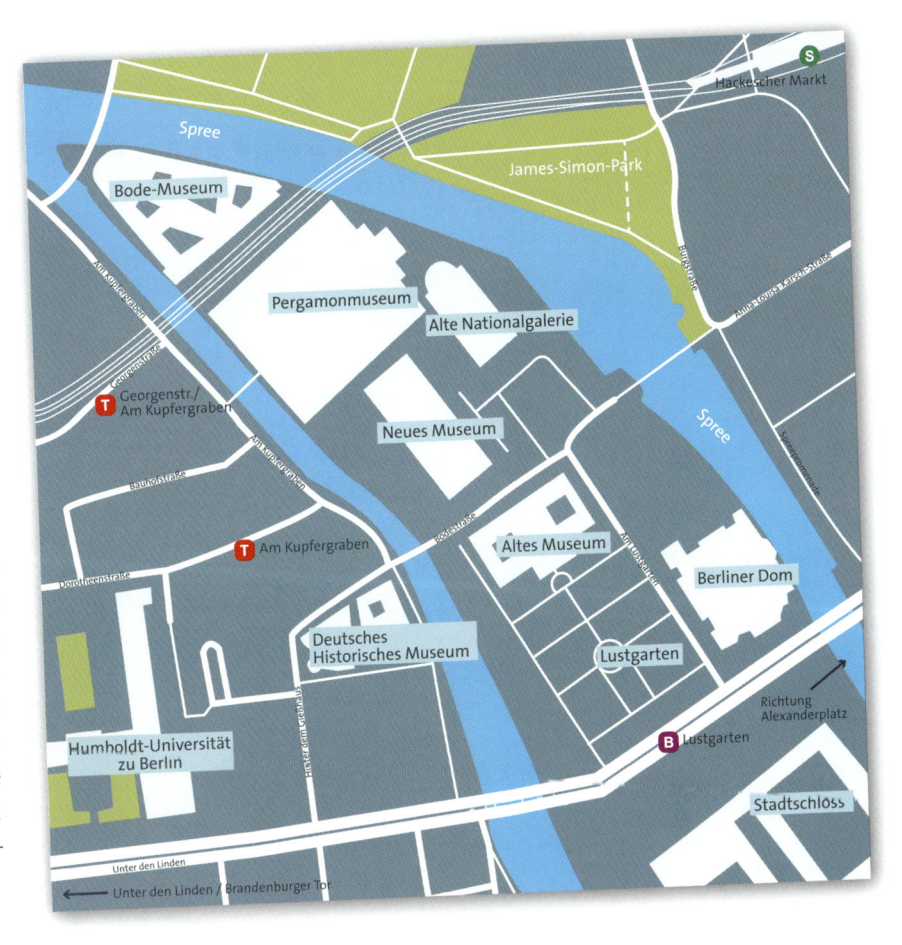

MUSEUMSINSEL

* Bodestraße 3, 10178 Berlin
* **Bus** 100, 200, N2, Lustgarten
* **S-Bahn** S5, S7, S75, S Hackescher Markt
* **Tram** 12, M1, Am Kupfergraben
* Die Außenbereiche der Museumsinsel sind frei zugänglich. Aktuelle Informationen über die Öffnungszeiten der verschiedenen Museen finden Sie am besten im Internet.
* www.smb.museum/home.html

Spandau, das »erste Berlin«?

Viele Nicht-Berliner denken sicher, Spandau sei einfach nur ein Stadtteil von vielen in Berlin, aber weit gefehlt! Bis heute sehen sich viele Spandauer nicht als Berliner, sondern als Spandauer. Und dafür gibt es gute Gründe, unter anderem die Tatsache, dass Spandau älter ist als Berlin und Cölln (bereits 1197 erstmals erwähnt) und erst 1920 in das neu geschaffene »Groß-Berlin« eingemeindet wurde. Die historische Rivalität zwischen Berlin und Spandau führte 1567 sogar zu einer skurrilen Konfrontation, dem Knüppelkrieg. Bei dieser als Volkbelustigung geplanten Schauschlacht traten Berliner und Spandauer in voller Kriegsmontur, aber nur mit Knüppeln bewaffnet gegeneinander an. Geplant war, dass die Spandauer verlieren. Das gefiel denen aber offensichtlich nicht, denn sie lockten die Berliner in einen Hinterhalt und schlugen dann mit ihren Knüppeln auf sie ein. Was folgte, war eine wilde Prügelei, die selbst der Kurfürst höchstpersönlich nicht mehr unter Kontrolle bekam. Leidtragender war der Bürgermeister von Spandau, den der Kurfürst anschließend zur Strafe für mehrere Monate einsperren ließ.

Die Fassade des Alten Museums bietet ein Meer aus Säulen, das sich mit einem Teleobjektiv schön komprimieren lässt.

136 mm | f8 | 1/200 s | ISO 100 | auf quadratisches Format zugeschnitten

Karl Friedrich Schinkel

Man könnte sagen, Karl Friedrich Schinkel (1781–1841) war *der* Baumeister Preußens. Er war Architekt des Königs und Oberlandesbaudirektor. Als Leiter der Oberbaudeputation durfte er fast alle Bauvorhaben des Königreichs prüfen, und seine Bauten prägen bis heute Berlins Innenstadt. Von ihm stammen unter anderem die Neue Wache, das Schauspielhaus am Gendarmenmarkt, das Alte Museum, die Berliner Bauakademie, das Schloss Glienicke, das Schloss Babelsberg, das Schloss Charlottenhof in Potsdam, die Nikolaikirche in Potsdam, die Friedrichwerdersche Kirche sowie zahllose andere Gebäude in ganz Deutschland. Darüber hinaus war er am Umbau vieler Schlösser, Kirchen und anderer Gebäude beteiligt. Hinzu kommt, dass er eine ganze Generation von Architekten beeinflusste. Sein Baustil war klassizistisch (zum Beispiel das Alte Museum) und neugotisch (zum Beispiel die Friedrichwerdersche Kirche).

Das Alte Museum

Das erste Museum auf der Insel war das Alte Museum, das damals (1830) allerdings noch Neues Museum hieß und das erste öffentliche Museum Preußens war. Der bereits erwähnte Karl Friedrich Schinkel entwarf das Gebäude im Stil des Klassizismus. Konkret bedeutet das für den Betrachter: Symmetrie, sich wiederholende Muster und viele ionische Säulen (siehe das Foto auf der linken Seite). Fotografisch laden diese Säulenreihen dazu ein, mit den entstehenden Mustern zu spielen. Auch die Standbilder auf beiden Seiten der Freitreppe bieten Motive. Gehen Sie vielleicht einmal näher heran, und fotografieren Sie zu den Figuren hoch, um einen noch dramatischeren Effekt zu erzielen. Oder gehen Sie ein paar Schritte zurück: Durch den Lustgarten, der vor dem Gebäude liegt, ist das Museum eines der wenigen Gebäude auf der Museumsinsel, die man ohne Hindernisse auch in ihrer Gesamtheit aus einiger Entfernung fotografieren kann. Im Innern des Museums bietet die 23 Meter hohe Rotunde mit ihren Säulen und Statuen ebenfalls tolle Motive.

Berliner Dom

Auch der Berliner Dom grenzt an den Lustgarten. An seiner Stelle stand bereits seit dem 18. Jahrhundert ein Dom, der aber immer wieder umgebaut wurde, zuletzt von Schinkel als Teil seines Entwurfs für die Museumsinsel. Doch Schinkels klassizistischer Dom war den Herrschenden nicht repräsentativ genug, und so wurde kräftig abgerissen und umgebaut. Heute ist der Berliner Dom 116 Meter hoch und eins der größten protestantischen Gotteshäuser Deutschlands und die größte Kirche Berlins. Fotografisch fand ich den Dom zunächst nicht sonderlich interessant, bis ich den Brunnen im Lustgarten entdeckte, der mit seinen minimalistischen Formen aus meiner Sicht einen sehr schönen Kontrast zur überladenen, barock anmutenden Architektur der Kirche bildet. Der Dom ist auch während des Festivals of Lights (siehe Seite 206) immer wieder ein Highlight.

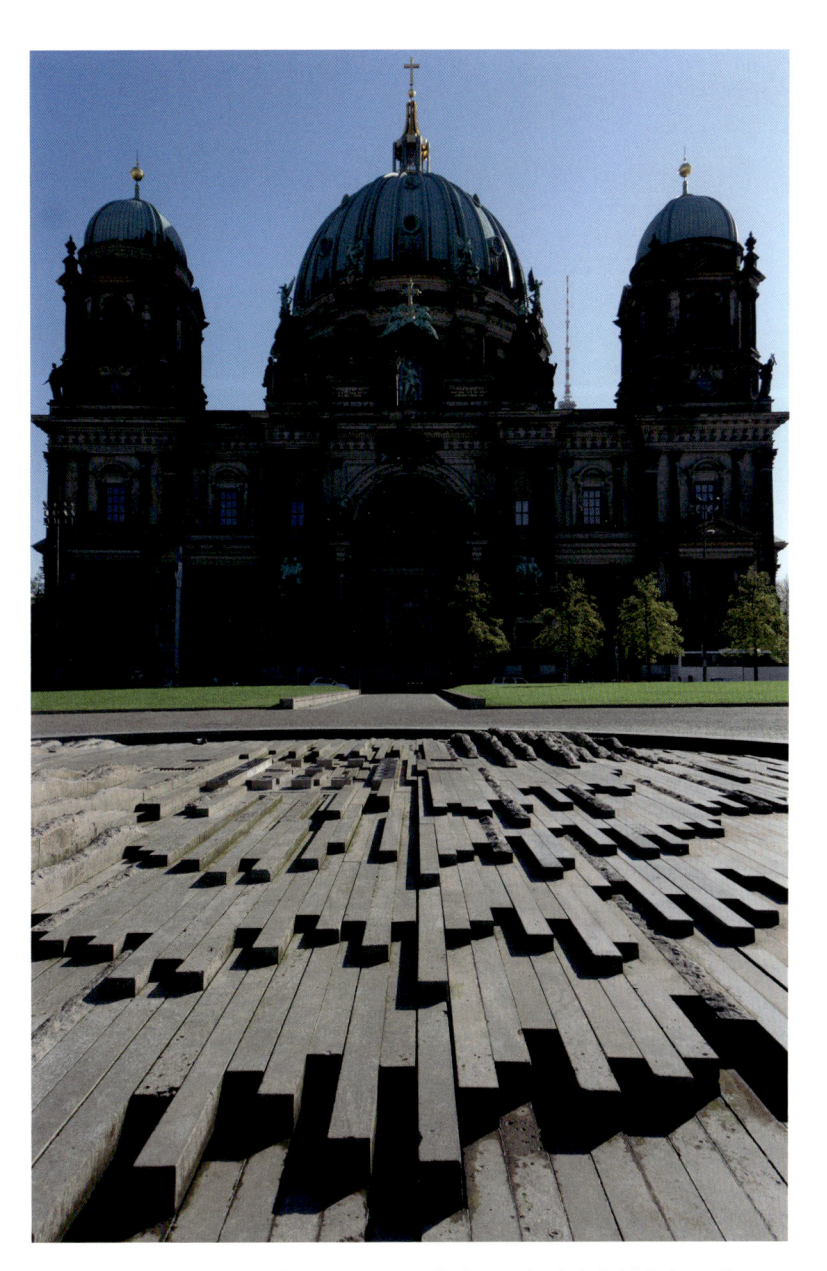

Alt trifft Neu vor dem Berliner Dom. Durch das Weitwinkelobjektiv und die leichte Froschperspektive wird die Wirkung der Brunnenstruktur noch verstärkt. Die seitliche Sonne lässt die Steine durch die harten Schatten noch plastischer wirken.

24 mm | f9 | 1/200 s | ISO 100

Gleicher Standpunkt wie beim Foto auf der vorherigen Seite, aber ein völlig anderes Bild: Diese Spiegelung im Brunnen funktioniert, weil der Brunnen bereits im Schatten liegt, während der Dom noch von der späten Abendsonne angestrahlt wird.

40 mm | f4,5 | 1/60 s | ISO 100

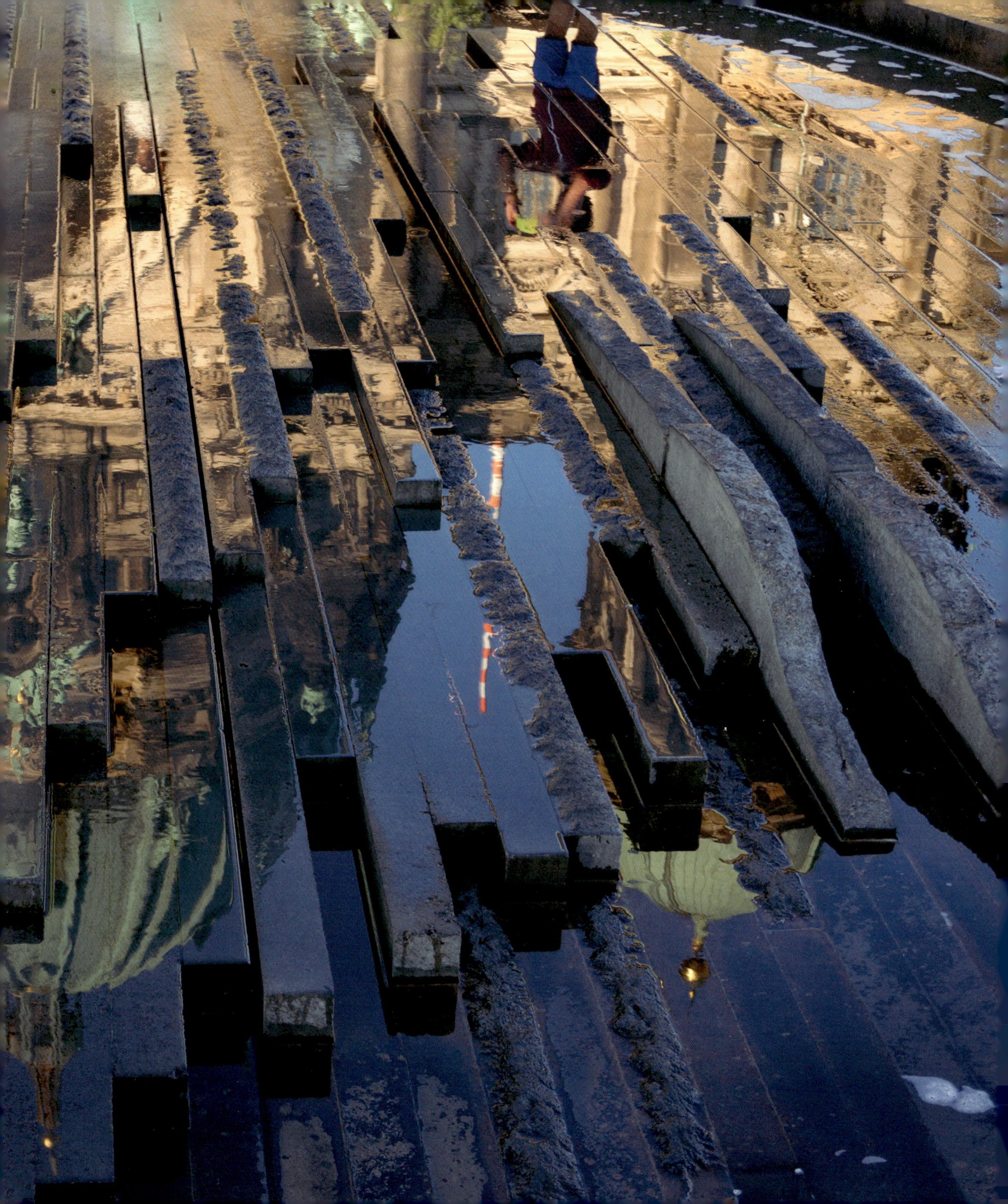

Das Neue Museum

Das Neue Museum (1855) war ursprünglich als Erweiterungsbau des Alten Museums gedacht und war als solcher auch mit diesem durch eine Galerie verbunden. Es war der erste Monumentalbau Preußens, bei dem konsequent moderne Bautechniken angewandt wurden. So verbergen sich unter der klassischen Fassade an vielen Stellen moderne Eisenkonstruktionen. Ebenfalls ein Novum war der Einsatz einer Dampfmaschine, mit der hölzerne Stützpfähle in den sandigen, schlammigen Untergrund getrieben wurden, auf denen das Gebäude ruht. Wie die gesamte Museumsinsel wurde das Neue Museum im Krieg schwer beschädigt, aber während die anderen Museen sukzessive wieder öffneten, blieb das Neue Museum geschlossen und wurde in erster Linie als Depot genutzt. Als das Gebäude dann im ersten Jahrzehnt des neuen Jahrtausends endlich wieder aufgebaut wurde, verzichtete man auf die Wiederherstellung des ursprünglichen Gebäudes. Stattdessen bewahrte der Architekt David Chipperfield viele noch erhaltene Elemente und ersetzte die zerstörten Teile so, dass sie klar erkennbar blieben. Dieser Kontrast aus Altem und Neuem macht die Innenräume des von außen nicht sonderlich spannenden Neuen Museums fotografisch sehr interessant.

Alte Nationalgalerie

Die Alte Nationalgalerie war eigentlich einfach nur *die* Nationalgalerie, doch dann bauten die Westberliner während des Kalten Krieges im Tiergarten eine Neue Nationalgalerie, und nach der

Die Fassade des Neuen Museums von der anderen Seite des Kupfergrabens aus gesehen. Ich habe den Kontrast erhöht und die Farben entsättigt, um die Strukturen der unebenen Fassade noch mehr hervorzuheben.

54 mm | f9 | 1/400 s | ISO 400 | +2/3 EV | bearbeitet mit Perfect Effects 8, Filter Magic City

Wiedervereinigung wurde das altehrwürdige Gebäude auf der Museumsinsel so zur Alten Nationalgalerie. Fotografisch bietet das Gebäude viele der üblichen Säulen, Treppen und Standbilder, die Gebäude aus dieser Zeit oft so an sich haben und die sich zum Teil auch in den anderen Gebäuden der Museumsinsel wiederfinden. Reizvoll macht das Museum aber seine Umgebung. Es ist eingerahmt von kleinen Grünflächen, Springbrunnen und Säulengängen, die sich fotografisch mit dem Museum kombinieren lassen.

Säulen, Säulen und noch mehr Säulen: die Alte Nationalgalerie, von der Bodestraße aus durch einen Säulengang gesehen. Durch die Schwarzweißkonvertierung kommen die Strukturen und insbesondere das Reiterstandbild noch mehr zur Geltung.

75 mm | f9 | 1/100 s | ISO 400 | zu Schwarzweiß konvertiert

Der hohe Preis der Fotografie für den Fotografen

Vielleicht wundern Sie sich, warum ich von den Innenräumen diverser Museen schwärme, aber keine Fotos davon zeige? Die Antwort ist recht einfach: Fotos von der Museumsinsel zu zeigen ist teuer, sehr teuer sogar. Für die Erlaubnis, meine eigenen Fotos der Museen auf der Museumsinsel zu zeigen, wollten die staatlichen Museen zu Berlin mehr Geld, als ich selbst mit diesen Fotos jemals verdient hätte. Daher habe ich mich dafür entschieden, nur Fotos zu zeigen, die auf den öffentlichen Flächen der Museumsinsel entstanden sind. Diese fallen unter die Panoramafreiheit und können daher ohne Erlaubnis veröffentlicht werden. Wichtig für Sie als Leser und Fotograf: Klären Sie unbedingt die rechtliche Situation, bevor Sie irgendwelche Fotos der Museumsinsel veröffentlichen oder gar verkaufen, sonst könnte es teuer werden. Wenn Sie nur für den »Hausgebrauch« fotografieren ist es deutlich entspannter, aber auch dann sollten Sie sich im Zweifelsfall über die Regeln informieren und sich an sie halten.

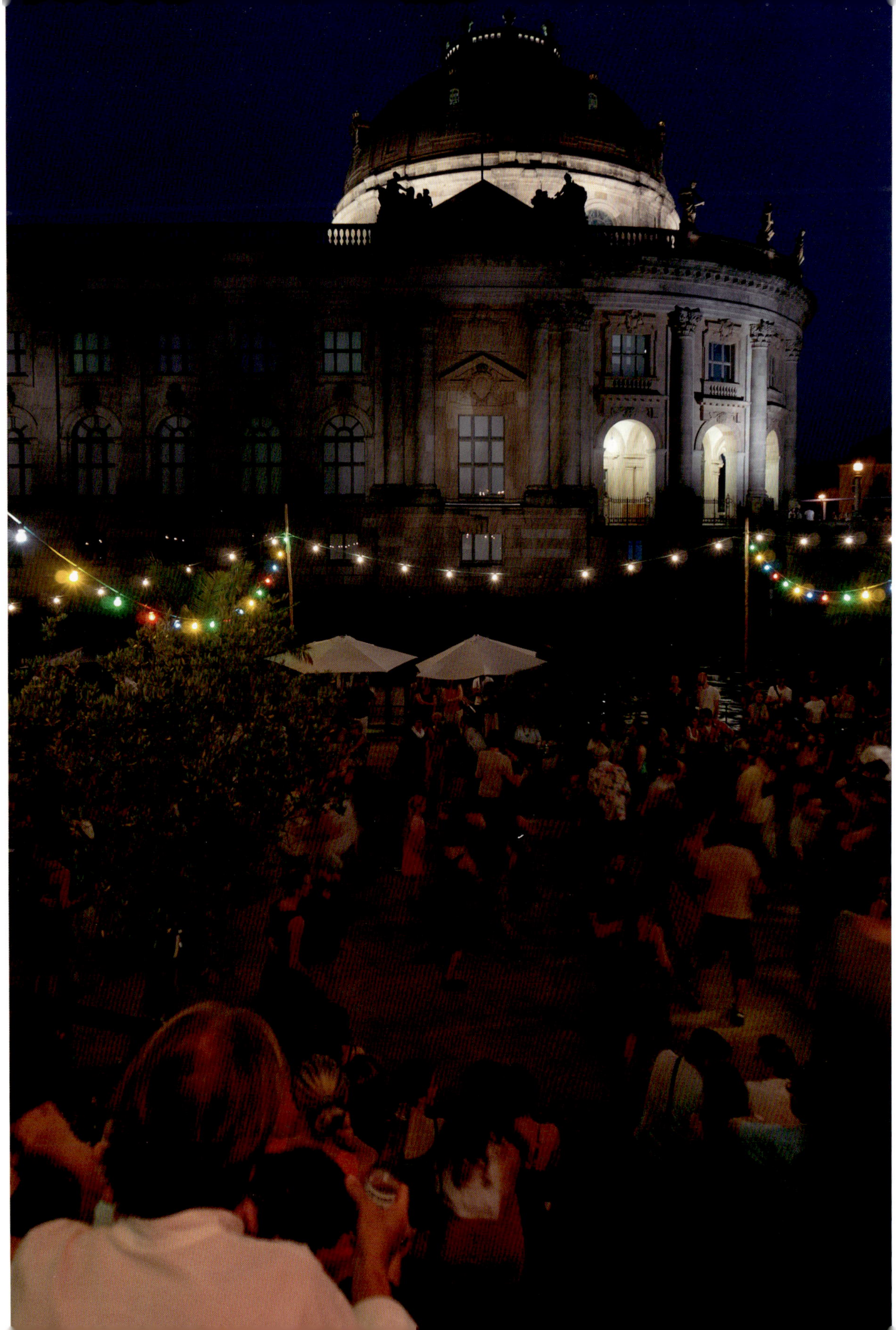

Pergamonmuseum

Das Pergamonmuseum ist eines der meistbesuchten Museen Berlins, und das zu Recht. Wo sonst kann man durch das 2500 Jahre alte Stadttor Babylons schreiten oder die Treppe zu einem monumentalen, griechischen Altar aus der Antike erklimmen? Und das sind nur zwei der vielen Highlights! Ein Problem gibt es allerdings: Während die anderen Museen der Insel bereits weitgehend renoviert sind, hat die große Modernisierung im Pergamonmuseum gerade erst begonnen. Momentan ist die Fassade eine große Baustelle, und es könnte gut sein, dass das Museum sogar geschlossen ist, wenn Sie das hier lesen. Oder Sie haben Glück, und die Arbeiten sind bereits abgeschlossen. Informieren Sie sich auf jeden Fall, bevor Sie einen Besuch planen!

sind insbesondere die große Kuppelhalle und der kleine Kuppelsaal. Und wenn Sie inzwischen keine Museen mehr sehen können, gehen Sie doch einfach mal über die Brücke zum Nordufer der Spree. Dort gibt es im Sommer fast jeden Abend Tanzveranstaltungen unter freiem Himmel. Setzen Sie sich auf die Treppe, genießen Sie den Blick auf die Tänzer und das angeleuchtete Museum, oder legen Sie die Kamera für ein paar Minuten weg, und testen Sie Ihre Milonga-Fähigkeiten!

Bode-Museum

Das Bode-Museum hatte ziemliches Pech, als es um die Vergabe von Baugrundstücken ging: Es sitzt an der Nordspitze der Insel, und »Spitze« ist hier wörtlich zu verstehen. Umgeben von Wasser auf zwei Seiten und der S-Bahn-Trasse im Süden bekam das Museum zwangsläufig eine ungewöhnliche, dreieckige Form. Allen Hindernissen zum Trotz schuf der kaiserliche Hofbaumeister Ernst von Ihne ein wirklich gelungenes neobarockes Bauwerk. Ein Highlight für den Fotografen

Tipps

Das Rechtliche leider zuerst: Falls Sie Ihre Fotos veröffentlichen wollen, achten Sie sehr genau darauf, von wo aus Sie was fotografieren und ob Sie eventuell eine Genehmigung brauchen (siehe Kasten auf Seite 21).

Tagsüber und insbesondere im Sommer kann es auf der Museumsinsel ziemlich voll werden. Falls Sie also vorhaben, menschenleere Fotos der Museumsfassaden zu machen, sollten Sie zur richtigen Zeit hier sein, entweder noch bevor die Museen öffnen oder erst wieder, nachdem sie schließen.

Auch die Innenräume der Museen sind, zusätzlich zu den Exponaten, zum Teil absolut sehenswert. Wenn Sie dort auch fotografieren möchten, erkundigen Sie sich an der Kasse nach den Bedingungen.

An lauen Sommerabenden wird im Monbijoupark am Spreeufer gegenüber vom Bode-Museum getanzt. Fotografieren ist erlaubt, tanzen sowieso.

24 mm | f3,5 | 1/5 s | ISO 800 | –1/3 EV

Brandenburger Tor

Neben dem Fernsehturm ist es das Symbol Berlins: das Brandenburger Tor. Aber wie fotografiert man es?

MITTE

Das Brandenburger Tor ist für Berlin wie der Big Ben für London, der Eiffelturm für Paris und die Freiheitsstatue für New York. Nichts symbolisiert die Stadt so sehr wie dieses ehemalige westliche Stadttor, das 28 Jahre lang direkt am Todesstreifen der Berliner Mauer und heute mitten im Herzen der Stadt liegt. Ursprünglich war es eines von 18 Toren in der Berliner Zollmauer, durch die der Fluss von Menschen und Waren in und aus der Stadt kontrolliert wurde. Heute sind von den anderen Zolltoren lediglich an manchen Orten ihre Namen geblieben (Schlesisches Tor, Hallesches Tor, Frankfurter Tor etc.).

Das Brandenburger Tor ist das einzige der 18 Tore, das noch existiert, und es blickt auf eine wechselvolle Geschichte zurück. Einige Schlaglichter: Die berühmte Quadriga auf dem Tor wurde 1806 auf Weisung von Napoleon Bonaparte geraubt und nach Paris gebracht. 1814 wurde sie dann triumphal zurückgebracht. Durch das Tor gingen Könige und Kaiser, und nach ihrer Machtübernahme marschierten die Nazis mit Fackeln hindurch. Nach dem Krieg war die Quadriga völlig zerstört. Sie wurde rekonstruiert, dann aber 1958 von den Ost-Berliner Behörden in einer Nacht- und Nebelaktion »entmilitarisiert«, indem Preu-

Auch das bunte Treiben rund um das Brandenburger Tor kann interessante Motive bieten.
39 mm | f9 | 1/250 s | ISO 100 | +⅓ EV

BRANDENBURGER TOR

* Pariser Platz, 10117 Berlin
* S-Bahn S1, S2, S25, U-Bahn U55, S+U Brandenburger Tor
* Bus 100, 200, TXL
* Rund um die Uhr öffentlich zugänglich, Fotografieren ist erlaubt.
* www.berlin.de/orte/sehenswuerdigkeiten/brandenburger-tor

ßenadler und Eisernes Kreuz entfernt wurden. Drei Jahre später baute die DDR dann ihren »Antifaschistischen Schutzwall«, wodurch das Tor, durch das nun niemand mehr gehen durfte, zum Symbol für die Teilung Deutschlands und Europas wurde. Als die Mauer dann endlich fiel, tanzten hier die Berliner vor dem Tor auf der Mauer, David Hasselhoff sang »Looking for Freedom«, und irgendjemand kletterte auf das Brandenburger Tor und bediente sich einmal mehr an der Quadriga. Die anonymen Diebe entwendeten dieses Mal nur Teile der Statuengruppe, die kurz danach aber sowieso komplett erneuert wurde. Und seitdem ist das Brandenburger Tor wieder ein echtes Tor inklusive Quadriga, und auf dem inzwischen weitgehend autofreien Pariser Platz tummeln sich Besucher aus aller Herren Länder gemeinsam mit zum Teil recht skurrilen Schaustellern, die kostümiert als Grenzsoldaten oder Außerirdische auf Entlohnung hoffen.

Das Brandenburger Tor ist Teil quasi jedes Besucherprogramms, entsprechend voll wird es rund um das Tor. Wenn Sie den Ort genießen wollen, würde ich dringend empfehlen, dass Sie entweder früh morgens oder am Abend hierherkommen. Morgens ist es am leersten (von spät nachts mal abgesehen), und die Vorderseite des Tors, also die Seite, in deren Richtung die Quadriga blickt, wird von der Morgensonne angestrahlt. Abends lässt sich das Tor schön im Gegenlicht fotografieren, als Silhouette vor einem bunten Abendhimmel. Hier können auch die Wolken zu spannenderen Bildern

Das wahrscheinlich bekannteste Wahrzeichen Berlins wird abends schön angestrahlt.

15 mm | f4 | 1/50 s | ISO 100

führen, als Sie sie mit einem »nur« strahlendblauen Himmel erreichen würden. Bei Anbruch der Dunkelheit wird das Tor angestrahlt, was wieder andere schöne Motive bietet. Und wenn Sie es partout nur in der Mittagszeit hierherschaffen, dann machen Sie das Beste daraus, und konzentrieren Sie sich vielleicht einfach auf die vielen Besucher, Schausteller oder Demonstranten (Demos gibt es hier öfter, als man denkt), anstatt zu versuchen, sie aus dem Bild zu bekommen.

Technisch empfehle ich Ihnen, auch einmal mit einer extremen Brennweite und einem ungewöhnlichen Blickwinkel zu arbeiten. Ein Ultraweitwinkel, aus der Froschperspektive eingesetzt, kann beispielsweise reizvolle Effekte bei diesem tausendmal gesehenen Motiv erzeugen.

Tipps

Kommen Sie lieber früh oder kurz vor Sonnenuntergang, um den Massen etwas zu entgehen.

Achten Sie auf das Licht/die Beleuchtung, experimentieren Sie mit dem Brandenburger Tor als Silhouette im Gegenlicht, und beziehen Sie die Wolken/Touristen bewusst mit ein.

Auch extreme Weitwinkelobjektive können Ihnen dabei helfen, diesem sehr bekannten Motiv individuelle Seiten zu entlocken.

Passen Sie hier mehr als an anderen Stellen auf Ihre Sachen auf. Wo es viele Touristen gibt, so wie hier, gibt es auch eher mal Taschendiebe. Und wenn Sie dann noch ins Fotografieren vertieft sind …

Hier ist das Brandenburger Tor eher im Hintergrund zu sehen – ein ungewöhnlicher Blick, aber gerade das gefiel mir.
20 mm | f4,5 | 1/80 s | ISO 800 | –⅓ EV

Auch als Silhouette im Gegenlicht ist die Form des Brandenburger Tors unverkennbar. Warum also nicht mal so?

27 mm | f13 | 1/1000 s | ISO 200

Auch dieser asymmetrische Bildausschnitt ist etwas ungewöhnlicher als die typische Gesamtaufnahme des Bauwerkes, trotzdem ist auch hier das ikonische Brandenburger Tor unverkennbar.

82 mm | f4,5 | 1/100 s | ISO 400 | –⅓ EV

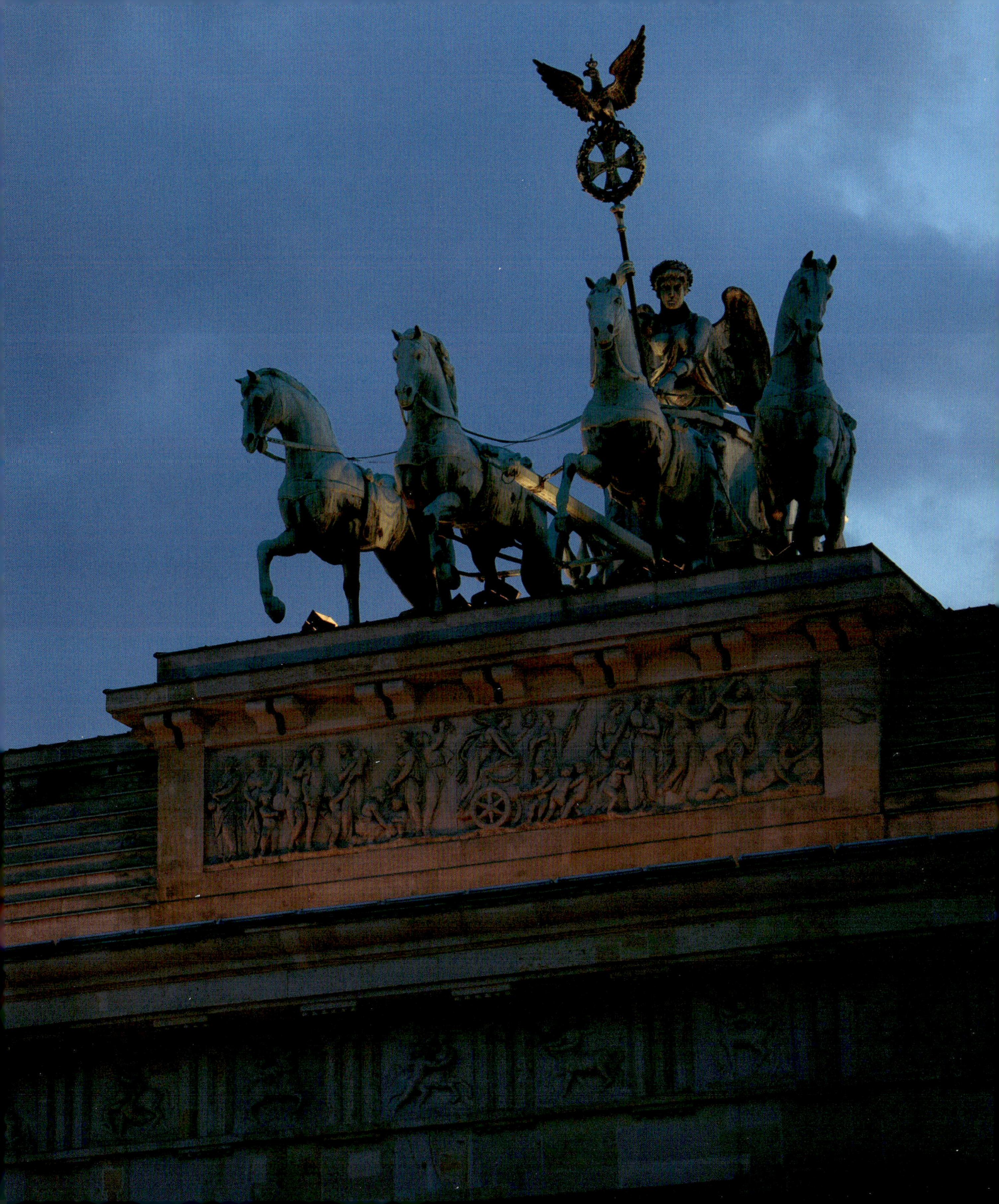

Rotes Rathaus

»Rot« ist hier keine politische Aussage, sondern einzig der Farbe des zum Bau verwendeten Backsteins geschuldet

MITTE

In weiten Teilen der Norddeutschen Tiefebene hatten Baumeister bereits im Mittelalter ein ernstes Problem: einen Mangel an Naturstein. Und da sich Kathedralen und andere Monumentalbauten nur schlecht aus Holz bauen lassen, behalf man sich seit dem 12. Jahrhundert vielerorts mit Backsteinen. Aus diesem scheinbar wenig glamourösen Baustoff schufen Architekten Kirchen, Rathäuser und ganze Hansestädte im Stil der Backsteinromanik, Backsteingotik und später sogar der Backsteinrenaissance. Typisch für diese Baustile war der großflächige Einsatz von roten und glasierten Backsteinen sowie gemauerten Ornamenten.

Das Rote Rathaus in Berlin entstand zu einer Zeit, als Baustoffe bereits problemlos von weit entfernten Orten geholt werden konnten. Es wurde erst 1869 fertiggestellt. Die Backsteinarchitektur ist daher eher seinem Vorbild geschuldet, dem altstädtischen Rathaus im Westpreußischen Thorn (heute Toruń/Polen), das im 13. Jahrhundert im Stil der Backsteingotik gebaut wurde. Der Turm des Roten Rathauses wiederum ähnelt in seiner Form stark den Kirchtürmen der gotischen Kathedrale von Laon in Frankreich – die allerdings weiß und nicht aus Backstein sind. Aber trotz der verschiedenen Einflüsse ist das Rathaus architektonisch wirklich gelungen.

Während der deutschen Teilung wurde vom Roten Rathaus aus übrigens nur Ost-Berlin regiert. Der West-Berliner Bürgermeister saß zu der Zeit im Rathaus Schöneberg, vor dem John F. Kennedy 1963 sagte, er sei ein Berliner. Viele Amerikaner glauben bis heute, die Deutschen seien von diesem Satz irgendwie verwirrt gewesen, da ein »Berliner« ja nicht nur ein Bewohner der Stadt Berlin, sondern auch ein mit Konfitüre gefülltes Stück Siedegebäck sein kann. Damit liegen sie allerdings in zweierlei Hinsicht falsch, denn erstens hat niemand den Satz falsch verstanden (die überschwängliche Reaktion der Anwesenden lässt daran kaum Zweifel), und zweitens heißt der »Berliner« (also das Gebäck) in Berlin nicht »Berliner«, sondern einfach nur »Pfannkuchen«, was wiederum zu Missverständnissen führen kann, wenn Berliner in anderen Regionen Deutschlands in die Bäckerei gehen.

ROTES RATHAUS

* Rathausstraße, 10178 Berlin
* **S-Bahn** S5, S7, S75, **U-Bahn** U2, U5, U8, S+U Alexanderplatz
* **Tram** M2, M4, M5, M6, **Bus** 100, 200, 248, TXL, S+U Alexanderplatz
* Das Gebäude kann von außen jederzeit und ohne Genehmigung fotografiert werden.
* www.berlin.de/orte/sehenswuerdigkeiten/rotes-rathaus/

Der Turm des Roten Rathauses mit dem nahe gelegenen Berliner Fernsehturm im Hintergrund, hier von der Spandauer Straße (also von Westen) gesehen. Ich musste einige Fotos machen, um die wehende Fahne so zu erwischen, dass man den Berliner Bären erkennen kann.

75 mm | f9 | 1/250 s | ISO 100

Die vielen Säulen, Bögen und Verzierungen bilden viele verschiedene Muster und Strukturen. Hier konnte ich sie durch den extremen Blickwinkel von unten und die lange Brennweite noch verdichten.

160 mm | f5,6 | 1/100 s | ISO 200

Aber zurück zum Roten Rathaus. Das Gebäude ist alleine schon durch seine Dimensionen beeindruckend, denn der massive Bau nimmt einen ganzen Straßenblock ein, und sein Turm ist weithin sichtbar. Die roten Backsteine, denen das Gebäude seinen Namen verdankt, leuchten je nach Sonnenstand in zum Teil ganz unterschiedlichen Farbtönen, und für den Fotografen gibt es viele interessante Details in der kunstvoll verzierten Fassade zu entdecken. Nehmen Sie einfach mal das Teleobjektiv, und machen Sie sich auf die Suche, oder fangen Sie mit dem Weitwinkelobjektiv die Monumentalität des Bauwerkes ein. Apropos Sonnenstand: Die Hauptfassade des Gebäudes blickt leider nach Nordwesten (mehr Norden als Westen), daher sollten Sie am besten am Spätnachmittag hierherkommen, falls Sie für Ihre Fotos gerne direkte Sonne haben möchten.

Tipps

Bringen Sie ein Teleobjektiv mit, um die vielen ausgefallenen Details an der Fassade entdecken und fotografisch isolieren zu können.

Beste Chancen auf direkte Sonne auf der Hauptfassade haben Sie am Spätnachmittag.

Dieses Foto ist nur im Sommer möglich, da der Haupteingang des Rathauses nach Nordwesten blickt und er somit nur im Hochsommer am Spätnachmittag so frontal angestrahlt wird. Die Wirkung dieses Bildes steht und fällt mit dem geraden Schatten auf halber Höhe der Fassade.

24 mm | f5,6 | 1/100 s | ISO 200

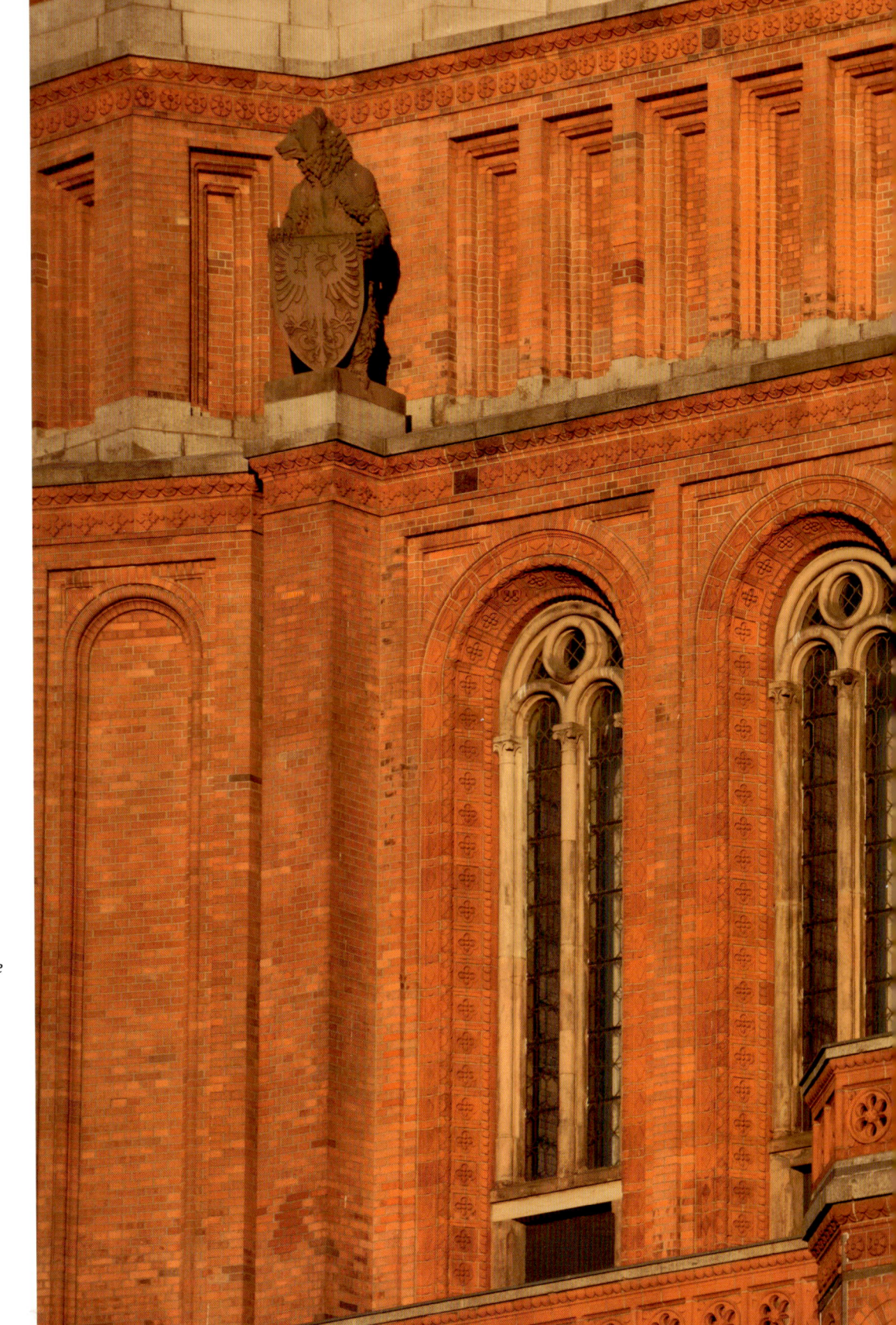

In der warmen Abendsonne wirken die Backsteine fast orange. Große Bärenstatuen, die den massiven Turm des Gebäudes umgeben, sind nur eines der vielen interessanten Details der Fassade.

270 mm | f7,1 | 1/400 s | ISO 200

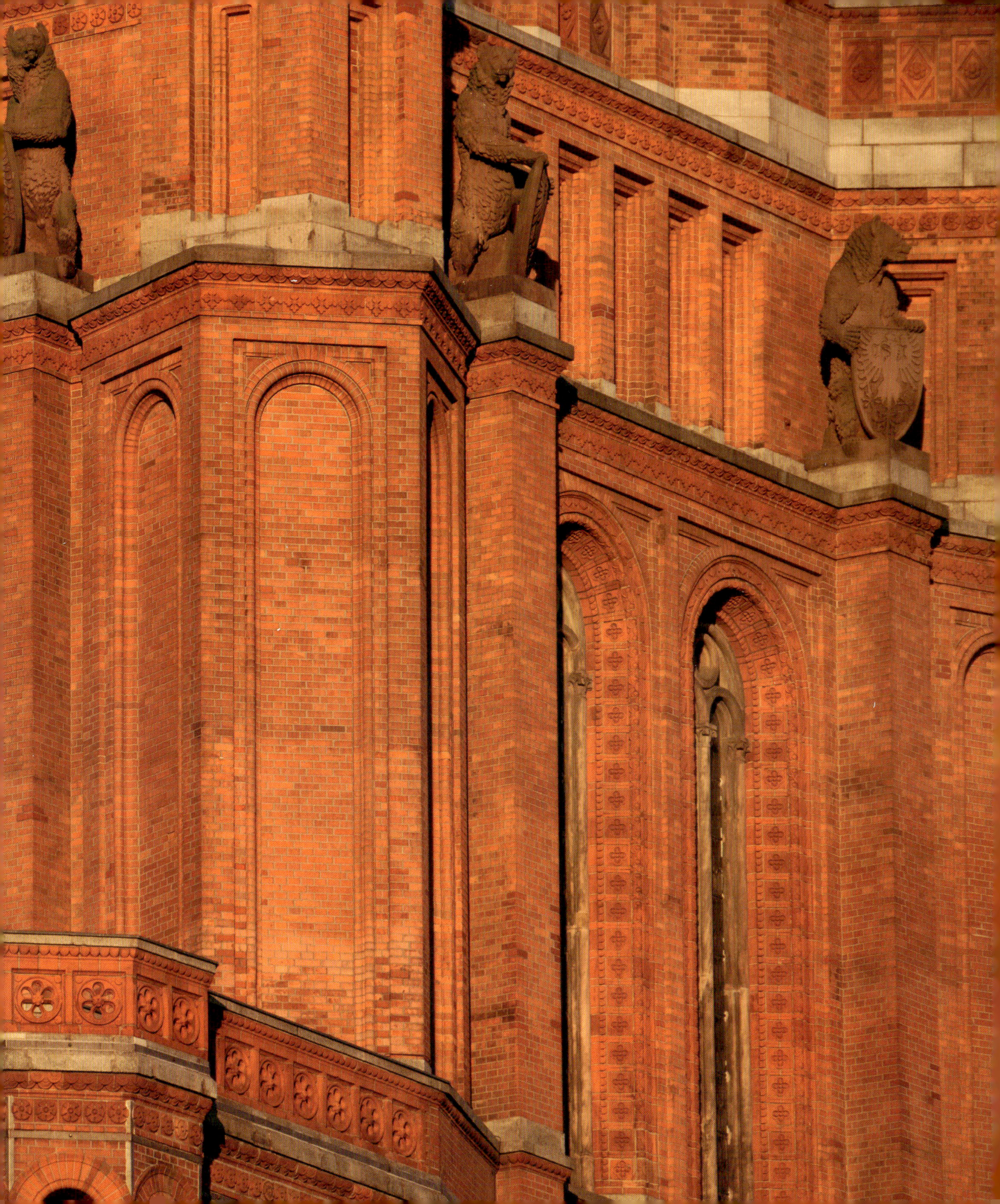

Olympiastadion

Schauplatz der Olympiade von 1936, Fußballstadion und Veranstaltungsort für Mario Barth und den Papst

CHARLOTTENBURG-WILMERSDORF

Adolf Hitler und sein Architekt Albert Speer hatten einstmals vor, ganz Berlin mit zum Teil grotesk gigantomanischen Bauten in die Welthauptstadt »Germania« umzubauen. Das mit der Weltherrschaft hat ja glücklicherweise nicht so ganz geklappt, und aus Germania wurde auch nichts, aber hier und da gibt es in Berlin noch Bauwerke, die Teil des »Masterplans« für Germania waren. Das Olympiastadion ist eines davon. Eigentlich gab es an dieser Stelle bereits ein Stadion, das für die Olympischen Sommerspiele 1936 genutzt werden sollte, doch das war den Nationalsozialisten nicht groß genug, und so befahl Hitler nach seiner Machtübernahme einen kompletten Neubau des Stadions.

Werner March, der Architekt des neuen Stadions, wollte dem Gebäude ursprünglich eine moderne Glasfassade spendieren, doch Hitler wollte

> **OLYMPIASTADION**
>
> * Olympischer Platz 3, 14053 Berlin
> * U-Bahn U2 Olympiastadion, von dort folgen Sie einfach den Schildern zum Stadion.
> * Das Gebäude ist weiträumig eingezäunt, der Eintritt ist gebührenpflichtig, und Fotos auf dem Gelände dürfen nur mit Genehmigung der Olympiastadion Berlin GmbH veröffentlicht werden.
> * www.olympiastadion-berlin.de

Bauwerke, die an die Antike erinnern und die Jahrtausende überdauern sollten. Und so bekam das damals größte Stadion Europas eine Kalksteinfassade und viele, viele Säulen. Ähnlich wie viele antike Stadien ist auch das Olympiastadion teilweise ein Erdstadion, das heißt, dass man eine Grube schuf, an deren schräge Wände man die unteren Tribünen setzte. Ein offensichtlicher Vorteil dieser Technik ist, dass man nicht so weit in die Höhe bauen muss und die Grube einen Großteil des Stadions trägt, was Material spart. Der Nachteil (zumindest aus Sicht der Nationalsozialisten) war jedoch, dass das Gebäude dadurch für den ankommenden Besucher kleiner und weniger monumental wirkt. Eigentlich wollte Hitler das Stadion deswegen noch um eine weitere Tribünenebene aufstocken lassen, die wäre aber nicht rechtzeitig zur Eröffnung der Spiele fertig geworden. Aber auch ohne zusätzliche Tribünen ist das Olympiastadion eine beeindruckende Erscheinung.

Gutes Timing: Die Nachmittagssonne wirft den Schatten der olympischen Ringe auf den Vorplatz des Olympiastadions.

15 mm | f11 | 1/640 s | ISO 200

Berlin erfindet den Fackellauf

Der Fackellauf von Griechenland zum Austragungsort der Olympischen Spiele gehört heute zur Olympiade wie Medaillen und Siegertreppchen. Das war nicht immer so. In der Antike gab es zwar das olympische Feuer, aber keinen Fackellauf. Den schuf der Sportfunktionär Carl Diem mit dem Segen von Propagandaminister Joseph Goebbels für die Olympischen Sommerspiele 1936 in Berlin. Dass die Nazis eine Vorliebe für Fackeln hatten, ist wohl allgemein bekannt. Was den Machthabern aber weniger gefallen haben dürfte: Die ursprüngliche Idee für den Fackellauf stammte vom deutschen Archäologen Alfred Schiff. Und der war Jude.

Bilder wie dieses brauchen hartes Sonnenlicht, um die Schatten herauszuarbeiten und dramatische Kontraste zu schaffen.

45 mm | f9 | 1/200 s | ISO 100

Das i-Tüpfelchen ist eindeutig der kleine Junge, der in der Bildecke links oben die Tribüne hochläuft. Der kleine »Farbklecks« gibt dem Bild etwas Leben. Ohne ihn wäre es nur ein großes, wenn auch interessantes Schwarzweißmuster.

82 mm | f7,1 | 1/125 s | ISO 100

Eine gewisse Ähnlichkeit mit dem Kolosseum in Rom lässt sich dem Bau auf den ersten Blick nicht absprechen. Kommt man näher, sieht man die endlosen Kolonnaden, die sich um das gesamte Gebäude ziehen (in Rom sind es allerdings Arkaden). Aus fotografischer Sicht bietet die schnörkellose Architektur unheimlich viele, sich scheinbar endlos wiederholende Muster, wie zum Beispiel die gleichförmigen Säulen, die gleichförmige Schatten werfen und an denen gleichförmige Lampen befestigt sind. Trotzdem ändern sich diese Muster, wenn Sie sich um das Gebäude herumbewegen. Zum einen, weil das Gebäude nicht kreisrund, sondern oval ist, zum anderen, weil die Schatten aufgrund des unterschiedlichen Einfallwinkels des Sonnenlichts immer wieder andere Muster bilden.

Wenn Sie eine der vielen Treppen in den 1. Stock nehmen, finden Sie wieder Säulengänge, die aber wieder etwas anders gestaltet sind als im Erdgeschoss. Auch die Treppenaufgänge selbst sind sehens- und fotografierenswert.

Im Innern des Stadions werden die Dimensionen des Baus erst richtig klar. Ich bin nicht sonderlich oft in Stadien, aber ich denke, auch die meisten eingefleischten Sport- oder Konzertfans werden beeindruckt sein. Das Meer aus Sitzen bildet spannende Muster, aber auch das vor einigen Jahren hinzugefügte moderne Dach bietet in Kombination mit dem ursprünglichen Stadion tolle Motive. Ein weiteres Highlight ist das Marathontor auf der Westseite des Stadions. Thronend über dem Sportfeld brannte hier das Olympische Feuer, und der offene Bereich bietet einen freien Blick aus dem Stadion auf den Glockenturm. Apropos: Vom Glockenturm aus haben Sie einen sehr schönen Blick über das weitläufige Gelände, das noch einige weitere Anlagen, wie ein Schwimmstadion und das riesige Maifeld, umfasst.

Olympiastadion 39

Das Dach über dem Olympiastadion wurde im Rahmen einer grundlegenden Renovierung und Umgestaltung 2000–2004 angebracht. Ohne ein starkes Weitwinkelobjektiv wäre es unmöglich gewesen, diese Szene in ihrer Gesamtheit einzufangen.

15 mm | f11 | 1/125 s | ISO 100

Es sollte wahrscheinlich offensichtlich sein, aber vergessen Sie nicht, ein ordentliches Weitwinkelobjektiv mitzubringen! Am besten auch noch ein Ultraweitwinkel, falls Sie eins haben. Zwei der Fotos auf diesen Seiten sind beispielsweise mit einem 15-mm-Objektiv entstanden, und selbst das war an einigen Ecken knapp. Am anderen Ende des Spektrums können Sie aber auch mit einem Tele interessante Motive einfangen. So lassen sich beispielsweise mit einer langen Brennweite die endlosen Sitzreihen des Stadions schön komprimieren. Für einen Besuch des Olympiastadions würde ich Ihnen auch möglichst einen sonnigen Tag empfehlen, da das Stadion kaum Farben, dafür aber die vielen, bereits erwähnten klaren und kantigen Formen hat, die durch das Spiel von Licht und Schatten plastischer hervortreten. Auch insbesondere für Schwarzweißfotografen bieten sich viele interessante Motive.

Tipps

Kommen Sie am besten bei Sonne vorbei, um die Licht- und Schattenspiele der Säulengänge nutzen zu können.

Bringen Sie ein gutes Weitwinkelobjektiv mit.

Auch wenn Sie sich meist unter freiem Himmel befinden, stehen Sie dennoch auf Privatgelände. Holen Sie daher unbedingt eine Genehmigung ein, bevor Sie Fotos veröffentlichen.

Kirche am Hohenzollernplatz

Backsteinexpressionismus aus den 1930er Jahren beschert Ihnen futuristische Motive

CHARLOTTENBURG-WILMERSDORF

»Wie von einer anderen Welt«, war mein erster Eindruck, als ich auf dem Fahrrad durch Zufall an der Kirche am Hohenzollernplatz vorbeikam und beim Anblick des ungewöhnlichen Kirchenbaus wie gebannt stehen blieb. Die Kirche im Norden von Wilmersdorf sucht man in den meisten Reiseführern vergeblich. Wahrscheinlich ist sie dafür nicht alt, groß oder geschichtlich bedeutsam genug. Und sie liegt zugegebenermaßen nicht entlang der üblichen Touristenrouten. Aber sie ist auf jeden Fall einen Besuch wert – insbesondere für Fotografen.

Die evangelische Kirche am Hohenzollernplatz wurde im Stil des Backsteinexpressionismus erbaut. Die expressionistische Architektur war ein fast ausschließlich deutsches Phänomen, der Backsteinexpressionismus wiederum ist eine in Norddeutschland verbreitete Sonderform, was damit zusammenhängt, dass in Norddeutschland bereits seit dem Mittelalter aufgrund knapper Natursteinvorkommen in großem Maßstab Gebäude aus Backstein gebaut wurden. Mehr dazu auf Seite 30, im Abschnitt »Rotes Rathaus«.

Die Kirche wurde zwischen 1930 und 1934 erbaut, 1934 verließ ihr Architekt, Ossip Klarwein, gezwungenermaßen Deutschland. Der deutsche Jude, der zahlreiche Kirchen in Deutschland entworfen hatte, zog mit seiner Familie nach Palästina, wo er unter anderem das israelische Parlamentsgebäude entwarf, bis heute Sitz der Knesset. Die Kirche am Hohenzollernplatz wirkt mit ihrer massiven Backsteinfassade fast erschlagend. Die dicken Rundtürme und das schlichte Portal erinnern eher an eine Festung als an eine Kirche. Umso mehr werden Sie überrascht sein, wenn Sie eintreten. Der Eingang wirkt eher dunkel, so als ob man in einen Tunnel tritt. Doch der Innenraum der Kirche ist lichtdurchflutet. Mehr noch, die bunten seitlichen Kirchenfenster lassen ihn in den Farben des Regenbogens erstrahlen, obwohl der Raum selbst eigentlich sehr schlicht gehalten ist. Auch der Altarraum mit seinen bunten Glasfenstern, den gekachelten Wänden und dem eigenwillig schlichten Altar und Kreuz bietet ungewöhnliche Motive. Außen können Sie zum einen die klaren Formen der Fassade mithilfe eines Weitwinkelobjektivs aus der Froschperspektive ganz bewusst verzerren, oder Sie entfernen sich ein Stück vom Gebäude und fangen die architektonischen Elemente mit einem Teleobjektiv ein, wodurch die einfachen geometrischen Formen noch deutlicher hervortreten. So oder so werden Sie Fotos mit nach Hause bringen, die selbst viele Ur-Berliner überraschen würden.

KIRCHE AM HOHENZOLLERNPLATZ

* Nassauische Straße 66, 10717 Berlin
* U-Bahn U2 oder U3 Hohenzollernplatz
* Von der Straße aus problemlos zu fotografieren. Ein Besuch der Innenräume ist möglich, wenn die Kirche geöffnet ist.
* www.hohenzollerngemeinde.de

Das Portal erinnert eher an eine Festung als an eine Kirche, der Eingang wirkt wie ein Tunnel. Ich habe ganz bewusst diese extreme Perspektive, fast direkt von unten, gewählt, um die massive Wirkung und den fast unwirklichen Eindruck einzufangen, den das Bauwerk auf mich gemacht hat.

15 mm | f10 | 1/125 s | ISO 100

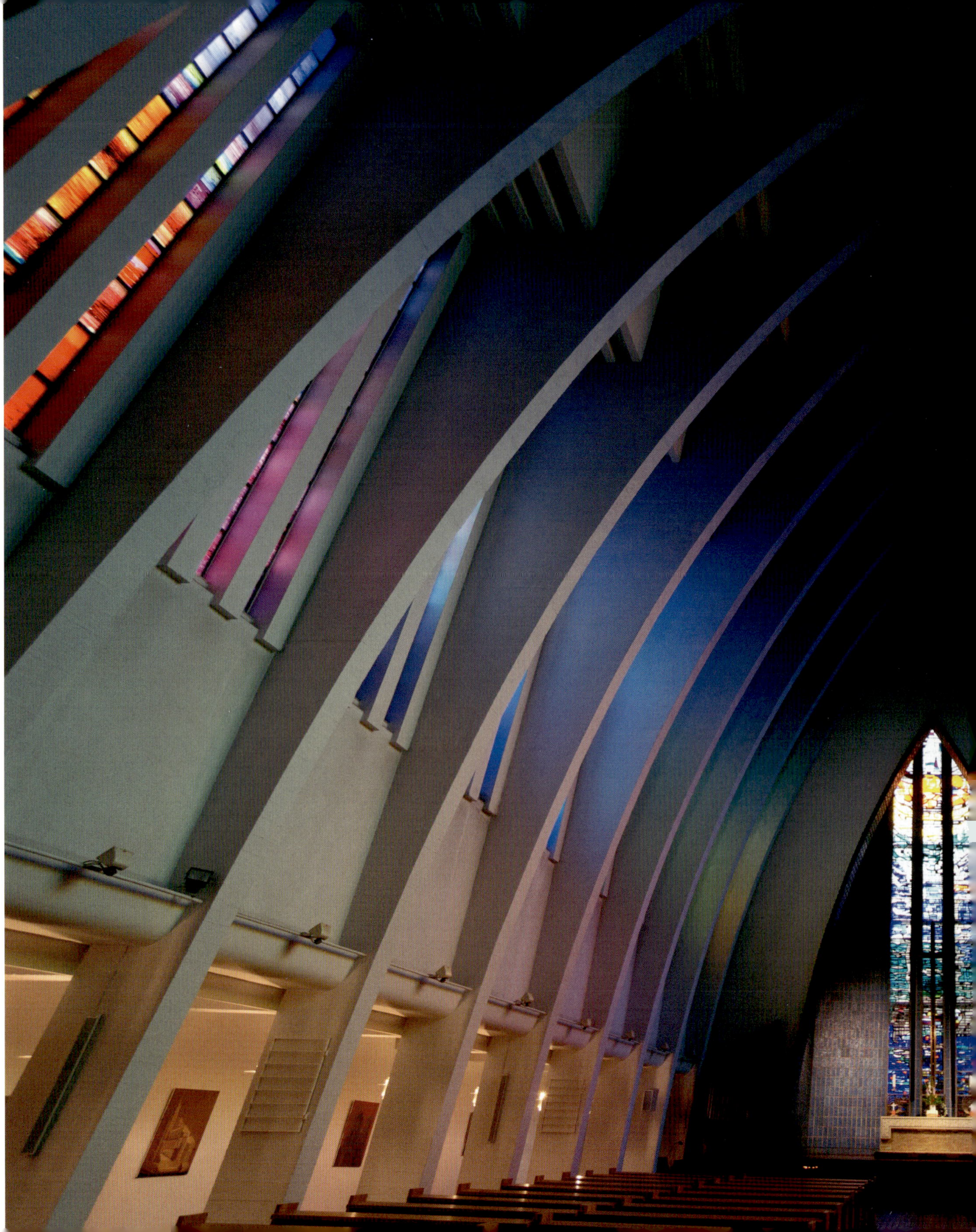

Wenn die Sonne durch die südlichen Fenster fällt, erstrahlt die Kirche in allen Farben des Regenbogens.

15 mm | f4 | 1/30 s | ISO 800

Bei diesem Bild haben mir die verschiedenen Linienmuster gefallen: die geraden, parallelen Linien der Türme und im Kontrast dazu die kreisförmigen Treppenstufen des Aufgangs zum Portal.

15 mm | f11 | 1/125 s | ISO 100

Auch der Hauptaltar der Kirche bietet interessante Licht- und Farbenspiele.

24 mm | f4,5 | 1/60 s | ISO 400 | −1 EV

Tipps

Kommen Sie möglichst an einem sonnigen Tag hierher, auch gerne zur Mittagszeit. Hier ist das ausnahmsweise einmal von Vorteil, denn dann fällt das Sonnenlicht durch die farbigen Fenster auf der Südseite und erleuchtet das gesamte Hauptschiff in bunten Farben.

Und bedenken Sie bei aller Fotobegeisterung bitte, dass es sich um eine geweihte und von einer aktiven evangelischen Gemeinde genutzten Kirche handelt. Wahren Sie den gebotenen Respekt!

Kirche am Hohenzollernplatz

Flughafen Berlin-Tempelhof

Erste Flüge der Luftpioniere, Drehkreuz für Rosinenbomber, Ort für Modemessen – einer der ältesten Verkehrsflughäfen Deutschlands fasziniert geschichtlich und architektonisch

TEMPELHOF-SCHÖNEBERG

Auf dem Gelände wurde schon geflogen, bevor es überhaupt einen Flughafen gab, und das unter anderem von keinem Geringeren als Orville Wright, einem der Väter der motorisierten Luftfahrt. Trotzdem wäre aus dem Flughafen Berlin-Tempelhof fast nichts geworden. Ursprünglich befand sich auf dem großen, flachen Areal ein Exerzierplatz, und selbst nach Wrights Besuch 1909, bei dem er ganz nebenbei mehrere Flugrekorde aufstellte, geschah erst mal lange nichts. 1922 sollte hier dann ein Messegelände entstehen, bevor man sich stattdessen zum Bau eines Flughafens entschloss, der 1923 den regulären Betrieb aufnahm. Ironie der Geschichte: Seit der Flughafen

Auf dem Vorfeld des Flughafens Berlin-Tempelhof werden die Dimensionen des gigantischen Bauwerkes deutlich. Hier kommen Sie allerdings nur mit einer Führung hin.
57 mm | f9 | 1/200 s | ISO 100

2008 geschlossen wurde, werden die Flughafengebäude regelmäßig für Ausstellungen und Messen genutzt. So ist dann doch noch etwas aus den ursprünglichen Ideen geworden.

Der von Ernst Sagebiel entworfene Bau war und ist gigantisch. Allein der bogenförmige Teil des Gebäudes ist 1,2 Kilometer lang und auf Stadtplänen Berlins nicht zu übersehen. Als der Bau 1941 fertig wurde, war er das flächengrößte Gebäude der Welt. Falls Sie mit dem Auto in Berlin unterwegs sind, fahren Sie doch mal den Tempelhofer Damm vom Stadtring nach Norden (A100, Ausfahrt Tempelhofer Damm Richtung Flughafen Tempelhof). Wenn Sie dann (selbst im fließenden Verkehr) scheinbar endlos an ein und demselben Gebäude entlangfahren, werden Ihnen die Dimensionen des Bauwerkes langsam bewusst werden.

Adlerskulpturen finden sich zuhauf an der ansonsten eher schlichten Fassade des Flughafengebäudes. Strukturen und Muster gibt es überall.

21 mm | f9 | 1/160 s | ISO 100 | +1 EV

Die Luftbrücke

Der Flughafen Tempelhof liegt nicht ohne Grund am *Platz der Luftbrücke*. Nach dem Krieg übernahm die US Air Force den Flughafen, und von hier aus starteten und landeten viele der »Rosinenbomber«, die West-Berlin während der Blockade durch die Sowjetunion 1948/49 aus der Luft mit allem von Mehl und Milch bis Heizkohle und Benzin versorgten. (Die anderen flogen vom Flugfeld Gatow im britischen Sektor und dem für die Luftbrücke neu geschaffenen Flughafen Tegel im französischen Sektor der Stadt.) Auf dem weitläufigen Platz vor dem Flughafen steht heute in einem kleinen Park eine »Hungerkralle«, ein Denkmal für die Luftbrücke. Zwei weitere Hungerkrallen stehen am Frankfurter Flughafen und in Celle, zwei der Orte in Westdeutschland, von denen aus die Alliierten Berlin damals anflogen.

FLUGHAFEN BERLIN-TEMPELHOF

* Platz der Luftbrücke, 12101 Berlin
* U-Bahn U6 Platz der Luftbrücke
* Von der Straße aus problemlos zu fotografieren, während der Besuch der Innenräume nur mit Führung möglich ist. Hier gibt es auch Führungen speziell für Fotografen (siehe Kasten auf Seite 50), aber informieren Sie sich rechtzeitig. Wenn größere Veranstaltungen oder Messen im Gebäude stattfinden, gibt es zum Teil mehrere Wochen lang keine Führungen.
* www.thf-berlin.de

Für Fotografen sind sowohl die Fassade, als auch die Innenräume des Flughafens absolut sehenswert. Das Flughafengebäude ist Teil eines größeren architektonischen Ensembles, das sich nördlich des angrenzenden Columbiadamms fortsetzt. Sagebiels Baustil war eher schnörkellos und minimalistisch. Passenderweise wird sein Baustil oft als *Luftwaffenmoderne* beschrieben. Diese Schnörkellosigkeit finden Sie sowohl innen als auch außen. Linien, Muster und Strukturen sind überall, sporadisch unterbrochen von martialisch anmutenden Details, wie den immer wieder an den Fassaden auftauchenden Adlerskulpturen.

Die Innenräume sind abwechslungsreicher. Neben der ehemaligen Haupthalle des Flughafens und anderen Räumen und Gängen, die Sagebiels Baustil fortsetzen, gibt es auch Räume wie den »Lufthansa-Bunker« zu entdecken. Dieser diente

Die geschwungenen Schienen der riesigen Hangartore des Flughafengebäudes geben diesem Motiv eine gewisse Dynamik.

90 mm | f7,1 | 1/160 s | ISO 100

> **Führungen und Fotoführungen**
>
> Es gibt mehrere Möglichkeiten, die Innenräume des ehemaligen Flughafengebäudes zu erkunden. Zum einen die normalen Führungen. Sie sind ca. zwei Stunden lang, finden regulär jeden Tag statt und haben verschiedene inhaltliche Schwerpunkte. Alternativ dazu gibt es zu gewissen Terminen spezielle Fototouren durch das Gebäude. Diese Touren sind nicht ganz billig, dafür kommen Fotografen voll auf ihre Kosten. Anstelle einer formellen Führung werden die Fotobegeisterten lediglich in verschiedene Teile des Flughafens begleitet und können sich dann vor Ort frei bewegen und nach Herzenslust fotografisch austoben. Nach einer Weile zieht die Gruppe dann weiter. Hierbei besuchen Sie vier Stunden lang nicht nur das Vorfeld und das Hauptgebäude, sondern auch abgelegene Teile des Gebäudekomplexes, wie den ehemaligen Dokumentenbunker, der 1945 komplett ausbrannte, als sowjetische Truppen die Tür sprengten. Mehr zu den Führungen finden Sie hier: *www.thf-berlin.de*

als Wartesaal für Flugreisende während Luftangriffen; Kopien von Wilhelm-Busch-Zeichnungen an den Wänden sollten die Menschen etwas erheitern. Auf den geführten Rundgängen entdeckt man auch Dinge wie die Basketball-Halle, die die US-Soldaten anlegten, während sie hier stationiert waren, oder einen alten Rosinenbomber, der noch heute auf dem Vorfeld steht.

Dieses spiralförmige Treppenhaus befindet sich in einem Nebenflügel des gigantischen Baus. Hier wollte ich etwas mehr Schärfentiefe, daher wählte ich eine kleine Blende und nahm dafür die lange Belichtungszeit in Kauf.

24 mm | f9 | 1/4 s | ISO 400 | Stativ

Tipps

Bringen Sie für die Fototour unbedingt ein Stativ mit. Einige Räume sind nur spärlich beleuchtet.

Angesichts der oft engen Innenräume und der riesigen Dimensionen der Gebäude in ihrer Gesamtheit sollte auch ein gutes Weitwinkelobjektiv im Gepäck sein.

Der Haupteingang des Gebäudes blickt nach Nordwesten und wird daher nur im Sommer und nur nachmittags komplett von der Sonne angestrahlt.

Wie bei vielen anderen Motiven in diesem Buch gilt auch hier: Veröffentlichen Sie gemachte Bilder nicht ohne Genehmigung.

Flughafen Berlin-Tempelhof

Die Haupthalle des Flughafens ist heute verwaist, bietet aber immer noch schöne Motive. Hier habe ich die Farbsättigung etwas reduziert, um eine kühlere Stimmung zu erzeugen, die für mich zu der riesigen, menschenleeren Halle passte.

15 mm | f8 | 1/3 s | ISO 400 | Stativ

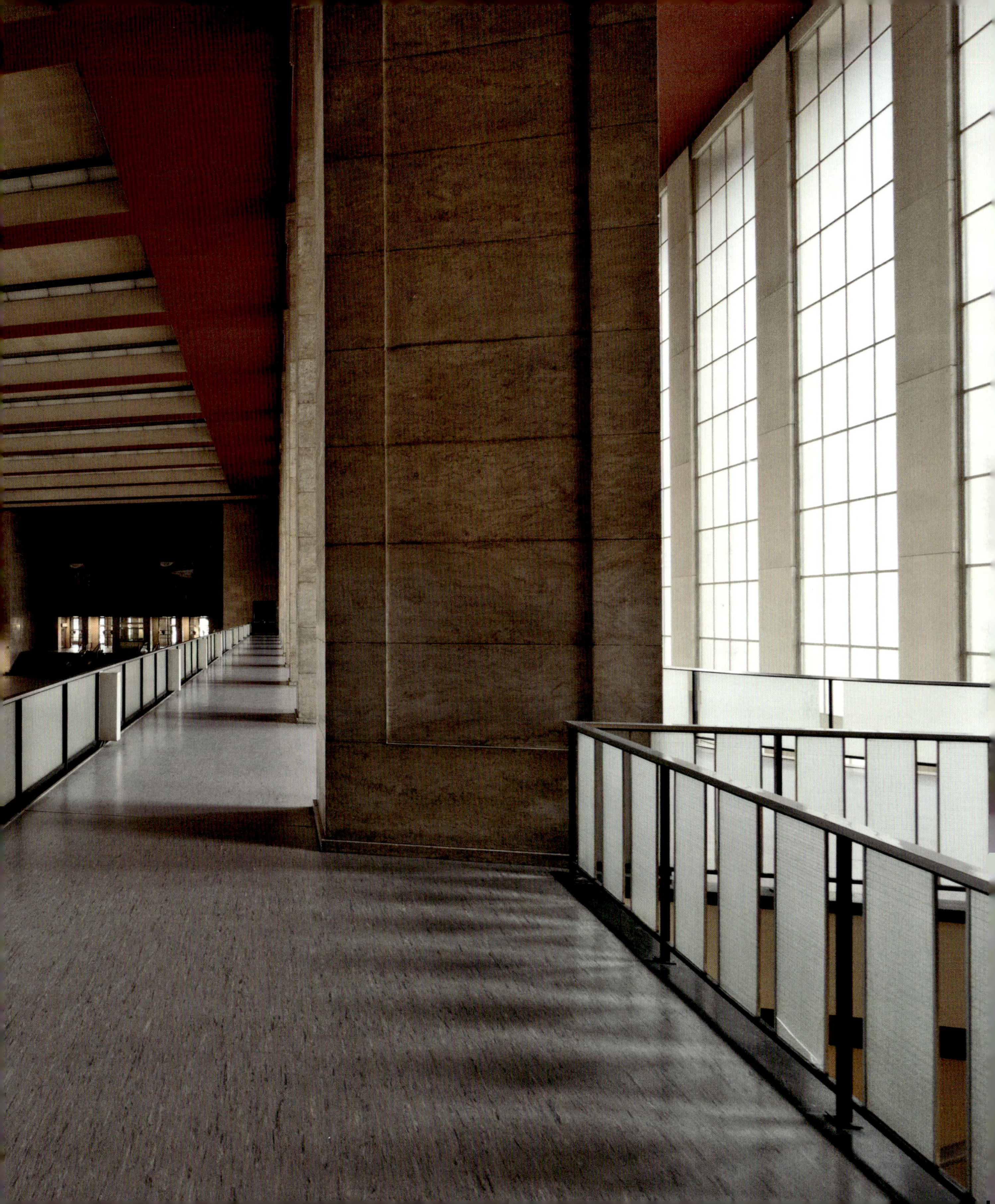

Ullsteinhaus

Das Ullsteinhaus ist eine Mischung aus Fabrik, Festung, Kathedrale sowie Bürogebäude und damit absolut fotografierenswert

TEMPELHOF-SCHÖNEBERG

Das Ullsteinhaus und die Kirche am Hohenzollernplatz haben einiges gemeinsam: Beide wurden Anfang des 20. Jahrhunderts im Stil des bereits erwähnten Backsteinexpressionismus erbaut, beide sind monumental, rot, befinden sich abseits der üblichen Touristenpfade und sind absolut sehenswert. Im Gegensatz zu seinem architektonischen Verwandten in Wilmersdorf ist das Ullsteinhaus allerdings ein Verlagsgebäude, kein Sakralbau. Das hat die Bemühungen des Architekten, Eugen Schmohl, und der Erbauer aber in keiner Weise gebremst, und sie schufen eine monumentale Mischung aus Fabrik, Festung, Kathedrale und Bürogebäude. So besitzt der Bau die schier endlosen, identischen Fensterreihen eines Bürohochhauses, aber eben auch einen massiven,

Ein eleganter, monumentaler Bau an einem ansonsten eher unspektakulären Ort – das Ullsteinhaus am Hafen Tempelhof

38 mm | f9 | 1/320 s | ISO 100 | –⅓ EV

54 Berlin – von Preußen bis in die NS-Zeit

76 Meter hohen Turm mit Uhr, der in seiner Dimension irgendwo zwischen Kirch- und Wehrturm angesiedelt ist, und Sandsteinskulpturen, die an die Wasserspeier vieler Kathedralen erinnern.

Das Ullsteinhaus ist auch eines dieser Gebäude, über die ich durch Zufall gestolpert bin. Es steht so scheinbar unvermittelt in einem ansonsten wenig spektakulären Umfeld im Süden der Stadt, direkt an Teltowkanal. Das hat den Vorteil, dass man das Gebäude vom anderen Ufer aus einiger Entfernung betrachten und fotografieren kann. Das ist praktisch, denn der Bau ist ziemlich riesig. Etwas knifflig gestaltet sich das Ganze allerdings mit dem Licht, denn das Gebäude liegt am Südufer, und somit liegt die beschriebene Großansicht meist im Schatten. Also gehen Sie am besten morgens oder nachmittags hin, wenn die Sonne nicht von Süden kommt. Ich habe das erste Foto in diesem Abschnitt beispielsweise im November gegen halb drei Uhr nachmittags gemacht, was in Berlin zu dieser Jahreszeit bezüglich des Sonnenstandes quasi später Nachmittag ist. Aber auch die Südseite des Gebäudes bietet interessante Motive. Ich persönlich war nach den ersten Bildern zunächst etwas enttäuscht und dachte: »Das war's dann wohl schon«, bis ich aufmerksam etwas mehr um das Ullsteinhaus herumging und dabei noch alles Mögliche entdeckte, etwa zahlreiche Muster und Figuren an der Fassade.

ULLSTEINHAUS

* Mariendorfer Damm 1, 12099 Berlin
* U-Bahn U6 Ullsteinstraße
* Von der Straße aus zu fotografieren, die Innenräume sind nicht öffentlich zugänglich.

Vieles an der Fassade des Ullsteinhauses erinnert an eine Kathedrale, auch wenn der Regen nicht über Wasserspeier, sondern über Regenrinnen und Rohre abgeleitet wird.

82 mm | f16 | 1/160 s | ISO 200 | −1/3 EV

Ullsteinhaus

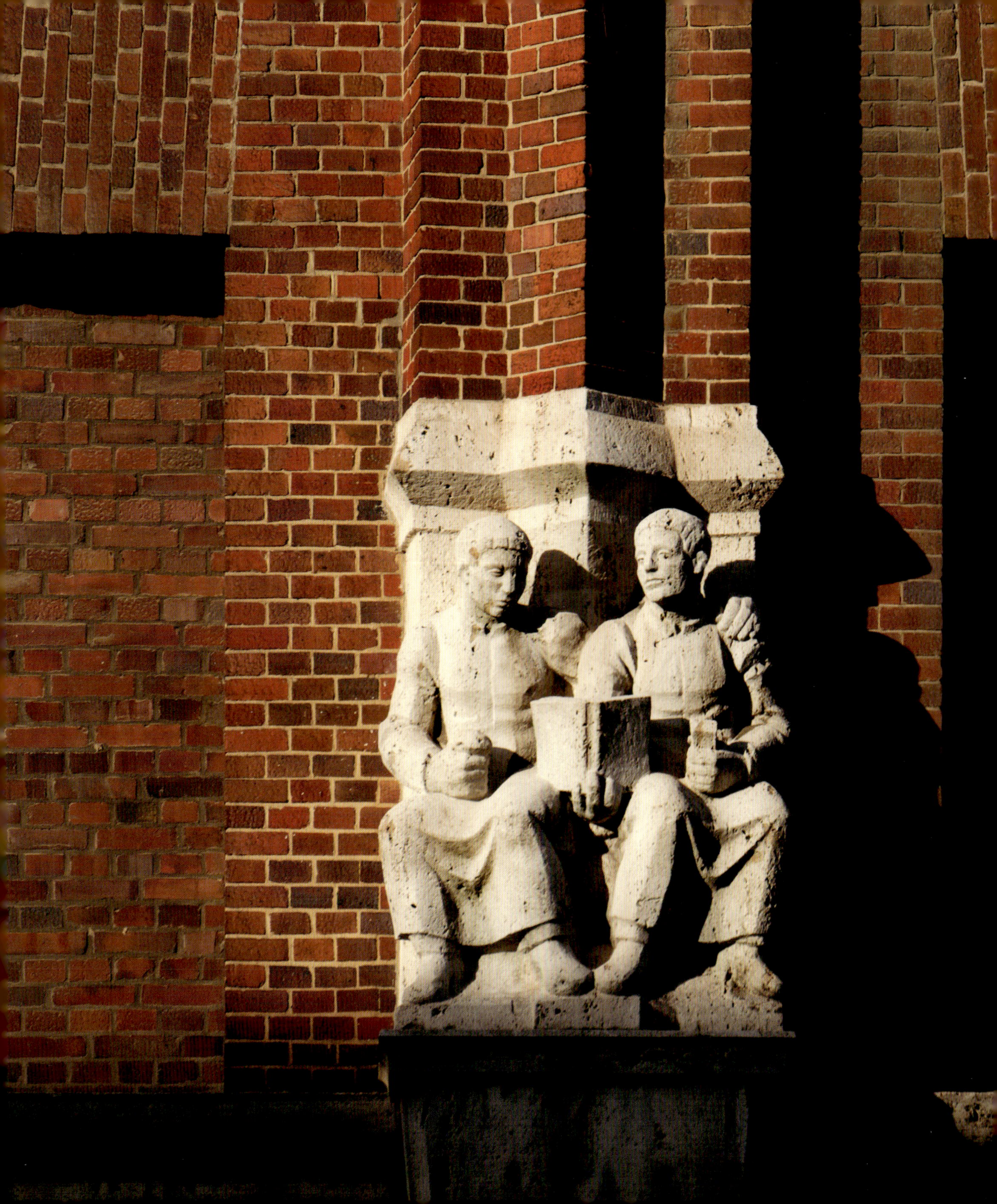

Vieles am Ullsteinhaus entdeckt man erst auf den zweiten Blick, so wie diese Skulptur auf einem Sims an der Fassade. Nehmen Sie sich die Zeit, die Fassade auch mit Ihrem Teleobjektiv abzusuchen.

252 mm | f7,1 | 1/400 s | ISO 100 | –⅓ EV

Als das Ullsteinhaus 1927 fertiggestellt wurde, war es übrigens ursprünglich sowohl Redaktionssitz als auch Druckerei des Ullstein Verlags, des damals größten Zeitungs- und Zeitschriftenverlags Europas. Die Nationalsozialisten »arisierten« den Verlag (die Ullsteins waren Juden), das Gebäude wurde in »Deutsches Haus« umbenannt. Nach dem Krieg bekam die Familie 1952 zwar zurück, was von ihrem Unternehmen übrig war, nach anfänglichen Erfolgen geriet das Unternehmen aber Mitte der 1950er Jahre in die Krise und wurde sukzessive von Axel Springer übernommen. Heute haben viele verschiedene Unternehmen ihren Sitz im Ullsteinhaus, der Ullstein Verlag gehört aber nicht mehr dazu.

Nur der Name erinnert noch an die Verlegerfamilie Ullstein, die das Gebäude einst in Auftrag gab. Der Verlag hat seinen Sitz schon lange nicht mehr hier.

17 mm | f9 | 1/160 s | ISO 100 | −1/3 EV

Die Kombination aus klaren und einfachen Mustern und vereinzelten Figuren birgt manches interessante Motiv.

260 mm | f13 | 1/250 s | ISO 200 | −⅓ EV

Der Borsigturm

Falls Sie nach einem Besuch des Ullsteinhauses hin und weg sind, könnte Sie übrigens auch der Borsigturm interessieren. Er stammt vom gleichen Architekten wie das Ullsteinhaus, Eugen Schmohl, und ist ebenfalls ein beeindruckendes Beispiel des Backsteinexpressionismus, unterscheidet sich aber trotzdem deutlich vom Ullsteinhaus.

Beide Bauten stehen in Berlin, der Borsigturm allerdings am anderen Ende, in Tegel, im Norden der Stadt. Am besten kommen Sie mit der U6 zum Borsigturm, Haltestelle »Borsigwerke«. Auch dieses Bauwerk ist von der Straße aus frei fotografisch zu entdecken, während die Innenräume nicht öffentlich zugänglich sind.

Shell-Haus

Architektur aus der Weimarer Republik – ihrer Zeit Jahrzehnte voraus

MITTE

Das Shell-Haus »wächst« am Ufer des Landwehrkanals entlang von fünf bis hoch auf zehn Stockwerke und schiebt sich dabei wellenförmig alle paar Meter ein Stück weiter nach vorne. Wellenförmig ist in diesem Fall nicht im übertragenen Sinn gemeint. Alle Ecken und Kanten des Bürogebäudes sind abgerundet, das gilt sowohl für die mit hellem Travertinstein verkleideten Außenwände als auch für die Fensterscheiben. Umso überraschender ist, dass das Haus nicht aus den 1960er Jahren oder der Zeit nach der Wende stammt, sondern schon in den 1930er Jahren gebaut wurde.

Obwohl das Shell-Haus seinen Namen dem bekannten Mineralölunternehmen verdankt, hatte Shell nie seinen Sitz hier. Ursprünglich wurde das Haus für die Rhenania-Ossag Mineralölwerke AG gebaut, ein Tochterunternehmen von Shell. Nach dem Krieg wurde die Firma in Deutsche Shell AG umbenannt, hatte ihren Sitz zu diesem Zeitpunkt

Die wellenförmige Fassade des Shell-Hauses kommt besonders in der Nachmittagssonne gut zur Geltung, wenn das Muster aus Licht und Schatten die Wellenform zusätzlich unterstreicht.

50 mm | f9 | 1/250 s | ISO 200

60 Berlin – von Preußen bis in die NS-Zeit

aber bereits seit mehr als 15 Jahren in Hamburg und kam auch nie nach Berlin zurück.

Das tat der Ästhetik des Gebäudes aber keinen Abbruch, und es gilt heute als ein Meisterwerk der Architektur aus der Zeit der Weimarer Republik. Und auch hinter der auffälligen Fassade war das Haus sehr innovativ: Direkt vor dem Gebäude verläuft eine vielbefahrene, mehrspurige Straße. Um daraus resultierende Erschütterungen vom Gebäude fernzuhalten, stellte man das Haus in eine 9 Meter tiefe Eisenbetonwanne, deren Seitenwände durch einen ca. 2 cm breiten Luftschlitz vom Gehweg getrennt sind. Das Geratter der Straße erreicht dadurch nicht das Stahlgerüst des Hauses.

Fotografisch hat die Fassade des Shell-Hauses einiges zu bieten. Am besten beginnen Sie am Reichpietschufer westlich des Shell-Hauses. Von hier aus haben Sie zunächst einen schönen Blick entlang der aufsteigenden Fassade. Das Gebäude beginnt am östlichen Ende fünfstöckig und schließt an seinem westlichen Ende mit zehn Stockwerken ab. Gleichzeitig schiebt sich das Gebäude aus diesem Blickwinkel mit jeder zweiten Fensterreihe ein Stück weiter nach vorne. Von der Westseite aus blicken Sie einfach nur auf eine gerade Fassade – weniger spannend.

Dieses Foto habe ich bewusst zugeschnitten, um die drei Muster des Bildes deutlich hervorzuheben: die Horizontal- und Vertikallinien der Fensterreihen, die diagonalen Linien, die durch die wellenförmig versetzten Fassadenelemente entstehen, und die Kurven der Straßenlaternen. Aufgrund der langen Brennweite kommt es hier nicht zur gleichen Verzerrung wie im Foto auf der nächsten Doppelseite.

315 mm | f7,1 | 1/500 s | ISO 200 | auf quadratisches Format zugeschnitten

SHELL-HAUS

* Reichpietschufer 60, 10785 Berlin
* **Tram** M29 bis Gedenkstätte Deutscher Widerstand
* Etwas weiter entfernt:
  U-Bahn U1 Kurfürstenstraße oder U2 Mendelssohn-Bartholdy-Park
* Von der Straße aus zu fotografieren, die Innenräume sind nicht öffentlich zugänglich.

Im Originalbild sind die Muster nicht so klar zu erkennen.

Das erste, das Ihnen auffallen dürfte, wenn Sie von Osten auf die Fassade blicken, ist der Kontrast zwischen der hellen Travertinfassade und den dunkel eingerahmten Fenstern. Durch diesen Kontrast bildet die Fassade ein Muster, das bei fast allen Lichtverhältnissen spannend ist, das aber bei einer gleichmäßigen Ausleuchtung mit wenig Schatten, also zum Beispiel in der Mittagszeit oder bei bedecktem Himmel, besonders gut zur Geltung kommt (wie im Foto rechts). Solche Fotos eignen sich auch sehr gut für eine Schwarzweißkonvertierung. Bei diesem Foto habe ich ganz bewusst etwas mit der perspektivischen Verzerrung gespielt und habe die Gebäudekante links gerade am Bildrand ausgerichtet, obwohl sie aufgrund des Blickwinkels von unten eigentlich nach links kippen müsste. Dadurch kippt die restliche Fassade nach rechts. Das Bild ist dadurch schief – oder auch nicht – je nachdem, wie man es betrachtet. Auf jeden Fall lässt es den Betrachter innehalten, während er unbewusst überprüft, ob das Foto »einfach nur« schief ist, oder ob da mehr dahintersteckt.

Travertin extra aus Italien

Bei der Sanierung des Shell-Hauses im Jahr 2000 wurden keine Kosten gescheut, um den ursprünglichen Zustand des Gebäudes wiederherzustellen. So wurden unter anderem alle Travertinplatten der Fassade ausgetauscht. Der ursprüngliche Stein stammte aus einem Steinbruch bei Rom, der inzwischen stillgelegt worden war. Für die neue Fassade des Shell-Hauses wurde er aber extra noch einmal aufgemacht.

In diesem Bild gibt es quasi keine Schatten, und das Motiv reduziert sich so auf seine inhärenten Formen, die Muster aus Fenstern und Travertin. Ich habe das Bild bewusst so ausgerichtet, dass die Fassade im Hintergrund trotz der perspektivischen Verzerrung senkrecht ist, wodurch das restliche Gebäude wiederum kippt. Dieser Konflikt zwischen paralleler Ausrichtung zum Bildrahmen und gleichzeitig kippenden Linien lässt hoffentlich auch Sie bei diesem ansonsten recht einfachen Motiv einen Moment verweilen.

100 mm | f9 | 1/1000 s | ISO 200

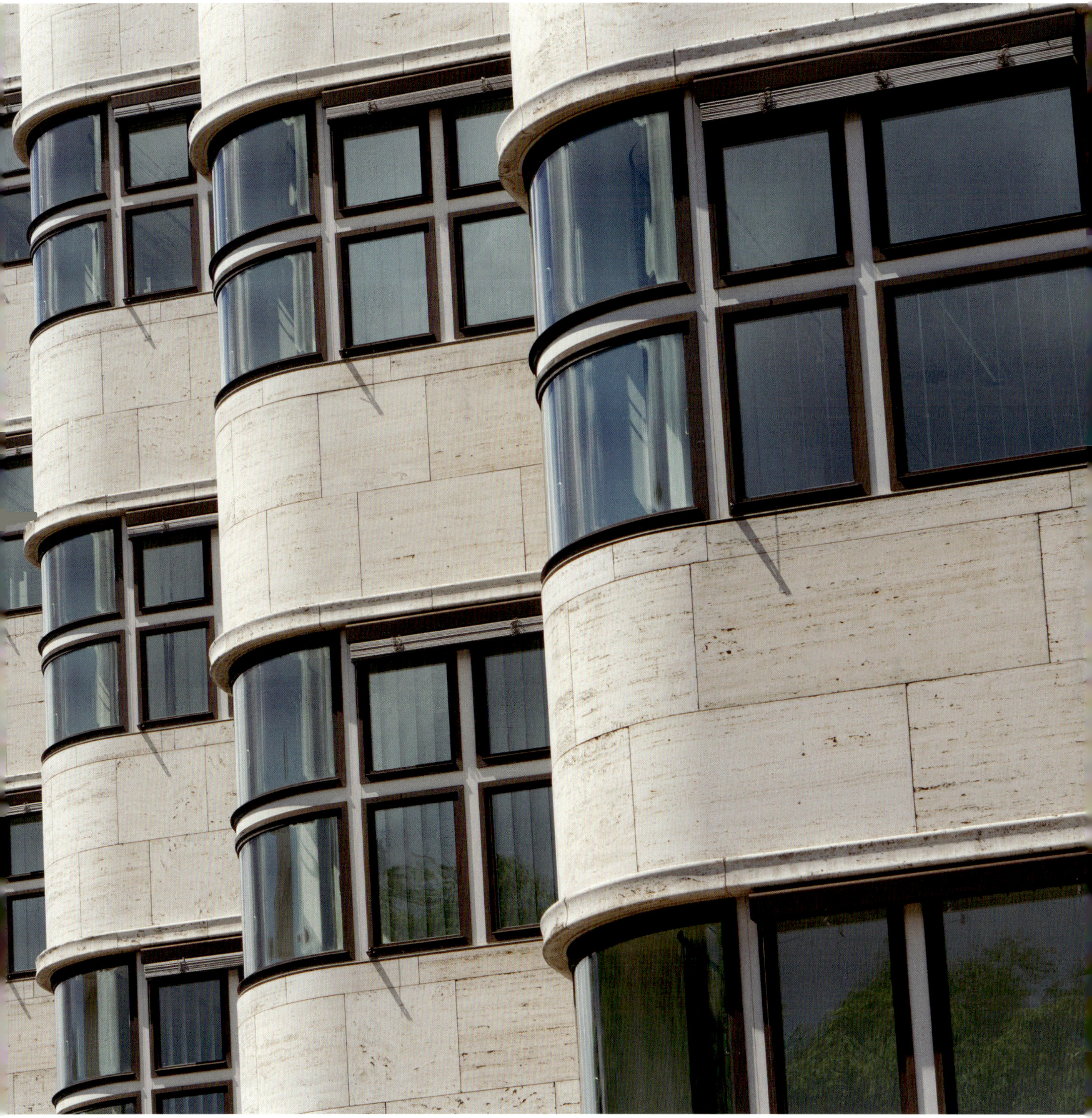

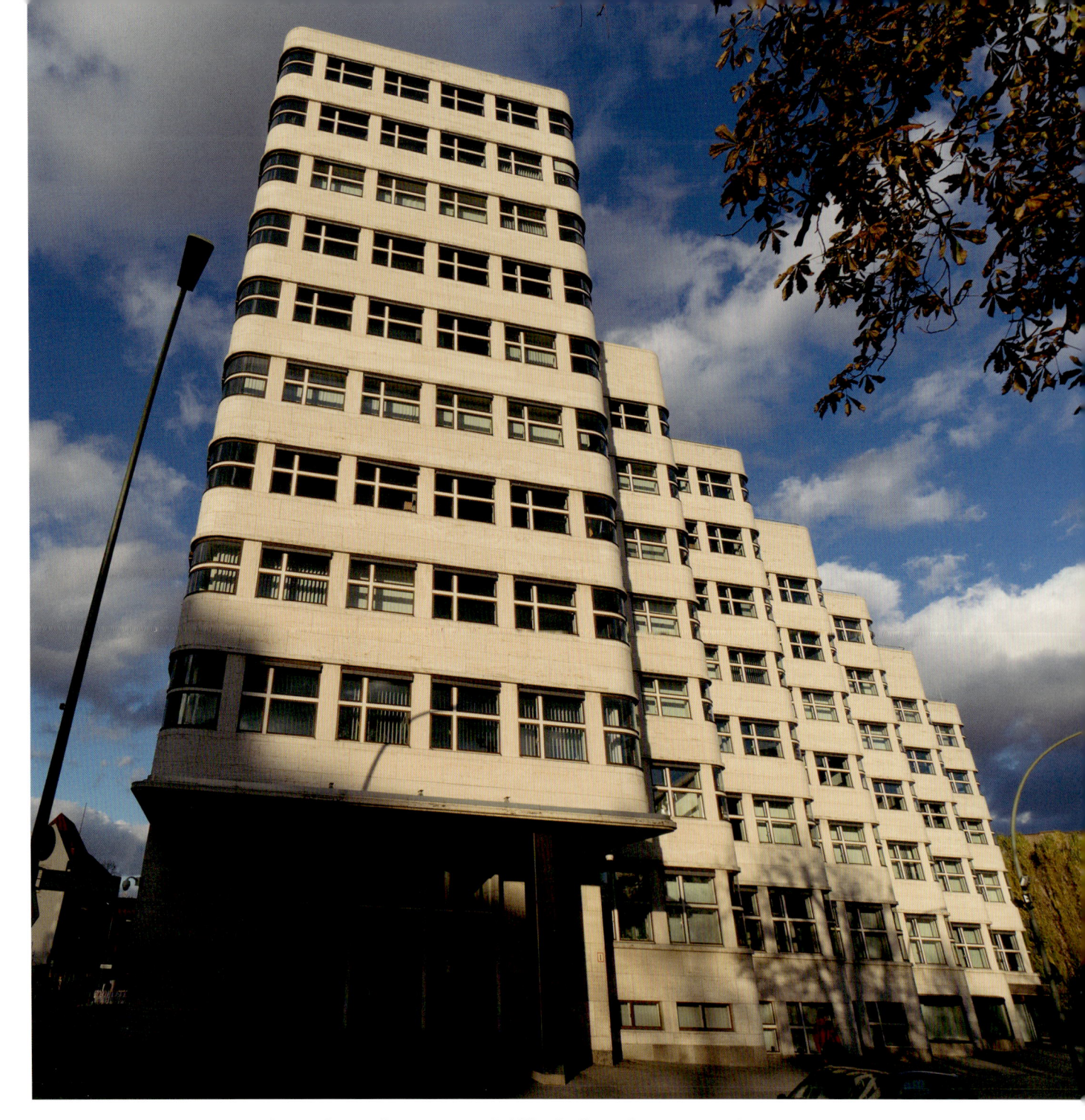

Das Shell-Haus in seiner Gesamtheit zu fotografieren ist etwas knifflig, da die großen Bäume entlang des Ufers des Landwehrkanals meist den Blick versperren. Am besten geht es im Winter, wenn die Laubbäume kahl sind. Hier der Blick auf den Haupteingang, aufgenommen mit einem starken Weitwinkel.

16 mm | f9 | 1/400 s | ISO 200

Besonders interessant wird die Fassade in der Nachmittags- bzw. Abendsonne (je nach Jahreszeit), wenn nicht mehr die gesamte Fassade angeleuchtet ist, sondern die Wellenform der Fassade Schattenmuster wirft. Um diesen Effekt zu erwischen, müssen Sie Ihren Besuch allerdings gut planen, denn wenn Sie nur wenige Minuten zu spät kommen, liegt die gesamte Fassade einfach nur noch im Dunkeln. Diesen Effekt sehen Sie auch von östlich des Gebäudes, aber besonders gut kommt er zur Geltung, wenn Sie südlich des Hauses auf der anderen Straßenseite stehen.

Eine Herausforderung sind dabei die vielen großen Bäume entlang des Kanals. Sie versperren den direkten Blick auf das Gebäude vom anderen Ufer des Kanals. Sie können also nicht gut ein paar Schritte zurückgehen, sonst landen Sie im Wasser. Falls Sie kein Tilt-Shift-Objektiv benutzen, werden Weitwinkel und Froschperspektive eine gewisse Verzerrung der Linien bei den Fotos unausweichlich machen. Aber auch das hat hier einen gewissen Reiz, denn schließlich ist ja die gesamte Fassade ein Meer aus Bögen und Wellen.

Historisch mal anders

Berlin ist eine Stadt, die insbesondere durch ihre jüngere Vergangenheit und ihre Gegenwart zum Besuchermagneten geworden ist. Wer antike Stätten oder Paläste will, fährt eher nach Paris oder Rom. Trotzdem gibt es spannende und vielfältige Relikte der Vergangenheit zu entdecken. Manche, wie das Brandenburger Tor, sind in erster Linie Symbole einer vergangenen Ära. Andere, wie das Olympiastadion, sind zwar eindeutig Kinder ihrer Zeit, aber inzwischen zu einem lebendigen Teil des neuen Berlins geworden.

Diese Motive haben es nicht ins Buch geschafft. Warum?

In diesem Kapitel sind viele Bilder und Themen an den Bildrechten und/oder den Kosten für die Veröffentlichung gescheitert. Das war bei vielen Fotos der **Museumsinsel**, insbesondere der Innenräume der Museen, der Fall, aber auch beim **Hamburger Bahnhof**, der innen und außen spannende Motive bietet, die aber alle (in einem Rahmen wie diesem Buch) nur gegen Bezahlung gezeigt werden dürfen. Auch das **Schloss Charlottenburg** finden Sie aus diesem Grund hier nicht. Ich ermuntere Sie, diese absolut sehenswerten Orte zu besuchen und im Rahmen der Möglichkeiten zu fotografieren, seien Sie aber vorsichtig bei der Veröffentlichung von Bildern! Der **Gendarmenmarkt** ist einer dieser klassischen Orte in Berlin, die fast jeder besucht, und er bietet durchaus einige Motive, aber am Ende waren es doch nicht so viele und insbesondere nicht viele originelle, dass ich einen Besuch dort empfehlen wollte. Falls er aber auf Ihrer Route liegt, sollten Sie trotzdem ruhig mal vorbeischauen. **Zitadelle Spandau** – das klingt spannend und sieht von außen auch recht vielversprechend aus, ist innen aber ein heilloses Durcheinander und bietet dann doch nicht so viele Motive, dass sich die lange Anfahrt nach Spandau dafür lohnen würde. Aber falls Sie sowieso schon dort sind (zum Beispiel auf Ihrer U-Bahn-Tour, siehe Seite 172), dann gehen Sie ruhig mal vorbei. Die Außenmauern in Kombination mit dem Festungsgraben können im richtigen Licht ganz schön sein, und einen Kontrast zur geschäftigen Stadt bietet die Zitadelle allemal.

Shell-Haus

Straßenfeste und Umzüge

Was dem einen der Mardi Gras und dem anderen die Fastnacht, das ist in Berlin der Karneval der Kulturen und der Christopher Street Day

Diese bunte Gruppe repräsentierte Nepal bei einem Karneval der Kulturen.

26 mm | f7,1 | 1/200 s | ISO 200

Berlin ist eine bunte, tolerante und weltoffene Stadt. Hier darf jeder (fast) wie er/sie will, was den ganz besonderen Charme der Stadt ausmacht, viel mehr als irgendwelche berühmten Bauwerke. Nirgends wird das deutlicher als bei den vielen Straßen- und Volksfesten der Stadt. Da gibt es die über Berlin hinaus bekannten Veranstaltungen wie die Silvesterfeier am Brandenburger Tor, aber auch die ausgelasseneren und oft etwas chaotischeren Events wie das MyFest in Kreuzberg, das ursprünglich als friedliches lokales Familienfest gedacht war, um den Krawallen am 1. Mai etwas entgegenzusetzen, das sich aber inzwischen auf fast ganz Kreuzberg ausgedehnt hat (nicht offiziell, aber de facto). Aber vielleicht am schillerndsten und für Sie als Fotografen am spannendsten sind zwei Veranstaltungen: der Karneval der Kulturen und der Christopher Street Day (CSD).

Die vielen verschiedenen Kostüme bei beiden Umzügen bieten viele Motive. Dieses Foto entstand am Hermannplatz in Neukölln beim Karneval der Kulturen.

30 mm | f8 | 1/250 s | ISO 200

Der Karneval der Kulturen (*www.karneval-berlin.de*) ist eine bunte und lebensfrohe Demonstration der kulturellen Vielfalt Berlins, die alljährlich im Mai stattfindet. Neben Musik- und Theaterveranstaltungen gibt es in der Gegend südlich des Halleschen Tors ein Straßenfest mit Essen, Getränken und diversen Produkten aus aller Welt. Aber das fotografische Highlight der Veranstaltung ist ohne Zweifel der Umzug, bei dem Gruppen unterschiedlichster Nationen durch Neukölln und Kreuzberg ziehen, zum Teil mit Umzugswagen oder zu Fuß. Die meisten sind in traditionellen Kostümen gekleidet und tanzen, musizieren oder machen akrobatische Kunststücke. Hier gibt es viel zu sehen und zu fotografieren. Aber Sie sollten versuchen, früh zu kommen und einen guten Platz entlang der Umzugsroute zu ergattern. Und vergessen Sie nicht Ihr Teleobjektiv, damit Sie die Teilnehmer des Umzugs auch nah »heranholen« können.

Auch Akrobaten, wie diese beiden jungen Damen, zeigen beim Karneval der Kulturen ihr Können.

48 mm | f5,6 | 1/160 s | ISO 200

Bei der Parade des Christopher Street Days ist ein Kostüm ausgefallener als das nächste. Diese beiden Herren fotografierte ich in der Nähe des Wittenbergplatzes in Charlottenburg.

70 mm | f5,6 | 1/320 s | ISO 200

Der Christopher Street Day (*http://csd-berlin.de*) geht auf ein historisches Ereignis in New York City zurück. Am 28. Juni 1969 wehrten sich in dieser Straße Schwule, Lesben und andere sexuelle Minderheiten gegen Polizeiwillkür, was zu tagelangen Straßenschlachten führte. Heute gilt das Ereignis als ein Wendepunkt im Kampf für die Gleichberechtigung sexueller Minderheiten. Aber trotz des ernsten Hintergrundes ist die CSD-Parade ein ausgelassenes Fest der Toleranz mit Musik, Umzugswagen und Menschen in zum Teil schillernden, verrückten Kostümen.

Beide Veranstaltungen sind bunt, wild und ein bisschen verrückt, aber keine Sorge, hier ist jeder willkommen, auch Sie und ich, und Sie werden die Kamera gar nicht mehr absetzen wollen, glauben Sie mir!

Gold im Doppelpack bei der CSD-Parade

46 mm | f7,1 | 1/250 s | ISO 200

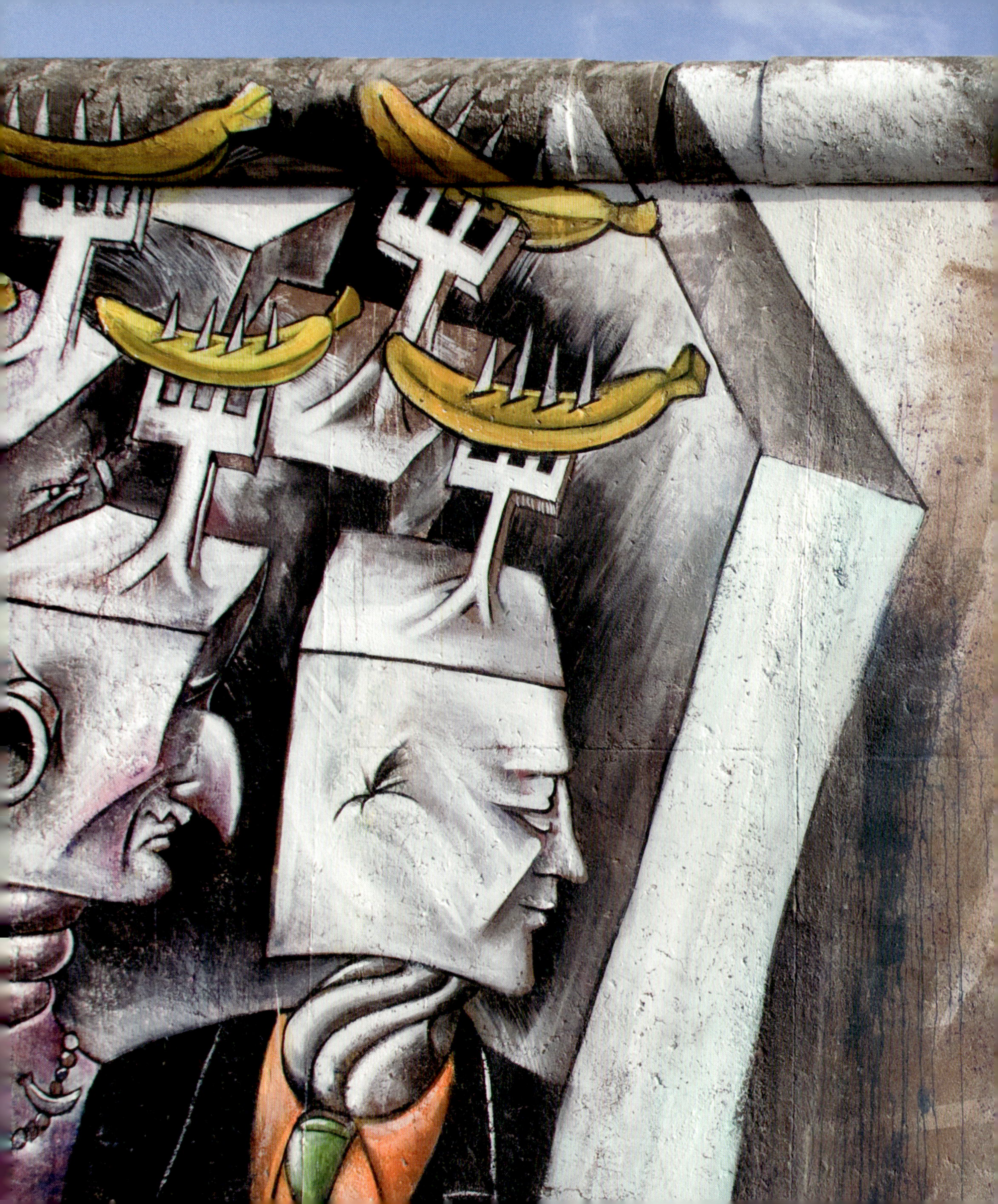

Berliner Mauer

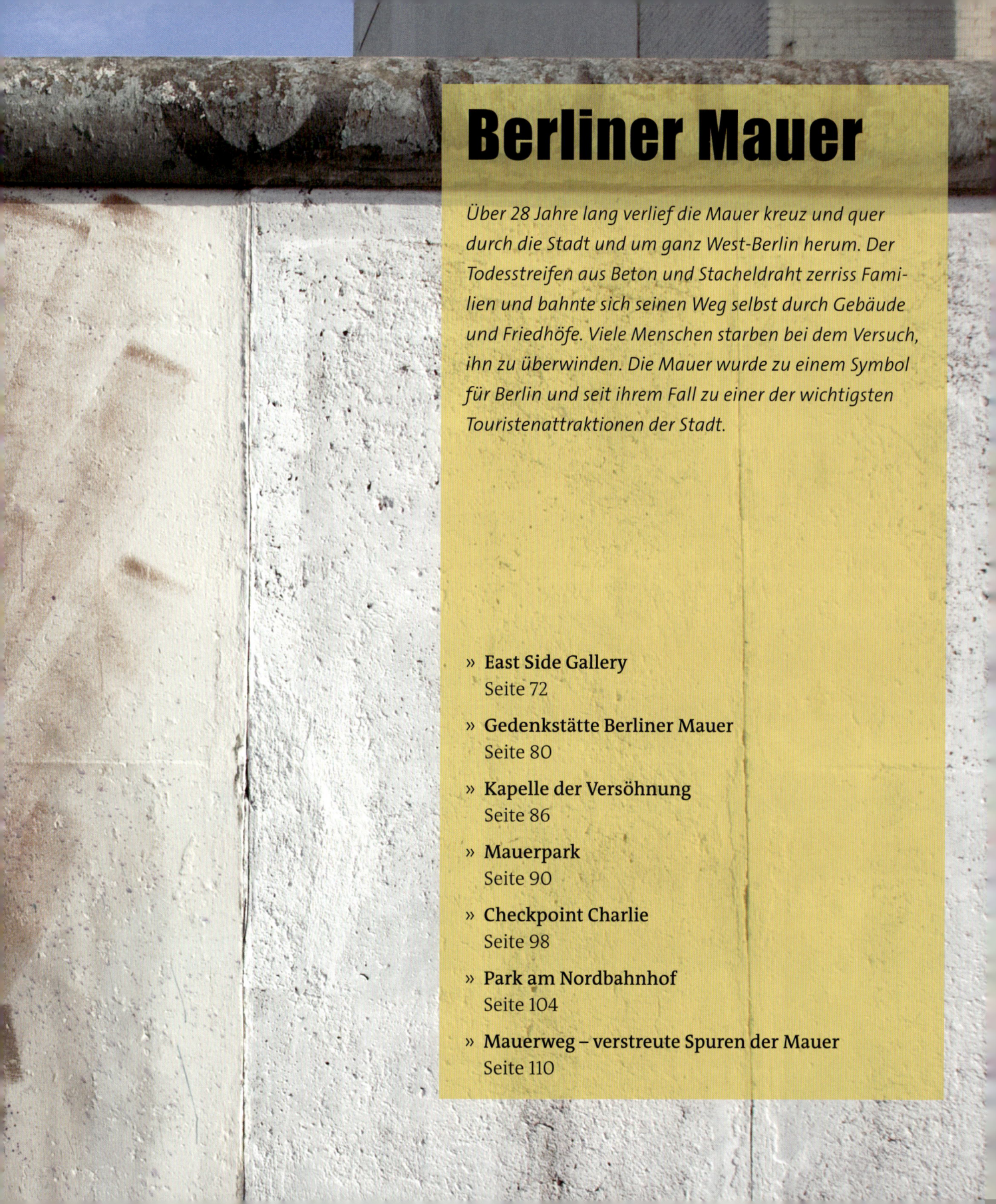

Über 28 Jahre lang verlief die Mauer kreuz und quer durch die Stadt und um ganz West-Berlin herum. Der Todesstreifen aus Beton und Stacheldraht zerriss Familien und bahnte sich seinen Weg selbst durch Gebäude und Friedhöfe. Viele Menschen starben bei dem Versuch, ihn zu überwinden. Die Mauer wurde zu einem Symbol für Berlin und seit ihrem Fall zu einer der wichtigsten Touristenattraktionen der Stadt.

» **East Side Gallery**
Seite 72

» **Gedenkstätte Berliner Mauer**
Seite 80

» **Kapelle der Versöhnung**
Seite 86

» **Mauerpark**
Seite 90

» **Checkpoint Charlie**
Seite 98

» **Park am Nordbahnhof**
Seite 104

» **Mauerweg – verstreute Spuren der Mauer**
Seite 110

East Side Gallery

Das größte verbliebene Mauerstück ist gleichzeitig die größte Open-Air-Kunstgalerie der Welt und lädt zum Staunen und entspannten Schlendern ein

FRIEDRICHSHAIN-KREUZBERG

Von den ursprünglich 169 Kilometern Berliner Mauer ist die East Side Gallery am Nordufer der Spree das längste erhaltene Stück. Sie finden es zwischen dem Ostbahnhof und der Oberbaumbrücke. Dadurch dass die Mauer hier relativ gerade und dank der breiten Mühlenstraße auf der Nordseite auch nicht verbaut ist, bekommen Sie an diesem Ort einen guten Eindruck davon, wie die sich endlos durch die Stadt schlängelnde Grenzanlage einmal gewirkt haben muss. Durch ihre Lage am Nordufer der Spree in Friedrichshain war dieser Abschnitt der Grenzanlagen durch den Fluss von West-Berlin getrennt. Das bedeutete, dass auch niemand die Betonmauer von der West-Berliner Seite aus bemalen oder besprühen konnte. Sie blieb also ursprünglich einfarbig weißgrau. Das änderte sich allerdings schon kurz nach dem Fall der Mauer. Bereits im Frühjahr 1990 wurden diverse Künstler aus aller Welt eingeladen, Abschnitte des Mauerstücks zu bemalen, was diese dann auch sehr eifrig und vielfältig taten. Insgesamt finden Sie Werke von 118 Künstlern aus 21 Ländern.

Links: Der Bruderkuss zwischen Leonid Breschnew und Erich Honecker darf natürlich nicht fehlen. Da er solch ein großer Publikumsmagnet ist, wollte ich die Touristen lieber als Teil des Bildes integrieren, anstatt zu versuchen, einfach nur ein Foto des Gemäldes zu machen. Rechts: Zwei Welten prallen aufeinander: Weltgeschichte und augenscheinliches Desinteresse.

Links: 30 mm | f8 | 1/500 s | ISO 200
Rechts: 28 mm | f9 | 1/500 s | ISO 200

Als die O2-World (jetzt Mercedes-Benz Arena) erbaut wurde, schnitt man kurzerhand ein Stück aus der Mauer heraus, um den Besuchern einen Zugang zur Spree zu geben. Diesem sehr rücksichtslosen Umgang mit dem unter Denkmalschutz stehenden Zeitzeugnis verdanken wir diese Perspektive, bei der die Mauer das Bild teilt und die Oberbaumbrücke rechts im Hintergrund schön zu sehen ist.

38 mm | f8 | 1/250 s | ISO 200

Mit einer Länge von 1316 Metern gilt die East Side Gallery heute als die größte Open-Air-Kunstgalerie der Welt, und allein für diese Gemälde ist dieses Stück des ehemaligen Mauerstreifens schon sehenswert. Ein Muss ist sicher der Besuch des Bruderkusses zwischen Leonid Breschnew und Erich Honecker, den der russische Künstler Dmitri Wrubel auf der Mauer verewigt hat.

Interessante Motive bieten dabei nicht nur die Gemälde selbst, sondern auch die Art und Weise, wie die Besucher mit ihnen umgehen. Manche sind berührt, andere posieren mit Selfie-Stick, einzeln oder in Gruppen. Wieder andere sind gelangweilt und wären offensichtlich lieber woanders (das trifft häufig auf Schülergruppen im Teenageralter zu). All das bietet interessante Motive (unter Beachtung des Rechts am eigenen Bild und der Persönlichkeitsrechte, versteht sich).

EAST SIDE GALLERY

* Mühlenstraße, 10243 Berlin
* **S-Bahn** S5, S7, S75, **Bus** 140, 240 u.a., S Ostbahnhof
* **S-Bahn** S5, S7, S75, **U-Bahn** U12, **Tram** 21, M10, S+U Warschauer Straße
* Rund um die Uhr frei zugänglich
* www.eastsidegallery-berlin.de

East Side Gallery

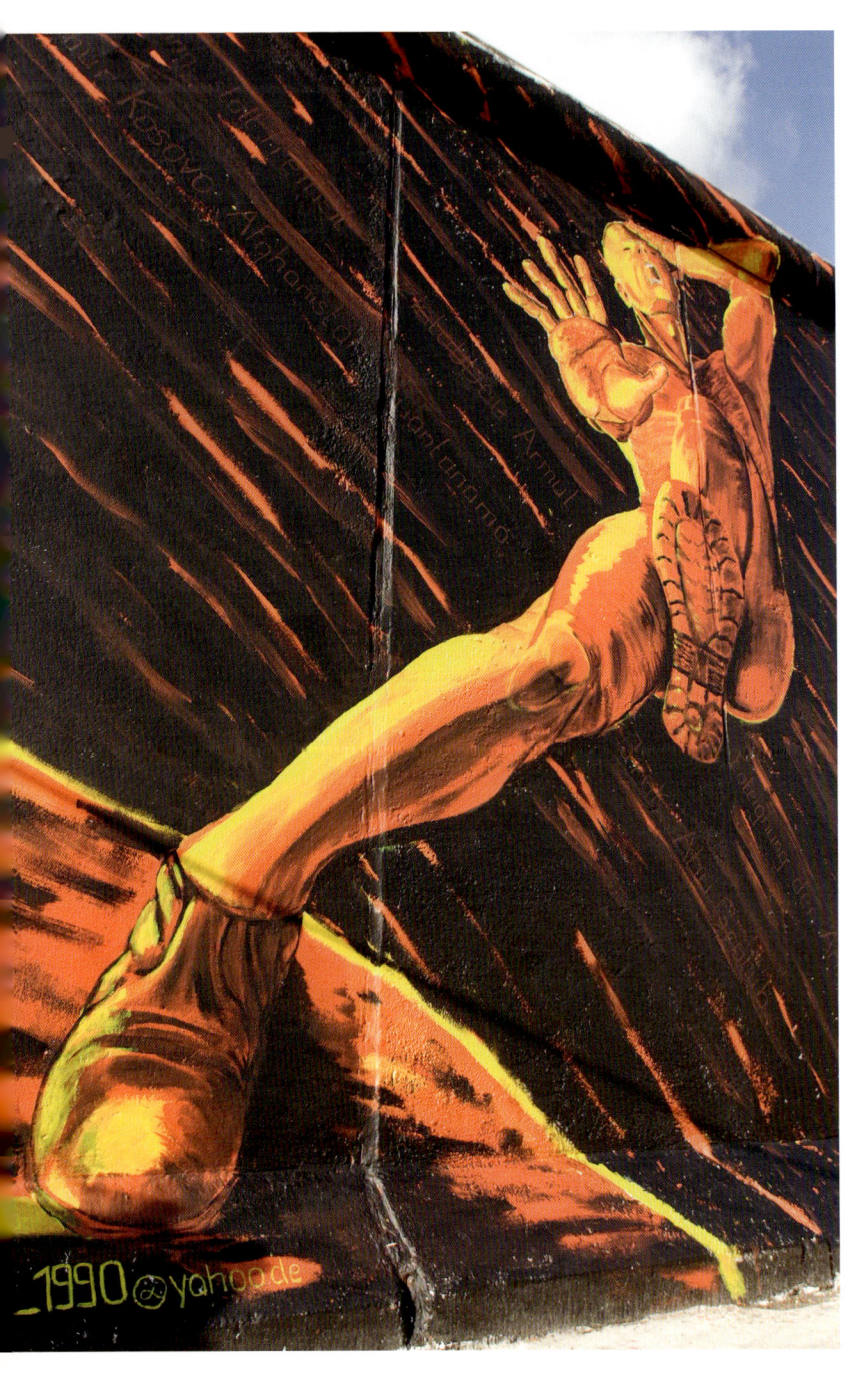

Viele der Bilder auf der Mauer sind wahre Kunstwerke und wären auch ein Foto wert, wenn sie nicht auf die Berliner Mauer gemalt wären. Dieses Bild hat durch sein Motiv ein inhärentes Drama, hier noch verstärkt durch die Froschperspektive und die kurze Brennweite.

26 mm | f7,1 | 1/200 s | ISO 200

Ein anderer Aspekt, der die East Side Gallery neben den Gemälden interessant macht, ist, dass die Mauer hier erlebbar ist. Sie können stundenlang an ihr entlangschlendern und die sehr unterschiedlichen Gemälde bewundern, oder Sie gehen auf die Südseite der Mauer, wo sich ein kleiner Parkstreifen zwischen Mauer und Spree entlangzieht. Diese Seite der Mauer sollte ursprünglich weiß bleiben, aber wie das immer so ist mit weißen Wänden, sie laden geradezu zum Bemalen ein. Und so ist auch die Südseite der Mauer inzwischen ein buntes Wirrwarr aus mehr oder weniger künstlerisch wertvollen Sprühbildern (das Besprühen ist verboten, also lassen Sie sich nicht zum Nachahmen verleiten). Vom Ufer aus bieten sich darüber hinaus auch sehr schöne Ausblicke auf die Spree und insbesondere auf die Oberbaumbrücke zwischen Friedrichshain und Kreuzberg. Die Backsteinbrücke von 1895 gehört zweifelsohne zu den schönsten Brücken Berlins.

Wie Sie sehen können, habe ich fotografisch einige der Kunstwerke isoliert, damit sie voll zur Geltung kommen. An anderen Stellen habe ich den Kontext mit einbezogen. Oft ist das auch fast unvermeidlich, denn an der East Side Gallery sind Sie selten allein, insbesondere vor den bekannteren Motiven, wie dem bereits erwähnten Bruderkuss. Also machen Sie die anderen Besucher doch einfach mal zum Bildelement, anstatt stundenlang zu warten und (vergeblich) zu hoffen, dass irgendwann doch einmal wirklich alle aus dem Bild gehen. Ein gutes Beispiel für diese Vorgehensweise ist die Abbildung auf Seite 72 rechts unten, auf der die gelangweilt wirkenden Teenager im Vordergrund achtlos an dem Gemälde von Michail Gorbatschow vorbeigehen, der die Mauer durchbricht; ihnen scheint die weltgeschichtliche Bedeutung dieses Ereignisses völlig schnuppe zu sein. Ähnlich dem Foto des Bruderkusses wird dieses Bild durch die Kombination aus dem Gemälde und der realen Szene im Vordergrund zu einem interessanteren Motiv.

Neben der Frage, ob Touristen auf das Bild dürfen oder nicht, lässt sich natürlich auch an der Mauer mit Perspektive arbeiten. Das Gemälde des Mannes in der Abbildung auf der linken Seite wirkt an sich schon dramatisch. Die Froschperspektive verstärkt den Effekt aber noch zusätzlich. Und wo wir gerade bei ungewöhnlichen Perspektiven sind: Probieren Sie doch mal die Panoramafunktion Ihrer Kamera aus. Wann sonst hat man schon ein

Tipps

Die Gemälde der East Side Gallery befinden sich alle auf der Nordseite der Mauer, daher fällt fast nie direktes Sonnenlicht auf die Bilder – Ausnahme: im Hochsommer am frühen Morgen und späten Nachmittag.

An der East Side Gallery sind immer viele Touristen. Anstatt zu versuchen, ein Foto ohne Menschen im Bild hinzubekommen, beziehen Sie die Besucher lieber mit ein, und nutzen Sie sie, um dem Bild mehr Leben und zusätzliche Bildelemente zu geben.

Die Länge der Mauer bietet sich für Panoramaaufnahmen an.

Und wenn Sie mit der East Side Gallery im engeren Sinn fotografisch »durch« sind, genießen Sie doch ein wenig den kleinen Park am Flussufer

So eine Tür hätten sich zu Mauerzeiten sicher viele gewünscht. Heute bietet sie einen schönen Blick aus Friedrichshain, im ehemaligen Osten der Stadt, durch die Mauer auf das andere Ufer der Spree nach Kreuzberg im ehemaligen Westen.

28 mm | f9 | 1/320 s | ISO 200

so ungewöhnlich langes, zusammenhängendes Kunstwerk vor Augen, dessen Komplexität dazu einlädt, es länger mit den Augen zu erforschen? Aber machen Sie es sich nicht zu leicht. Bei Panoramabildern braucht man Abwechslung, und im Idealfall sollten über die gesamte Bildbreite verteilt verschiedene interessante Bildelemente zu finden sein. Sie sollten nichts abschneiden können, ohne dass Informationen auf dem Foto verloren gehen. Für die Abbildung unten habe ich ein bereits recht komplexes Gemälde ausgewählt, das den Betrachter an sich schon beschäftigt. Dennoch gibt es überall neue Details zu entdecken, und so wird das Bild nicht langweilig. Darüber hinaus haben wir die Tür am linken und die posierenden Touristinnen am rechten Bildrand, wodurch es auf der gesamten Bildbreite verteilt etwas zu sehen gibt.

Original ist relativ

Angemerkt sei an dieser Stelle, dass die Originalbilder von 1990 vor einigen Jahren entfernt wurden, nachdem sie durch Graffitis und Witterung stark in Mitleidenschaft gezogen worden waren. Dies geschah, ohne die Künstler vorher zu fragen. Sie wurden stattdessen gebeten, ihre Werke noch einmal zu malen. Und so stammen die Bilder, die Sie sehen, aus dem Jahr 2009. Einige Künstler weigerten sich auch, Repliken anzufertigen, und ließen die Flächen aus Protest weiß. Trotzdem gibt es nach wie vor viele tolle Bilder zu sehen und zu fotografieren.

Die Mauer bietet sich natürlich für Panoramen an, achten Sie dabei aber auch darauf, das Bild zu gestalten, und verlassen Sie sich fotografisch nicht nur auf das Kunstwerk. Fotografiert habe ich das Bild mit der Panoramafunktion meiner Sony Nex-6.

24 mm | f10 | 1/200 s | ISO 100 | Panoramafunktion

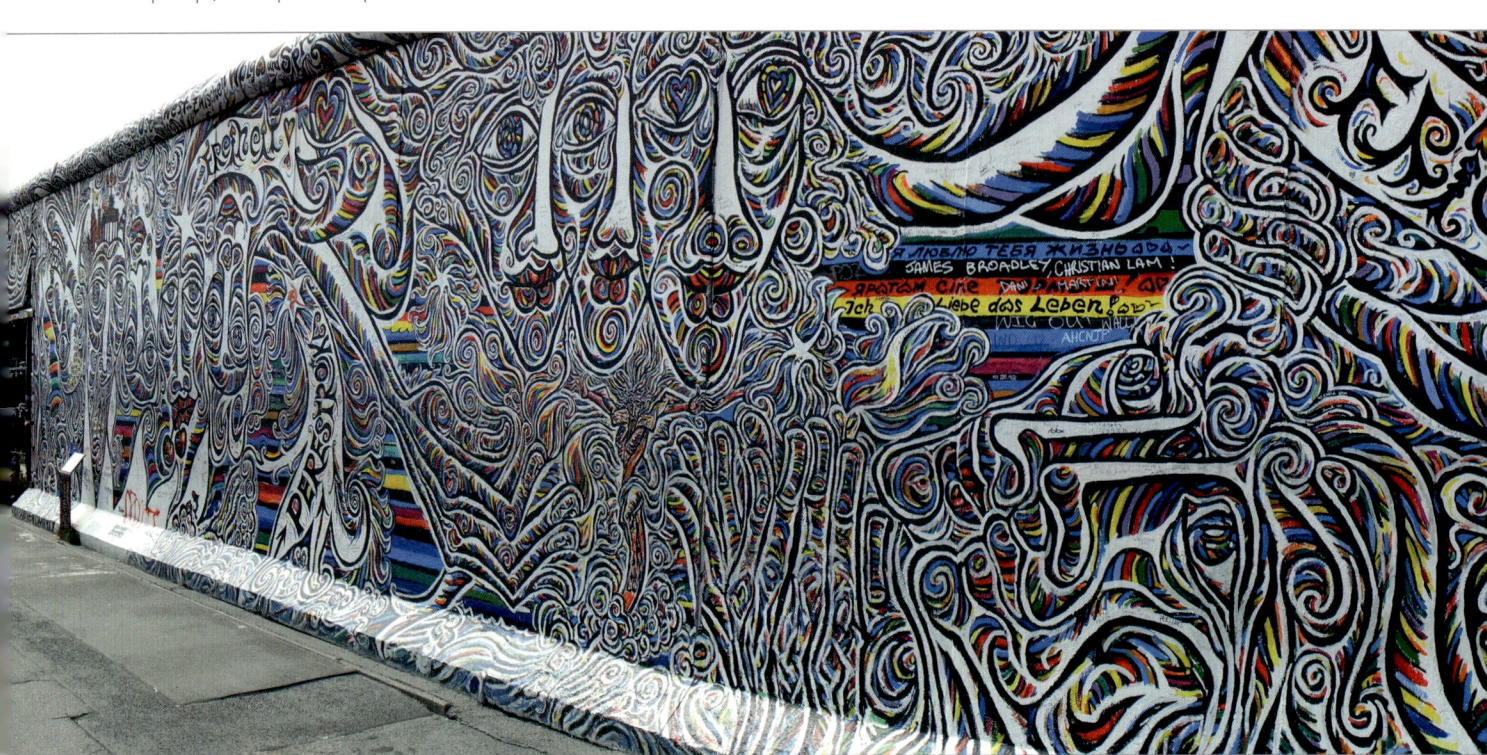

Denkmalschutz ist auch relativ

Eigentlich steht die East Side Gallery unter Denkmalschutz. Eigentlich. Es gibt Denkmalschutzschilder, und Touristen werden darauf hingewiesen, dass es inzwischen verboten ist, Stücke aus der verbliebenen Mauer zu schlagen. So weit, so gut, wären da nicht die Investoren. Zunächst wurde 2006 ein mehr als 40 Meter breites Stück aus der Mauer entfernt, damit man von der O2-World (einer Veranstaltungshalle, inzwischen umbenannt in Mercedes-Benz Arena) direkt zur Spree gucken und gehen konnte. Aber wenigstens entstand dann ein kleiner Park hinter der Mauer entlang der Spree. Bis der nächste Investor kam und ein Luxuswohnhaus direkt zwischen Spree und Mauer baute und wieder mehrere Stücke aus der Mauer reißen ließ. Dieses Mal gab es immerhin deutlichen Protest samt Demonstrationen, und selbst David Hasselhoff kam vorbei. Am Ende blieb das Ganze aber folgenlos. Inzwischen wird fleißig gebaut, und ein Hotel soll eventuell auch noch im Park entstehen. Also beeilen Sie sich lieber mit Ihrem Besuch, bevor man die Mauerreste zwischen all den neuen Gebäuden nicht mehr erkennen kann.

Die Mauer ist inzwischen eine große Touristenattraktion, was zum Teil zu komischen Auswüchsen führt. Dieser »Tourist Shop« verdeutlicht das vielleicht besser als irgendetwas sonst. Falls Sie noch dringend einen DDR-Stempel in Ihrem Pass brauchen, sind Sie hier an der richtigen Adresse.

28 mm | f10 | 1/400 s | ISO 200

Spätestens wenn Sie die knapp anderthalb Kilometer Kunst abgelaufen sind, sollten Sie die Mauer auch mal von der anderen Seite in den Blick nehmen und nach weiteren Motiven Ausschau halten.

Links: Von der anderen Straßenseite aus können Sie auch die Türme der Oberbaumbrücke gemeinsam mit der Mauer ins Bild nehmen. Oben: Summer in the City: Eine Frau sonnt sich neben ihrem Fahrrad auf dem Grünstreifen auf der Südseite der Mauer. Das, kombiniert mit den Graffitis, macht dieses Bild für mich zu einem sehr typischen Berlin-Motiv. Rechts oben: Hier gefiel mir der Kontrast zwischen der lebendigen Szene voller Menschen im Vordergrund und der klaren, kalten Form der Mauer im Hintergrund, die durch die fehlenden Graffitis noch etwas ursprünglicher wirkt. Rechts unten: Auf der Südseite der East Side Gallery können Sie an warmen Sommerabenden wunderschön an der Spree entlangflanieren.

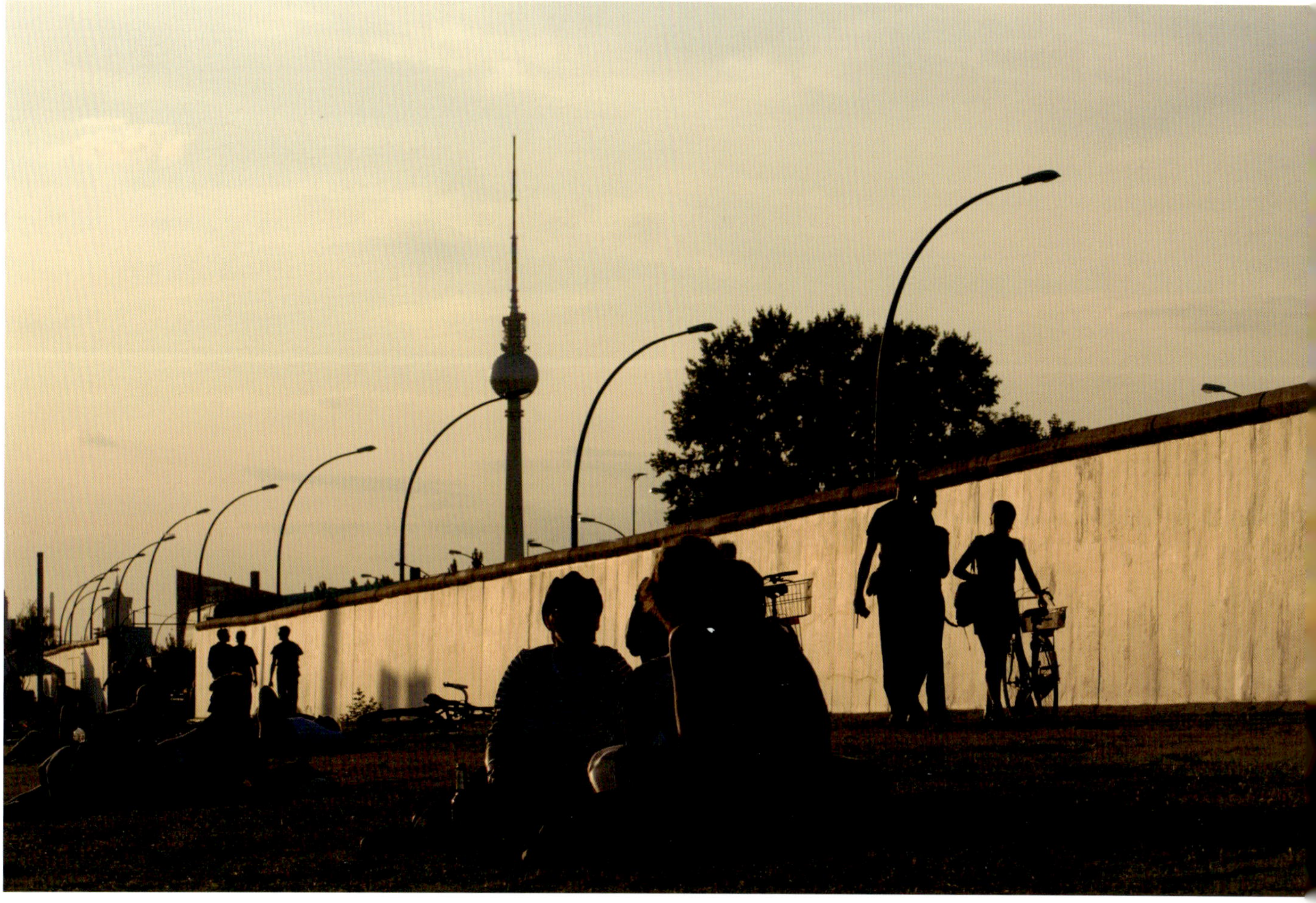

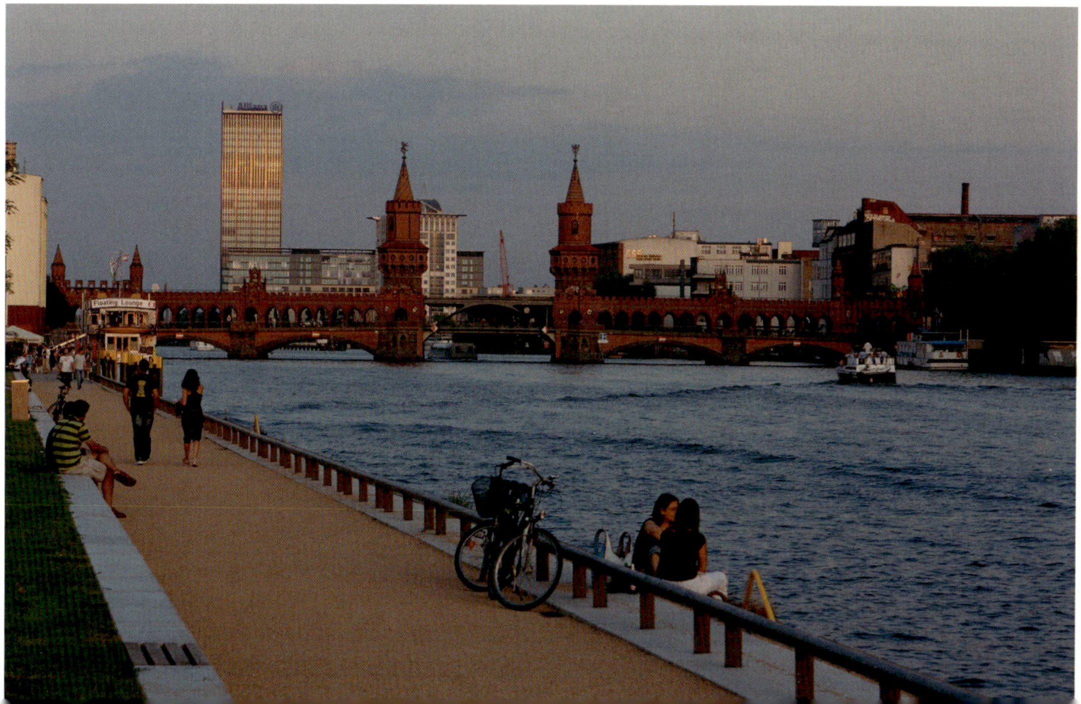

Gedenkstätte Berliner Mauer

Ein Ort des Gedenkens, der Mahnung und der Information. Hier erfahren Sie, wie der »antifaschistische Schutzwall« wirklich war

MITTE

Das zweite größere noch erhaltene Mauerstück steht an der Bernauer Straße zwischen den Ortsteilen Berlin-Mitte und Wedding. Die Ausrichtung ist allerdings eine völlig andere: Während die East Side Gallery mit Grünflächen am Flussufer und Outdoor-Kunst an einem sonnigen Tag ein gemütliches Fleckchen sein kann, ist das Mauerstück an der Bernauer Straße als Mahnmal und Gedenkstätte gedacht. Zu diesem Zweck ist es in Teilen so erhalten oder so restauriert worden, wie es zu Mauerzeiten ausgesehen hat.

Die Gedenkstätte Berliner Mauer zieht sich in einem grünen Streifen vom Nordbahnhof im Südwesten den Hügel hinauf bis zum Mauerpark im Nordosten. Der visuell interessantere Teil liegt zwischen dem Nordende des Nordbahnhofs und der U-Bahn-Haltestelle Bernauer Straße, wo noch die gesamte Breite des ehemaligen Todesstreifens erhalten geblieben ist. Weiter oben sind große Teile des ehemaligen Mauerstreifens inzwischen mit neuen Wohnhäusern und Hotels bebaut worden. Direkt an der Ecke Bernauer Straße/Gartenstra-

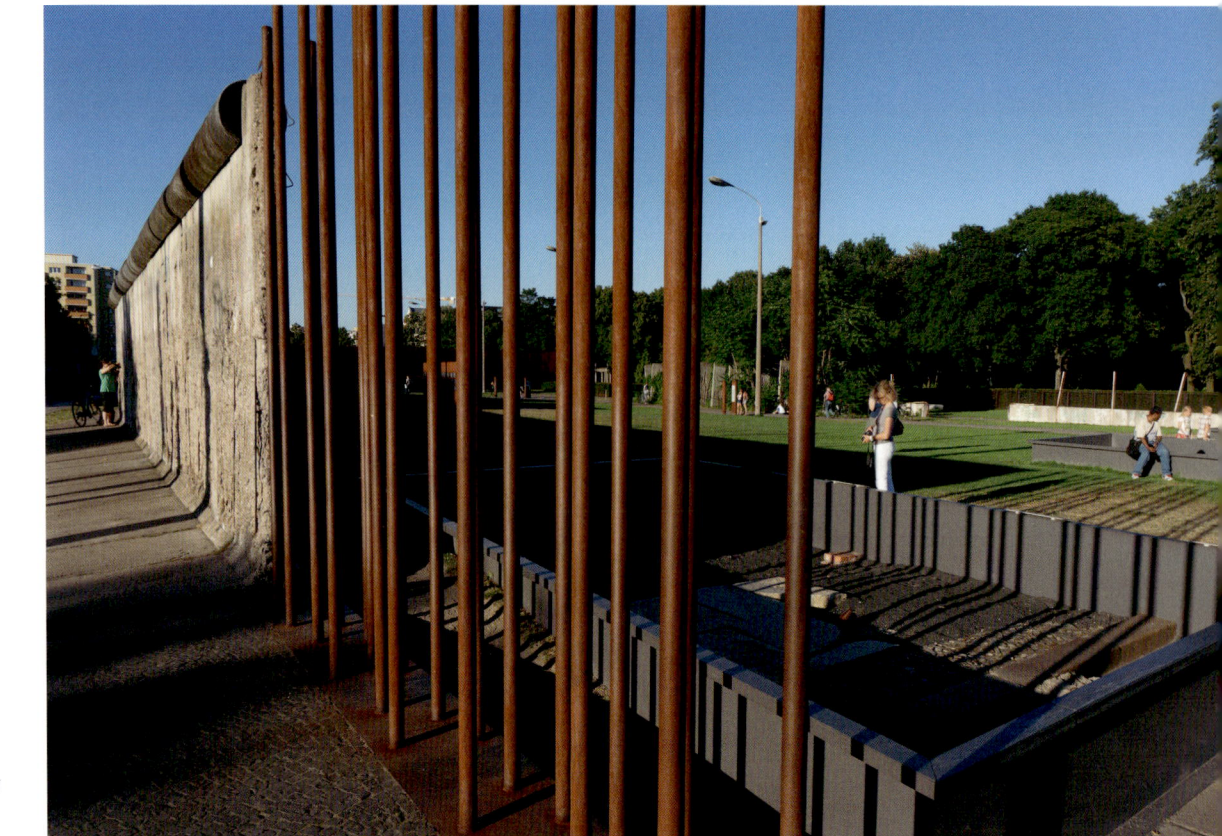

Teils Gedenkstätte, teils Freilichtmuseum. Der ehemalige Mauerstreifen entlang der Bernauer Straße.

24 mm | f9 | 1/160 s | ISO 100

Das »Fenster des Gedenkens« widmet sich den vielen Einzelschicksalen, die sich hinter den Zahlen der Mauertoten verbergen.

75 mm | f8 | 1/160 s | ISO 100

Tipps

Nehmen Sie auch mal die Kamera vom Auge, und lesen Sie die Infotafeln. Das macht es leichter, viele der auf den ersten Blick abstrakt wirkenden Objekte zu verstehen, um sie dann eventuell fotografisch besser in Szene setzen zu können.

Den Aussichtsturm am Dokumentationszentrum sollten Sie auf keinen Fall auslassen.

ße befindet sich das Besucherzentrum, und gegenüber beginnt das am besten erhaltene Mauerstück des Ensembles. Hier sind noch Teile des »vorderen Sperrelements« erhalten, des Teils der Mauer, der direkt an West-Berlin angrenzte. Im Gegensatz zu den weiter oben gelegenen rekonstruierten Mauerabschnitten sieht die Mauer an der Gedenkstätte aber noch so aus, wie der Fall der Mauer sie hinterlassen hat. Konkret bedeutet das, dass große Teile der oberen Betonschicht von Amateursteinmetzen auf der Jagd nach Mauer-Andenken abgetragen wurden, die Eisenstangen sind sichtbar und rosten vor sich hin, hier und da sind noch Farbflecken zu sehen. Ob sie aus der Zeit vor 1989 stammen oder danach, ist schwer zu sagen. Es gibt auch Löcher in der Mauer, die ich in den Abbildungen auf Seite 85 genutzt habe, um den Berliner Fernsehturm in Szene zu setzen. An Stellen, wo die Mauer komplett fehlt, ergänzt oft eine Doppelreihe aus Metallstäben den Mauerverlauf.

Die Mauer verlief in diesem Abschnitt über den Friedhof der Sophiengemeinde. Auf dem Gelände wird die Veränderung des Areals durch den Mauerbau gezeigt und erklärt. Sogenannte »archäologischen Fenster« zeigen die älteren Schichten der Grenzanlage, die bei der schrittweisen Weiterentwicklung der ursprünglichen Mauer überbaut wurden. In diesem Abschnitt stehen auch die »Fenster des Gedenkens«, die mir persönlich

GEDENKSTÄTTE BERLINER MAUER

* Bernauer Straße 119, 13355 Berlin
* U-Bahn U8, Tram M10, Bus 247, Bernauer Straße
* S-Bahn S1, S2, S25, Tram 12, M10, M8, Bus 247, S Nordbahnhof
* Die Außenbereiche der Gedenkstätte sind von der Straße aus jederzeit zugänglich und können fotografiert werden, das Dokumentations- und das Besucherzentrum sind nur zu bestimmten Zeiten geöffnet.
* www.berliner-mauer-gedenkstaette.de

Kaum ein anderer Ort vermittelt so einen guten Eindruck davon, wie die Grenzanlagen einmal aussahen, wie der Blick von der Aussichtsplattform des Dokumentationszentrums an der Ecke Ackerstraße.

28 mm | f9 | 1/200 s | ISO 100

besonders gut gefallen haben. Durch Bilder und Namen der an der Mauer getöteten Menschen gibt diese Installation den oft scheinbar namenlosen Opfern ein Gesicht. Am Ende dieses Bereichs befindet sich ein rekonstruierter Mauerabschnitt mit vorderem Sperrelement, Lichttrasse und Hinterlandmauer, der einen Eindruck vom Aussehen der Grenzanlagen vor dem Mauerfall vermittelt. Um ihn richtig sehen zu können, sollten Sie auf die andere Straßenseite zum Dokumentationszentrum gehen. Hier gibt es einen Aussichtsturm, von wo aus Sie über das 3,75 Meter hohe vordere Sperrelement blicken können (siehe Abbildung oben).

Das gleiche Motiv wie rechts oben, aber durch die Wahl dieser Perspektive erreicht das Bild eine völlig andere Wirkung: Im Gegensatz zum Foto mit den kleinen Mädchen sieht man in dieser Nahaufnahme der »Fenster des Gedenkens« keine Fotos der Mauertoten. Durch die seitliche Perspektive treten stattdessen die scheinbar endlosen Fensterreihen und damit die schiere Zahl der Maueropfer in den Vordergrund. Die Blume und der darunterstehende Name deuten wiederum darauf hin, dass jedes Fenster für ein Einzelschicksal steht. Diese Wirkung wird noch durch die flache Schärfentiefe verstärkt, die dazu führt, dass nur ein einziger Name im Bild scharf und lesbar ist.

48 mm | f5 | 1/250 s | ISO 100

Nicht alle Besucher sind sich augenscheinlich der Bedeutung des Ortes bewusst, aber ich fand den Kontrast zwischen tragischer Geschichte und kindlicher Unschuld in diesem Bild einfach wunderschön.

115 mm | f9 | 1/200 s | ISO 100

Dieser Turm aus vier L-förmigen Säulen steht an der Ecke Strelitzer Straße. Von der Seite gesehen fand ich ihn nicht sehr interessant. Von »innen« aber, mit einem nach oben gerichteten Weitwinkelobjektiv bot sich dieses Bild. Dank des dezentrierten Ausschnitts und der Wolke ist das Motiv auch nicht so symmetrisch und abstrakt, dass es langweilig wird.

24 mm | f9 | 1/200 s | ISO 100

Machen Sie sich mal die Mühe, und gehen Sie näher heran. Das gilt fast immer, aber hier erst recht. An den nicht restaurierten Mauerabschnitten entfaltet die Mauer dank Graffiti, Steineklopfern und Witterung zum Teil eine faszinierende Komplexität.

28 mm | f4 | 1/1600 s | ISO 100

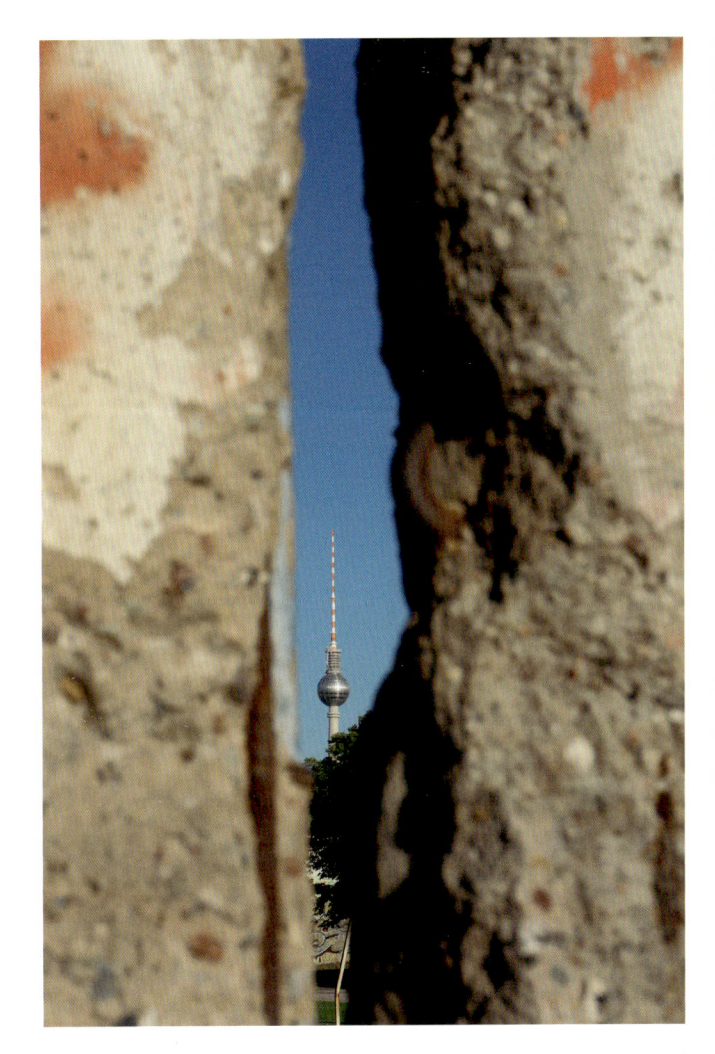

Zweimal Mauer mit Fernsehturm, aber mit unterschiedlichem Schwerpunkt: Im ersten Foto sind sowohl Berliner Mauer als auch Fernsehturm gut zu erkennen. Die Geschichte des Bildes würde also etwa lauten wie: »Berlin, das sind Fernsehturm und Mauer.« Beim zweiten Bild liegt der Fokus viel stärker auf dem Fernsehturm, und die Mauer ist als solche kaum noch erkennbar. Hier geht es scheinbar nur um den Fernsehturm, der lediglich aus einer ungewöhnlichen Perspektive fotografiert wurde.

Links: 75 mm | f9 | 1/250 s | ISO 100, Rechts: 243 mm | f10 | 1/400 s | ISO 100

Wenn Sie vom Dokumentationszentrum aus weiter nordöstlich gehen, kommen Sie zur Kapelle der Versöhnung, die ebenfalls auf dem ehemaligen Mauerstreifen steht und Teil der Anlage ist. Visuell wird die Gedenkstätte ab hier weniger spektakulär. Viele der weiteren Installationen und Markierungen, wie beispielsweise die Grundrisse von Häusern, die bis zum Mauerbau an dieser Stelle standen, werden erst durch ihre Geschichte interessant. Aber nehmen Sie sich ruhig die Zeit, hier nicht nur zu fotografieren, sondern auch innezuhalten und sich auf die Geschichte des Ortes einzulassen. Er ist es wert.

Kapelle der Versöhnung

Ein wieder auferstandenes Gotteshaus auf dem ehemaligen Todesstreifen lädt ein zum Verweilen und regt zum Nachdenken an

MITTE

Die Kapelle der Versöhnung ist einer meiner Lieblingsorte in Berlin. Ursprünglich stand an dieser Stelle die evangelische Versöhnungskirche, die sich nach dem Mauerbau plötzlich mitten im sogenannten Todesstreifen wiederfand. (Eine »Versöhnungskirche« im Todesstreifen einer geteilten Stadt ist wohl an Ironie kaum zu überbieten.) Doch damit nicht genug. Die Mauer wurde schrittweise immer weiter ausgebaut, und 1985 ließ die DDR-Regierung die Kirche dann endgültig sprengen, um den Grenzsicherungsanlagen Platz zu machen. Im Jahr 2000 entstand an ihrer Stelle die Kapelle der Versöhnung, ein ovaler Bau aus Stampflehm, der wiederum von einer weiter außen verlaufenden Wand aus Holzlamellen umgeben wird, die jedoch Licht und Luft durchlassen. Dadurch entstand ein Wandelgang, in dem eine ganz besondere Stimmung herrscht – und der jede Menge interessante Fotomotive bietet. Zum einen sind da die ungewöhnlichen Materialien, die in der Kapelle verbaut sind, und zum anderen deren Oberflächenstrukturen und Farben. Die abstrakten Formen des Baus bieten viele interessante Perspektiven, Linien und Kurven, und die offene Außenfassade aus Holzlamellen wirft bei Sonnenschein faszinierende und sich ständig wandelnde Schattenmuster auf die innere Fassade des Gebäudes. Zum anderen kommen die Außenansicht des Baus sowie die ihn umgebende Vegetation hinzu, die das Gotteshaus immer wieder anders erscheinen lassen und dadurch eine Vielzahl spannender Motive bieten.

Die Kapelle der Versöhnung im Spätsommer, umgeben von hochstehendem Weizen. Durch die Holzlamellen kann man die innere Fassade aus Stampflehm erkennen. Zu einer anderen Jahreszeit, mit anderer Vegetation, würde das Bauwerk völlig anders wirken.

24 mm | f9 | 1/160 s | ISO 100

KAPELLE DER VERSÖHNUNG

* Bernauer Straße 4, 13355 Berlin
* Der Außenbereich ist von der Straße aus jederzeit zugänglich und kann fotografiert werden, die Innenräume sind nur zu bestimmten Zeiten geöffnet.
* www.berliner-mauer-gedenkstaette.de/de/kapelle-216.html

Der Wandelgang der Kapelle der Versöhnung ist ein faszinierender Raum, der drinnen, aber gleichzeitig auch draußen ist. Bei dieser Aufnahme konzentrierte ich mich auf die subtilen Farbtöne und die verschiedenen Formen – von den Geraden und dem Muster links oben über die gebogenen Linien rechts bis hin zu dem strukturlosen Boden unten links.

24 mm | f7 | 1/125 s | ISO 400

Tipps

In der Abendsonne scheint das Licht durch die offene Fassade der Kapelle der Versöhnung.

Je nach Jahreszeit kann die Kapelle aufgrund der sie umgebenden Vegetation sehr unterschiedlich wirken. Falls Sie Ihnen so gut gefällt wie mir, kommen Sie doch vielleicht bei Ihrem nächsten Besuch noch einmal vorbei, und sehen Sie, was sich verändert hat.

Kapelle der Versöhnung

Wenn die Sonne durch die Lamellen der Außenwand fällt, entsteht in der Kapelle der Versöhnung ein faszinierendes Spiel aus Licht und Schatten.

50 mm | f7 | 1/100 s | ISO 100

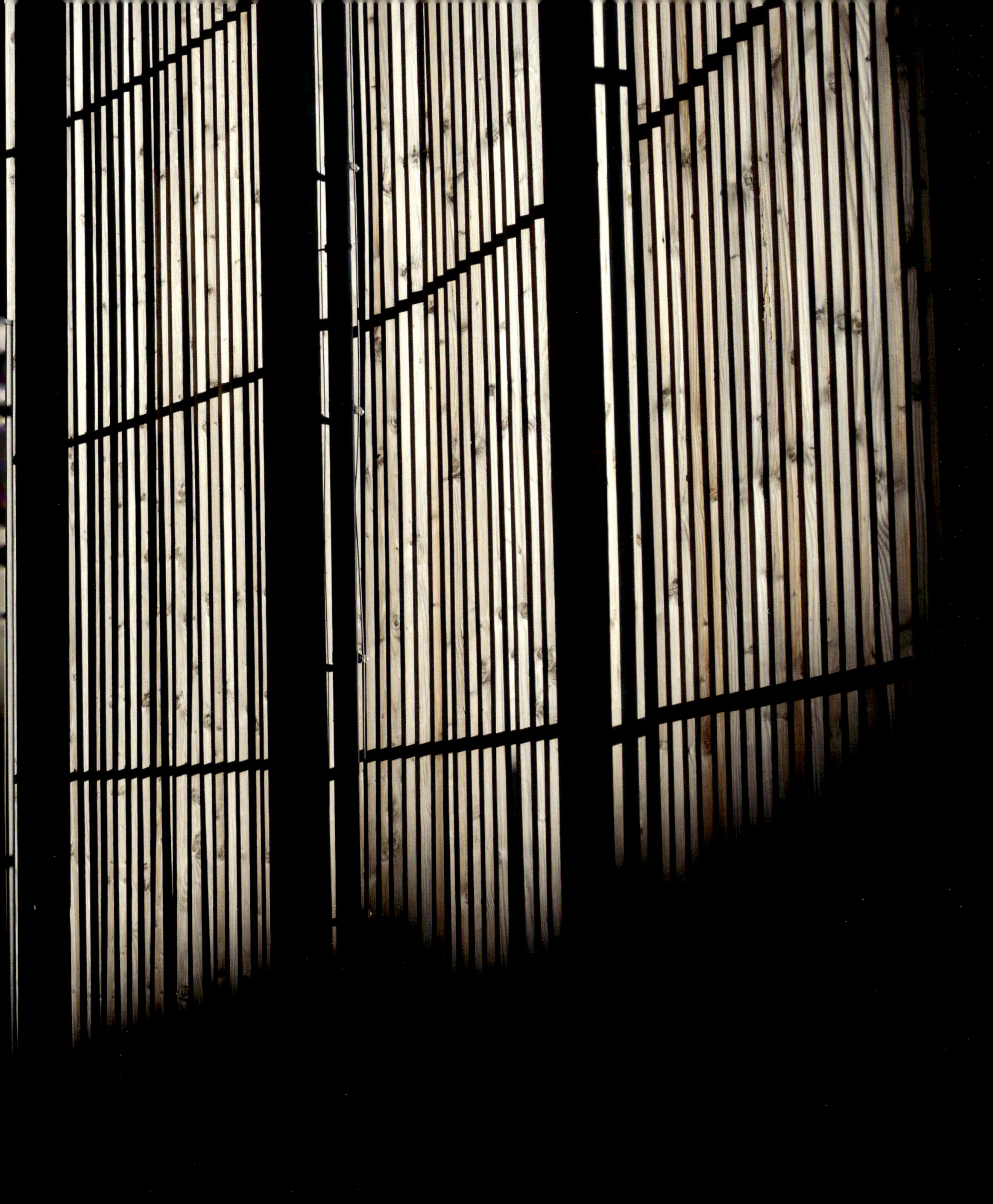

Mauerpark

Vom Todesstreifen zu einem Ort des Feierns, des Entspannens und der Selbstdarstellung – lebensbejahender geht es kaum

MITTE

Im Mauerpark herrscht fast immer lebendiges Treiben; es gibt viel zu sehen und zu fotografieren.

90 mm | f8 | 1/500 s | ISO 200 | –⅓ EV

Unweit der Gedenkstätte Berliner Mauer, quasi hinter der nächsten »Biegung« im Mauerverlauf, liegt der Mauerpark. Wie der Name nahelegt, handelt es sich hierbei um einen Park, gelegen auf einem ehemaligen Teil des Todesstreifens. Der Mauerpark besticht weniger durch seine Mauerreste, als durch das quirlige Leben, das hier herrscht, und die vielen bunten Gestalten, die ihn bevölkern. Es gibt viele, deutlich schönere Parks in Berlin, aber lebendiger ist wohl keiner. Hier wird gechillt, gegrillt, sonnengebadet, gesungen, musiziert, gerodelt, geradelt, gerappt, gesprayt und vieles mehr – und auf dem angrenzenden, riesigen Flohmarkt gibt es alles Mögliche und Unmögliche zu kaufen und zu bestaunen. Entsprechend vielfältig sind die Motive.

An dem 300 Meter langen Stück der Hinterlandmauer wird an schönen Tagen fleißig gesprayt.

28 mm | f10 | 1/400 s | ISO 200 | −⅓ EV

Der Park zieht sich von der Bernauer Straße in einem breiten Grünstreifen nach Norden in Richtung des S-Bahn-Rings, der die Berliner Innenstadt umgibt. Entlang der ganzen Länge des Parks führt ein Fußweg, der im südlichen Teil des Parks breit ausgebaut ist und den am Wochenende diverse Musiker und andere Künstler säumen. Betreten Sie den den Park von Süden, dann erhebt sich rechts des Weges eine Anhöhe, auf deren Kuppe noch ein 300 Meter langes Stück der ehemaligen Hinterlandmauer steht. An sonnigen Tagen toben sich hier (ganz legal) die Graffitikünstler aus.

Im Winter nutzen viele Anwohner den zum Teil recht steil abfallenden Hügel als Rodelbahn. Der tiefer gelegene Westteil des Parks (links des Weges) dient vielen als Liegewiese und Spielfläche. In einigen Bereichen wird im Sommer auch fleißig gegrillt.

Auf dem Mauerparkflohmarkt herrscht jedes Wochenende reges Treiben. Es gibt viel zu entdecken und auszuprobieren.

24 mm | f9 | 1/400 s | ISO 200

MAUERPARK

* Eberswalder Straße 1, 10437 Berlin, zwischen Bernauer Straße und Gleimstraße sowie Schwedter Steg
* **U-Bahn** U2 Eberswalder Straße oder U8 Bernauer Straße, **Bus** 247 Wolliner Straße, **Tram** M10 Friedrich-Ludwig-Jahn-Sportpark
* Der Park ist rund um die Uhr zugänglich, und Fotografieren ist erlaubt.
* www.mauerpark.info

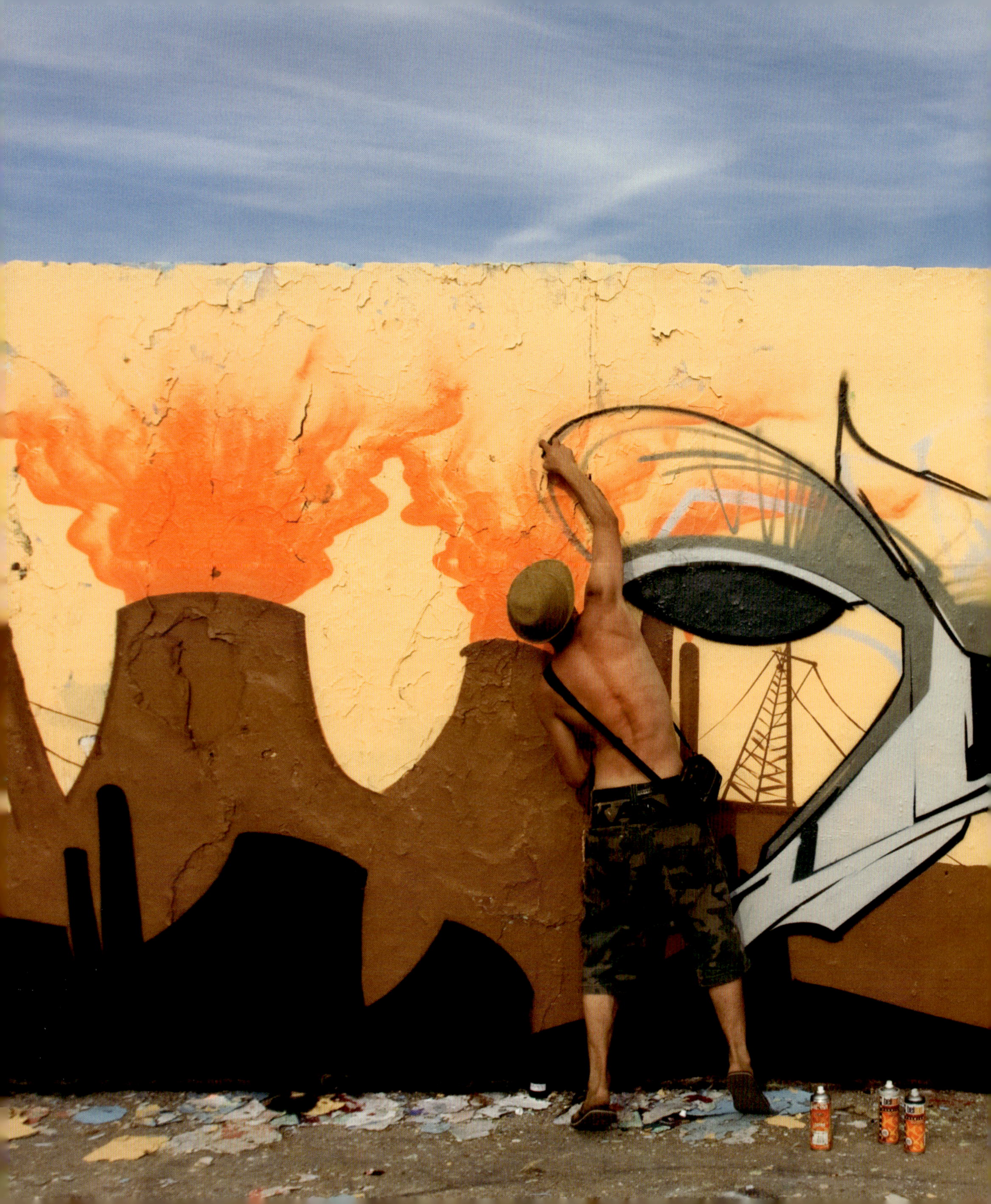

Die gleiche Szene von der Vorseite oben noch einmal aus einer anderen Perspektive. Hier gefiel mir der farbliche Kontrast zwischen den Komplementärfarben Gelb und Blau. Gleichzeitig gibt der geschwungene Arm des Künstlers dem ansonsten eher statischen Bild etwas mehr Dynamik.
26 mm | f10 | 1/400 s | ISO 200

Auf dem Flohmarkt sind es oft die kleinen Details, die spannend sind. Hier ist es ein Stand, an dem Taschenuhren verkauft werden.

75 mm | f9 | 1/400 s | ISO 200

Noch weiter westlich, außerhalb des Parkgeländes, liegt der vielleicht bekannteste Flohmarkt Berlins. Der Mauerparkflohmarkt, der immer sonntags stattfindet, ist sowohl bei Touristen als auch Einheimischen sehr beliebt und bietet viel Skurriles, Lustiges und manchmal sogar Schönes. Ich würde allerdings empfehlen, dass Sie fragen, bevor Sie einen Stand fotografieren – alleine schon aus Höflichkeit –, einige Standbesitzer haben auch Schilder angebracht, die deutlich signalisieren, dass sie nicht fotografiert werden wollen. Das sollten Sie auf jeden Fall respektieren. Neben Fotomotiven bietet der Flohmarkt übrigens auch jede Menge Kulinarisches, also essen Sie vielleicht nicht zu viel, bevor Sie hierherkommen.

Ein weiteres Highlight am Sonntagnachmittag ist das Open-Air-Karaoke im Amphitheater des Mauerparks. Hier darf jeder singen, auch spontan,

Vergängliche Motive

Berlin ist eine Stadt im ständigen Wandel. Nirgends wird das deutlicher als an der Berliner Mauer. Zum 20-jährigen Jubiläum des Mauerfalls 2009 ging ich auf Entdeckungsreise entlang der Mauer und machte dieses Foto einer Skulptur, die den berühmten Sprung des Bereitschaftspolizisten Conrad Schumann über die gerade entstehende Berliner Mauer zeigt. Sie stand auf einem unbebauten Grünstreifen entlang der Bernauer Straße. Als ich für dieses Buch an denselben Ort zurückkehrte, fand ich statt der Statue eine Baustelle (siehe Bild). Der ehemalige Mauerstreifen wird inzwischen mit Mehrfamilienhäusern bebaut. Falls Sie also bei Ihrem Besuch das eine oder andere Motiv in diesem Buch nicht mehr so vorfinden, wie Sie es hier im Buch sehen, seien Sie nicht zu streng mit mir!

Links: 2009 ein tolles Motiv, mitten auf dem ehemaligen Mauerstreifen. Rechts: Heute ist die Statue und damit das Motiv einer Baustelle gewichen.

und das meist vor riesigem Publikum. Die Qualität der Talente variiert stark, aber die Stimmung ist durchgehend toll. Selbst der schlechteste Sänger wird von der jubelnden Menge unterstützt, und schlimmstenfalls singen alle ein bisschen mit. Ein wirklich schönes Stück Berlin, das trotz inzwischen großer Bekanntheit noch nicht kaputt zu kriegen ist.

Rechts: Live from Berlin! Das Open-Air-Karaoke im Mauerpark ist ein echtes Erlebnis. Falls Sie Ambitionen haben, Musikfotograf zu werden, können Sie hier schon mal üben.

48 mm | f8 | 1/125 s | ISO 200

Links: Warum nicht mal einen Gitarristen mit Pferdekopf und Hose auf Knöchelhöhe fotografieren? Interessante Gestalten wie diese gibt es im Mauerpark zuhauf.

27 mm | f9 | 1/250 s | ISO 100

Mauerpark 95

Weiter nördlich wird der Park ruhiger. An der Gleimstraße kommen Sie zum Gleimtunnel, der den ehemaligen Ost-Bezirk Prenzlauer Berg mit dem West-Berliner Wedding verbindet. Der Park, der die beiden Bezirke trennt, liegt hier auf einer Anhöhe und wirkt teilweise fast wie ein Wäldchen, wie Sie hier sehen, und endet dann hinter einem kleinen Kinderbauernhof an einem Kletterfelsen, wo Sie, bei Interesse, den Kletterern zusehen können. Und wenn Sie jetzt noch Energie haben, empfehle ich den kleinen Spaziergang über den Schwedter Steg. Die Verlängerung der Schwedter Straße ist eine Fußgängerbrücke über die Gleise der Ringbahn. Von hier oben haben Sie einen wunderschönen Blick zurück auf den Park und die dahinterliegende Innenstadt mitsamt Fernsehturm.

Die Motive im Mauerpark sind unglaublich vielfältig. Im Vordergrund stehen sicher die Menschen. Hier sammeln sich quirlige, zum Teil verrückte Individualisten, die sich genüsslich selbst inszenieren, aber auch junge Familien aus den angrenzenden Bezirken, die an freien Tagen das Stückchen Grün nutzen oder am Hügel oder im kleinen Amphitheater die untergehende Sonne genießen. Aber auch die Natur ist vielfältiger, als man erwarten würde, und der angrenzende Flohmarkt bietet eine schier endlose Menge kleiner Details, die einen aufmerksamen Blick und oftmals ein Foto wert sind.

Die Wiesen im Park laden zum Entspannen ein, insbesondere im Frühling, wenn alles kräftig blüht.

100 mm | f5,3 | 1/400 s | ISO 100

Tipps

Der mit Abstand beste Tag für einen Besuch des Mauerparks ist der Sonntag. Dann ist der Park voller Leben, auch Karaoke und Flohmarkt finden nur sonntags statt. Und kommen Sie nicht zu früh, die meisten der Besucher waren wahrscheinlich am Vorabend im Nachtleben unterwegs und schlafen sich aus.

Fragen Sie lieber, bevor Sie Fotos von Ständen auf dem Flohmarkt machen. Manche Stände haben »Fotografieren Verboten«-Schilder. Respektieren Sie sie.

Die wärmeren Jahreszeiten sind besser für einen Besuch. Schön ist es allerdings auch, wenn der Park verschneit ist und die Besucher auf allen möglichen Gegenständen versuchen, den Hang herunterzurutschen.

Passen Sie beim Besuch des Flohmarkts auf Ihre Wertsachen auf! Es ist eng, und es wird zum Teil gedrängelt und geschubst – ideale Bedingungen für Taschendiebe also. Das ist kein Grund zur Panik, aber behalten Sie es etwas im Hinterkopf, während Sie sich auf die schönen Motive konzentrieren.

Der Nordteil des Parks ist ruhiger und bietet mehr Natur und entsprechende Motive.

38 mm | f9 | 1/200 s | ISO 800

Checkpoint Charlie

Touristischer als hier ist eine Begegnung mit der Berliner Mauer nirgends, aber auch das kann ja fotografisch reizvoll sein

FRIEDRICHSHAIN-KREUZBERG

Am ehemaligen Grenzübergang C, besser bekannt als Checkpoint Charlie, kommt wohl fast kein Berlin-Besucher vorbei. Hier auf der Friedrichstraße standen sich 1961 russische und amerikanische Panzer gegenüber, und der Dritte Weltkrieg war zum Greifen nah. Hier fanden auch viele spektakuläre Fluchten aus der DDR statt, die zum Teil im angrenzenden Museum am Checkpoint Charlie dokumentiert werden. Was viele nicht wissen: Der Checkpoint Charlie war ein rein alliierter Grenzübergang. Nur Amerikaner, Briten, Franzosen und Sowjets durften die deutsch-deutsche Grenze am Checkpoint überqueren, Deutsche nicht.

Ein bisschen wie in Disneyland
26 mm | f11 | 1/500 s | ISO 200 | −1/3 EV

Mehr als 25 Jahre nach dem Mauerfall gibt es hier keine »echte« Mauer mehr und auch keine ursprünglichen Installationen wie Wachtürme und Barrieren, aber da Touristen ja nun mal hierherkommen, um genau die zu sehen, hat man inzwischen einen Nachbau des ursprünglichen amerikanischen Grenzpostens errichtet und einige Mauerrelikte zurückgeholt.

Wer das »echte Mauererlebnis« sucht, ist hier denkbar falsch, aber der Checkpoint Charlie ist so unglaublich touristisch, dass er schon wieder Spaß machen kann, wenn Sie mit realistischen Erwartungen und der richtigen Einstellung darangehen. Falls Sie also trotz allem hierherkommen, dann sollten Sie akzeptieren, dass es am Checkpoint Charlie quasi nichts Authentisches gibt: Touristen können sich gegen einen Obolus mit jungen britischen und amerikanischen Soldaten fotografieren lassen. Die Herren in Uniform sind aber weder Briten noch Amerikaner, und Soldaten sind sie wahrscheinlich auch nicht. An Ständen gibt es auch ein Vierteljahrhundert nach dem Ende des Kalten Krieges noch immer Rote-Armee-Pelzmützen mit Hammer und Sichel zu kaufen, DDR-Fahnen und -Autoschilder. Was davon echt ist, ist schwer zu beurteilen. Ein paar Meter weiter gibt es ein Trabi-Museum. Mauerstücke zum Posieren für die Touristen gibt es sowieso. Aber vielleicht machen Sie genau das zu Ihrem Thema und fotografieren diese Auswüchse des Mauertourismus. Haben Sie ein bisschen Spaß an dem Kitsch! Und wenn Sie fertig sind, gibt es hier neben all dem Firlefanz auch noch eine umfangreiche Informationstafel über die Geschichte des Ortes. Die kostet keinen Eintritt, und die Geschichte ist garantiert authentisch.

Checkpoint Charlie … und was ist mit Alpha und Bravo?

Der Checkpoint Charlie war nicht der einzige von den USA genutzte alliierte Kontrollpunkt im geteilten Deutschland; insgesamt gab es drei, die Kontrollpunkte A, B und C, auch bekannt als Checkpoints Alpha, Bravo und Charlie. Als Checkpoint Alpha firmierte der Grenzübergang Helmstedt-Marienborn; die Checkpoints Bravo und Charlie waren in Berlin. Während Checkpoint Charlie nicht zuletzt aufgrund seiner zentralen Innenstadtlage berühmt wurde, kennen heute nur noch wenige Menschen den Checkpoint Bravo, obwohl ihn viele auf ihrem Weg nach Berlin noch heute überqueren. Er liegt am ehemaligen Grenzübergang Dreilinden im Südwesten Berlins, wo früher die Transitstrecke in die Bundesrepublik begann und noch heute die Autobahn von Leipzig die Landesgrenze von Brandenburg nach Berlin überquert. Und wenn Sie genau hinsehen, finden Sie auch heute noch ein Schild mit den Worten »Allied Checkpoint Bravo«.

Für dieses Foto musste ich richtig weit fahren. Der Checkpoint Bravo, also der Checkpoint B, liegt im Gegensatz zum viel bekannteren Checkpoint Charlie (C) nicht mitten in der Stadt, sondern am ehemaligen Grenzübergang Dreilinden, an der südwestlichen Stadtgrenze von Berlin. Heute donnert hier der Verkehr über die Autobahn ungebremst aus der Stadt heraus, und kaum einer ahnt, dass an diesem Ort früher einmal die Transitstrecke durch die DDR nach Westdeutschland begann.

77 mm | f7,1 | 1/250 s | ISO 200

CHECKPOINT CHARLIE

* Friedrichstraße 43–45, 10117 Berlin
* U-Bahn U6 Kochstraße/Checkpoint Charlie
* Bus M29 Checkpoint Charlie
* Von der Straße aus zu fotografieren
* www.mauermuseum.de

Die (N)Ostalgie von DDR und Kaltem Krieg verkauft sich auch mehr als 25 Jahre nach dem Mauerfall noch sehr gut. Hier habe ich sie durch diese Perspektive und die Kombination aus DDR-Souvenirs im Vordergrund und alliierten »Soldaten« im Hintergrund gemeinsam in ein Foto gepackt. Hilfreich ist dabei, dass der Hintergrund zwar unscharf, aber dafür heller als der Vordergrund ist. Dadurch zieht er ebenfalls die Aufmerksamkeit des Betrachters auf sich.

30 mm | f6,3 | 1/200 s | ISO 200

Am Checkpoint Charlie sind es oft die Details und ganz konkret der Kalte-Krieg-Kitsch, die interessante Motive bieten. Nach dem Mauerfall wurden überall in Berlin viele sowjetische Militärmützen verkauft. Neu sind die amerikanischen Mützen rechts oben im Bild. Echt sind vermutlich weder die einen noch die anderen. Hier habe ich versucht, die Kommerzialisierung dieser »historischen« Gegenstände einzufangen. So eng gestapelt wirken sie fast ramschig. Um das zu betonen, wählte ich den Ausschnitt eng und fotografierte die Hüte mit einem leichten Teleobjektiv, um sie noch mehr zu komprimieren.

80 mm | f7,1 | 1/160 s | ISO 200

Wo früher die Grenzanlagen standen, informieren heute Informationstafeln über die bewegte Geschichte des Grenzübergangs.

45 mm | f10 | 1/400 s | ISO 200 | −⅓ EV

Diese alten Gasmasken erinnerten mich etwas an die Gesichter von Außerirdischen. Dass sie einfach auf dem Bürgersteig in der Sonne standen, machte das Motiv noch skurriler. Ich wählte einen engen Ausschnitt, damit nichts von den »Gesichtern« ablenkte.

84 mm | f9 | 1/320 s | ISO 200

Tipps

Versuchen Sie hier nicht, die ursprüngliche Mauer oder einen im Originalzustand erhaltenen Grenzübergang zu finden. Dann sind Sie beispielsweise an der Gedenkstätte Berliner Mauer besser aufgehoben. Konzentrieren Sie sich lieber auf den Touristenzirkus als Fotomotiv.

Am Checkpoint Charlie herrscht oft ziemliches Durcheinander zwischen Touristenbussen, Fahrradtaxis und jeder Menge Fußgängern, die kreuz und quer durcheinanderlaufen. Achten Sie mehr als an anderen Orten auf Ihre Wertsachen und auch auf den Straßenverkehr. Und wie überall gilt: Machen Sie einen großen Bogen um die Hütchenspieler!

Bei diesem Foto gefiel mir das Gefühl von Bewegung und Durcheinander, das den Checkpoint Charlie sehr gut beschreibt. Und die verschiedenen Bildelemente erzählen die Geschichte des Ortes: im Vordergrund die Fahrradfahrerin, die nur vorbeifährt, dahinter der Tourist, der seine Kamera checkt, der Mann, der für die Touristen als Grenzsoldat posiert, und im Hintergrund die Touristenläden.

93 mm | f8 | 1/200 s | ISO 200

In all dem Trubel übersehen viele Besucher die Doppelreihe Pflastersteine, die hier im Bild auf der rechten Seite, wie an vielen Orten in der Stadt, unaufdringlich den ehemaligen Mauerverlauf markiert.

64 mm | f9 | 1/400 s | ISO 200

PROTESTE
PROTESTS

Park am Nordbahnhof

Hier erobert sich die Natur die ehemalige Brachfläche des Todesstreifens zurück und bietet den Besuchern einen ruhigen, grünen Ort zum Entspannen

MITTE

Der Park am Nordbahnhof ist völlig anders, als die anderen beschriebenen Orte zum Thema Berliner Mauer. Er ist weder eine Touristenattraktion noch eine große Open-Air-Party. Hier dominiert die Natur, die sich das Gelände langsam zurückerobert hat und in die der Mensch scheinbar nur vorsichtig und punktuell eingegriffen hat.

Man könnte sagen, die Entwicklung dieses Areals hatte drei Phasen: Zunächst stand hier der Stettiner Bahnhof, dessen Spuren Sie in Form von Schienen an einigen Stellen noch entdecken können. Später dann verlief hier der Mauerstreifen mit seinen Grenzanlagen, die durch erhaltene Elemente der ehemaligen Grenzanlagen auch an einigen Stellen noch sichtbar sind. Nach dem Mauerfall geschah hier dann zunächst wenig, und das Gelände verwilderte. Eine steppenartige Fläche mit hohem Gras und Birkenbäumen entstand. Als man dann mit der Planung für einen

Man könnte denken, man sei irgendwo im Wald, wäre da nicht die Linie auf dem Boden, die den Verlauf der Mauer markiert. Dieser Kontrast zwischen der Natur, die scheinbar schon immer hier war, und dem subtilen Hinweis auf dem Todesstreifen aus Beton und Stacheldraht, der sich früher hier entlangzog, machte dieses Motiv für mich reizvoll.

37 mm | f7,1 | 1/200 s | ISO 200 | –⅓ EV

PARK AM NORDBAHNHOF

* Julie-Wolfthorn-Straße, 10115 Berlin
* **S-Bahn** S1, S2, S25, **Tram** 12, M10, M8, **Bus** 247, S Nordbahnhof
* Von der Straße aus frei zugänglich, täglich 6–22 Uhr geöffnet
* www.visitberlin.de/de/ort/park-am-nordbahnhof

Park begann, wurden alle diese Aspekte bewusst einbezogen. Auf dem Parkgelände entstanden Wege, Spielplätze, kleine Liegewiesen, aber sie entstanden im Kontext des bereits Vorhandenen. Die Bäume und das hohe Gras blieben, ebenso wie die Relikte der Mauer und die noch älteren Reste der Bahnanlagen.

Im Ostteil des Parks zieht sich ein kleines Wäldchen von Süden nach Norden durch den Park, in dem Sie auf einem Fußweg die Ruhe der Natur genießen können. Nur eine unauffällige Doppelreihe aus Pflastersteinen deutet darauf hin, dass man sich nicht in irgendeinem Waldstück in Brandenburg, sondern auf dem ehemaligen Todesstreifen bewegt. Am Rand des Wäldchens liegen noch alte Bahngleise, durch Pflastersteine in einen bequemen Weg für Spaziergänger umgewandelt. Westlich davon liegen die wild gewachsenen Wiesen. Damit sie sich ungestört entwickeln können,

Die Natur erobert sich Teile des Parks langsam zurück. So auch an diesem fast überwucherten Stück der ehemaligen Hinterlandmauer im Nordwesten des Parks. Die Kombination aus dem Verlauf der Mauer und des Fußweges gibt dem Bild eine schöne Tiefe.

26 mm | f8 | 1/250 s | ISO 200

führen hier und da leicht erhöhte Wege über die Vegetation zu kleinen Liegewiesen für die Parkbesucher. So bekommen sowohl Natur als auch Besucher ihren Raum. Am westlichen Rand des Parks steht dann noch ein langes Stück der ehemaligen Hinterlandmauer. Aber hier wird es nicht wie eine Sehenswürdigkeit präsentiert, es steht einfach nur leicht überwuchert da und ist Teil der Landschaft. Im südwestlichen Teil des Parks bildet die Mauer die Grenze zu einer Ansammlung von Strandvolleyballplätzen und den dazugehörigen Beachbars. Spätestens damit verliert die Betonwand ihren Schrecken.

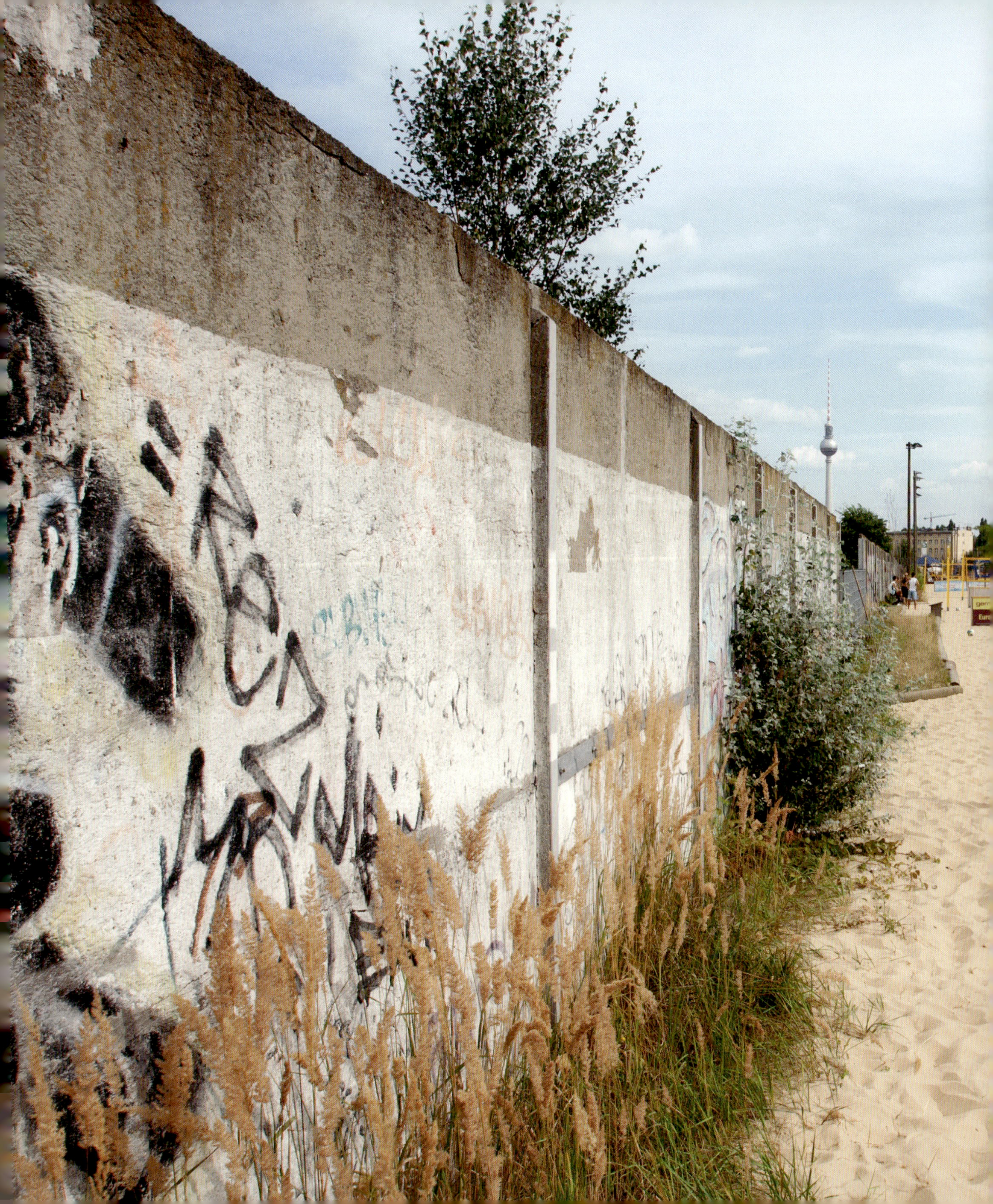

Beachvolleyballplätze, so weit das Auge blickt – und direkt an der ehemaligen Mauer.

26 mm | f11 | 1/500 s | ISO 200

Es ist diese Kombination aus den Relikten der Vergangenheit, der Natur und der unbeschwerten Gegenwart, die diesen Park so ungewöhnlich macht. Entsprechend fiel dann auch die Wahl meiner Motive aus. Da ist der bereits beschriebene Pfad durch den Wald, der überall sein könnte, aber eben auf dem ehemaligen Todesstreifen liegt, oder der Blick an der zugewucherten Mauer entlang. Eines meiner Lieblingsbilder aus dem Park ist der Blick durch ein Loch in der Mauer auf die Beachvolleyballspieler auf der anderen Seite. Die Kombination aus abweisender Betonmauer und dem lebensfrohen Ballspiel in der Sommersonne finde ich immer noch toll. Was mich am Park am Nordbahnhof faszinierte, war der Kontrast zwischen der alltäglichen Normalität dieses Parks,

Das gleiche Thema wie auf der Vorseite, leicht variiert: Der Blick durch eine Lücke in der Berliner Mauer auf die Beachvolleyballspieler, die an einem heißen Nachmittag Sommer und Sonne genießen. Die Sonne auf den Volleyballfeldern und die im Schatten liegende Mauerseite mit Graffiti bilden einen schönen Kontrast.

112 mm | f8 | 1/500 s | ISO 200

eines Horts der Entspannung und des Friedens sozusagen, und der tödlichen Vergangenheit dieses Ortes, deren Spuren man erst auf den zweiten Blick entdeckt. Das visuell einzufangen empfand ich als eine reizvolle Herausforderung.

Am Nordende des Parks fährt die S-Bahn über eine Brücke in den Park hinein (und taucht dann ab). Früher stand hier die Mauer, wie man an dem Mauerstück im Vordergrund mit den herausgebogenen rostigen Metallstangen gut erkennen kann. Der Kontrast zwischen dem alltäglichen Leben, in diesem Fall der S-Bahn, und den Resten der einstmals tödlichen Mauer fasziniert mich immer wieder.

26 mm | f8 | 1/250 s | ISO 200

Manchmal lag der Westen im Osten

Die Begriffe »Osten« und »Westen« sind in Berlin zum Teil recht verwirrend. Zum einen, weil manche Teile der Stadt, die geografisch im östlichen Teil der Stadt liegen, politisch zu Zeiten der deutschen Teilung zu West-Berlin gehörten, Neukölln beispielsweise. Analog dazu kommt man, wenn man beispielsweise auf der Heinrich-Heine-Straße von Norden nach Süden fährt, vom Stadtteil Berlin-Mitte nach Berlin-Kreuzberg und damit historisch gesehen vom Osten in den Westen.

Immer noch nicht verwirrt? Dann wird Ihnen der Park am Nordbahnhof gefallen. Hier steht noch ein Stück der Hinterlandmauer, also des letzten Teils der Grenzanlagen auf der DDR-Seite. Das Mauerstück steht aber am westlichen Rand des Parks. Wieso? Weil hier die Mauer eine Knick nach Nordwesten machte, und so grenzte die DDR hier einige hundert Meter weit von Westen an den West-Berliner Stadtteil Wedding. Der »Westen« lag also östlich vom »Osten«.

Tipps

Die Mischung aus Natur und Menschengemachtem bietet interessante Motive.

Im Sommer definitiv besser als im Winter, da dann die verschiedenen Facetten der Vegetation deutlicher hervortreten.

Hier gibt es sowohl lebendige Ecken als auch ruhige grüne Oasen, entdecken Sie beides.

Mauerweg – verstreute Spuren der Mauer

Die Mauer ist überall und nirgends. Spuren der ehemaligen Teilung der Stadt lassen sich auch heute noch vielerorts entdecken – wenn Sie genau hinsehen

GESAMTBERLIN

Manche Orte entlang des ehemaligen Mauerstreifens, wie die East Side Gallery oder die Gedenkstätte Berliner Mauer., bieten eine Vielzahl von Motiven. Und auch im restlichen Verlauf der Mauer lassen sich noch Spuren der ehemaligen Grenze entdecken und viele spannende Fotos machen. Keine Sorge, Sie müssen jetzt nicht mit einem Stadtplan durch die Gegend irren, auf dem Sie vorher mühselig den Mauerverlauf eingezeichnet haben. Die Stadt Berlin hat es Ihnen da etwas leichter gemacht und den Berliner Mauerweg geschaffen. Dieser gut ausgeschilderte Rad- und Wanderweg zieht sich fast die gesamten 160 Kilometer entlang des ehemaligen Mauerstreifens

Am geschäftigen Leipziger Platz, unweit des Potsdamer Platzes würde man heute kaum noch vermuten, dass hier einmal die Mauer verlief, wäre da nicht dieses kleine Mauerstück.

26 mm | f10 | 1/400 s | ISO 200

MAUERWEG

* Überall und nirgends. Fangen Sie am besten irgendwo in der Innenstadt an. Da die Gesamtstrecke sehr lang ist, empfiehlt die Mauerweg-Webseite der Stadt Berlin mehrere Teilstrecken, die man auch einzeln erkunden kann.

* Der Mauerweg ist immer frei zugänglich.

* www.berlin.de/mauer/mauerweg/index/index.de.php

um West-Berlin herum, sowohl da, wo noch Mauerstücke stehen, als auch da, wo man nie welche vermutet hätte. Entlang der Strecke gibt es Übersichtspläne zur Orientierung und Informationstafeln und -stelen, auf denen Sie mehr über die jeweiligen Mauerabschnitte und deren Geschichte lernen. Gut erkennbar ist der Verlauf der Mauer vielerorts auch durch eine Doppelreihe von Pflastersteinen, die sich über Straßen und Wege zieht. Sie werden überrascht sein, wie oft Sie über diese Markierung stolpern werden (hoffentlich nur im übertragenen Sinn).

Am besten fangen Sie irgendwo in der Innenstadt an. Wo genau, ist eigentlich egal. Und wenn Sie auf den Geschmack gekommen sind, können Sie immer noch mit Fahrrad und S-Bahn die weiter außerhalb gelegenen Teile des Mauerweges erkunden. Machen Sie sich die Mühe, dem Mau-

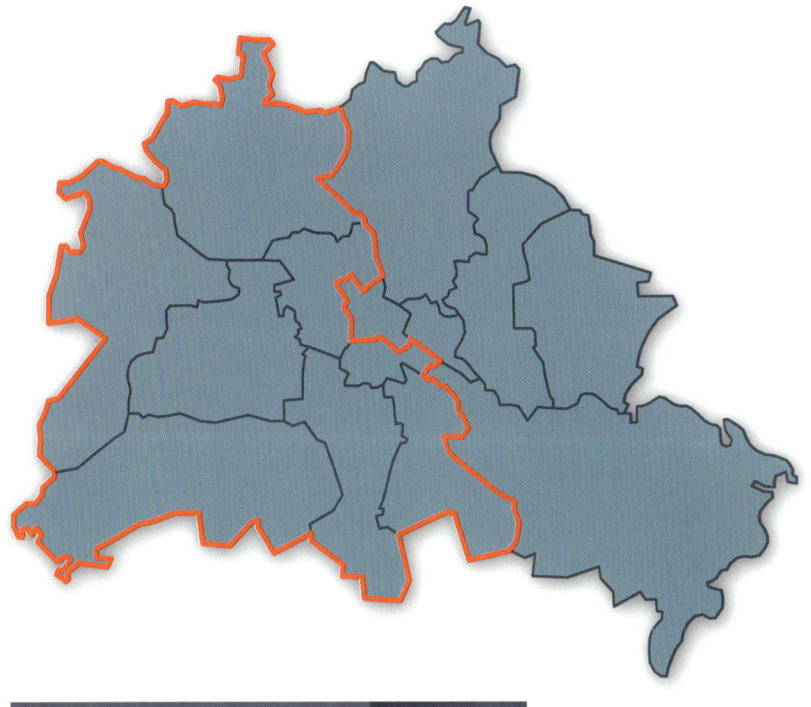

Hier führt der Mauerverlauf direkt durch ein Gebäude, und nicht irgendeins: Die Wand im Hintergrund gehört zum Marie-Elisabeth-Lüders-Haus, einem der Gebäude des Deutschen Bundestages. Mir gefiel der Gedanke des Weges, der direkt durch eine Wand geht, und durch die schlichte Fassade des Gebäudes trat dieses Konzept für mich sehr deutlich hervor.

26 mm | f8 | 1/250 s | ISO 200 | −1/3 EV

erweg wenigstens ein Stück weit zu folgen, und Sie werden viele unerwartete Motive entdecken: einzelne Mauerstücke, die zur Erinnerung stehen gelassen oder nachträglich wiederaufgestellt wurden, oder ehemalige Wachtürme, umgeben von Wohnhäusern. Selbst der Invalidenfriedhof in der Nähe des heutigen Hauptbahnhofs blieb nicht verschont; viele Gräber mussten der »Sicherung der Staatsgrenze« weichen. Makaber, aber wahr. Heute finden Sie dort noch ein paar Mauerreste, die Sie mit alten Grabsteinen »in Szene« setzen können.

Hier gilt mehr denn je: Es ist viel spannender, selbst neue Motive zu finden, als einfach die allseits bekannten Bilder nachzufotografieren. Also gehen Sie auf Entdeckungsreise!

Ein ehemaliger Wachturm am Berlin-Spandauer Schifffahrtskanal, zwischen Kreuzberg und Treptow. Hier hat man kurzerhand Wohnhäuser um den Turm gebaut, fast so, als sei es ein Fels oder ein Baum.

30 mm | f7,1 | 1/200 s | ISO 200

Dass Axel Springer kein großer Freund der DDR war, ist wohl bekannt, und so war es sicher kein Zufall, dass der Verleger sein neues Verlagshaus in Berlin 1966 direkt an die Berliner Mauer setzte, so dass es bis weit in den Ostteil der Stadt sichtbar war. Heute erinnern mehrere Mauerstücke vor dem Gebäude daran.

26 mm | f10 | 1/400 s | ISO 200 | –⅓ EV

Tipps

Die möglichen Motive sind sehr vielseitig, daher sollen Sie auch möglichst vielseitige Objektive mitbringen, um sie einzufangen.

Ziehen Sie sich bequeme Schuhe an, und schleppen Sie nicht zu viel unnötige Ausrüstung mit sich herum.

Diese Entdeckungsreise funktioniert nur, wenn Sie laufen (oder eventuell sehr, sehr langsam Fahrrad fahren), denn viele Motive entdeckt man erst auf den zweiten Blick.

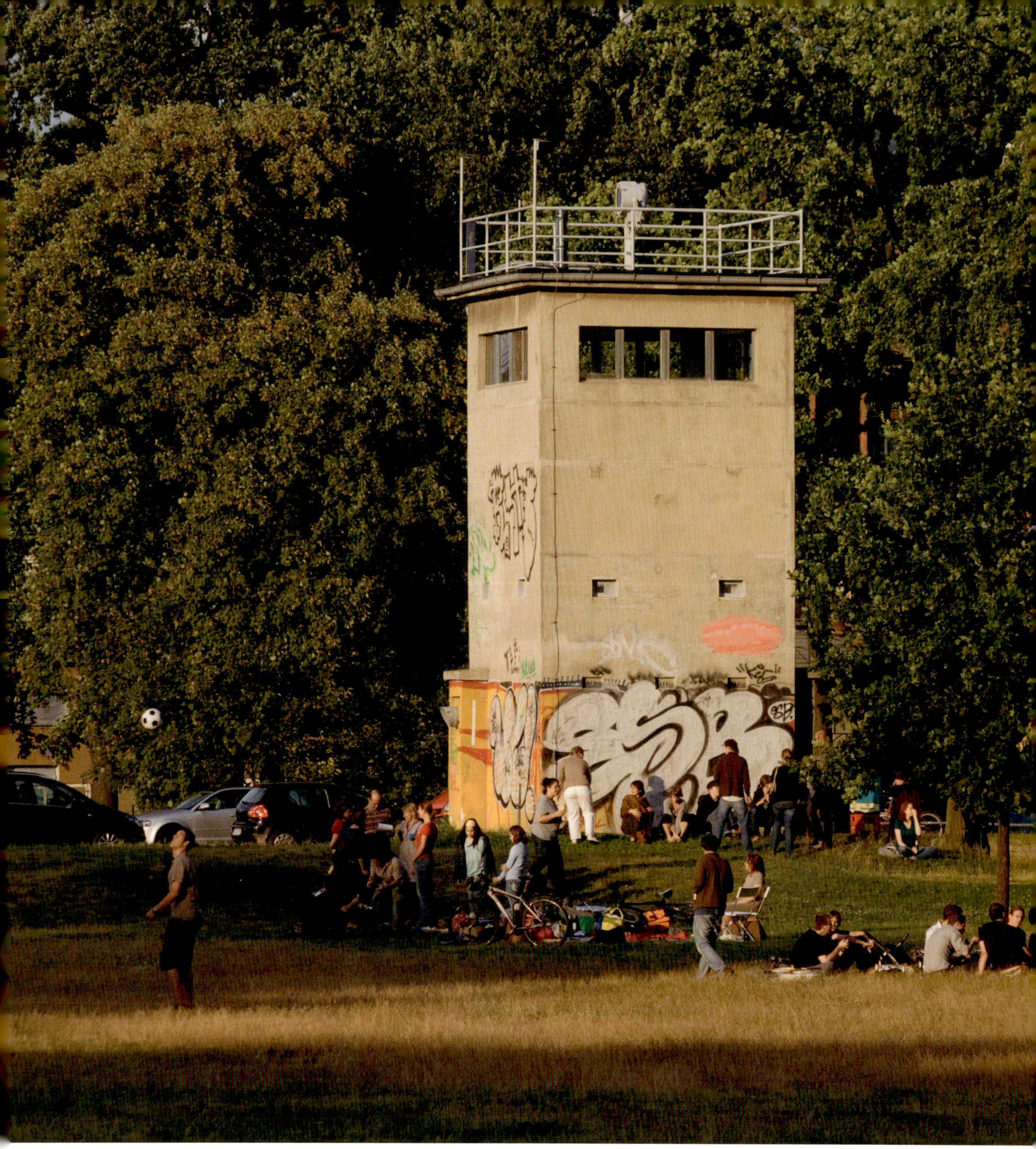

Noch ein Wachturm, diesmal an der Grenze zwischen Kreuzberg und Treptow. Hier gefiel mir, wie dem einstmals angsteinflößenden Wachturm durch Graffiti und sich entspannende Parkbesucher völlig die Bedrohlichkeit genommen wird.

200 mm | f7,1 | 1/250 s | ISO 200 | –⅓ EV

Direkt hinter dem Reichstagsgebäude »übersprang« die Mauer die Spree. Die Linie auf dem Boden deutet noch heute darauf hin. Symbolisch für die Wiedervereinigung stehen die beiden Teile des Parlamentsneubaus (im Hintergrund) auf gegenüberliegenden Seiten der ehemaligen Mauer und sind durch eine Brücke verbunden.

26 mm | f10 | 1/400 s | ISO 200 | −1/3 EV

Auch so geht Mauer: Hier verlief ursprünglich einmal der Luisenstädtische Kanal, auf dem Schiffe verkehrten. Später wurde er zugeschüttet und in einen Park verwandelt, dann wurde die Mauer an dieser Stelle entlanggezogen, und heute ist es wieder ein Park.

26 mm | f10 | 1/400 s | ISO 200 | –⅓ EV

Faszination Mauer

Viel ist nicht geblieben von der einstmals allgegenwärtigen Berliner Mauer. Nur hier und da gibt es noch Bruchstücke. Mal ist sie Teil des täglichen Lebens geworden, mal erinnert sie an die grausame Realität der deutschen Teilung, und wieder andernorts ist sie zur bloßen Touristenattraktion verkommen.

Am spannendsten sind vielleicht die Orte, an denen die Spuren der Teilung nur noch indirekt erkennbar sind: unerwartete Brachflächen mitten in der Stadt, architektonische Brüche. Manchmal steht noch ein Stück Mauer an einer unerwarteten Stelle, manchmal sogar ein Wachturm. Oder es zieht sich nur eine unauffällige Doppelreihe aus Pflastersteinen über eine ansonsten neu geteerte Straße und erinnert den aufmerksamen Beobachter daran, dass hier einmal mitten in der Stadt zwei Staaten durch eine tödliche Mauer getrennt wurden.

Diese Motive haben es nicht ins Buch geschafft. Warum?

Im Fall der Berliner Mauer haben es viele Orte nicht ins Buch geschafft, weil sie oft nur ein oder zwei Motive bieten und damit nicht genug Material für einen eigenen Abschnitt. Daher habe ich mich weitgehend auf die Orte beschränkt, an denen es viel zu sehen und zu fotografieren gibt. Das heißt aber nicht, dass es nicht noch viel mehr zu entdecken gibt. Folgen Sie einfach einmal, wie gerade beschrieben, dem Mauerweg und suchen Sie weitere Motive.

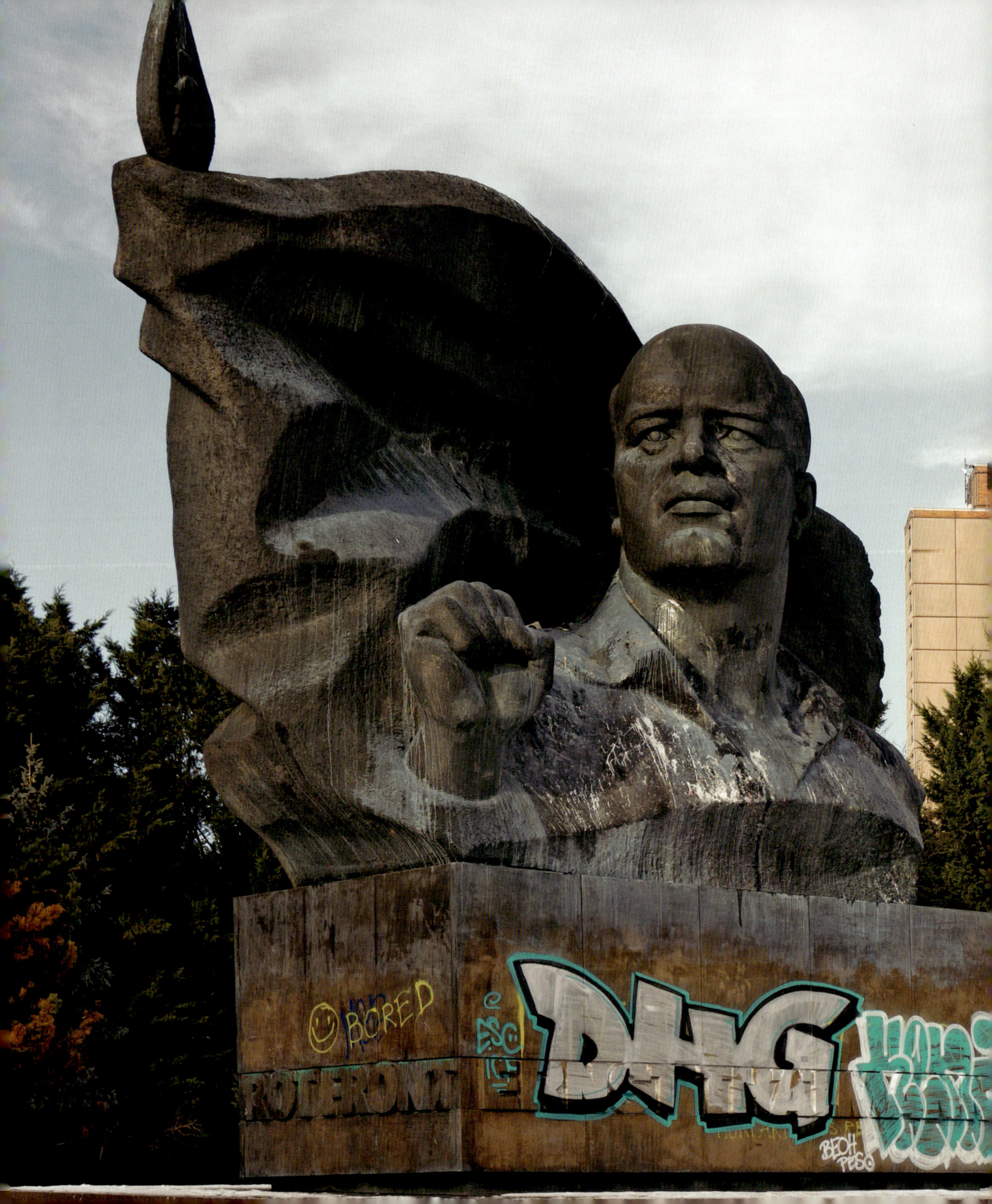
BORED
DHG

(Ost-)Berlin – Hauptstadt der DDR

Während der deutschen Teilung war (Ost-)Berlin die Hauptstadt der Deutschen Demokratischen Republik – die mit Abstand größte Stadt der DDR und das Aushängeschild des Sozialismus. Während vielerorts nach dem Zweiten Weltkrieg die Zeit fast stehen geblieben zu sein schien, wurde in Berlin in großem Rahmen gesprengt, gebaut und modernisiert. An vielem von dem, was entstand, schieden und scheiden sich die Geister, aber fotografisch ist es fast immer spannend. Begeben Sie sich auf Spurensuche!

» **Rund um den Alex**
  Seite 120

» **Karl-Marx-Allee**
  Seite 136

» **Sowjetisches Ehrenmal im Treptower Park**
  Seite 146

» **Friedrichstadt-Palast**
  Seite 152

» **Exkurs: Berlin am Wasser**
  Seite 158

Rund um den Alex

Baudenkmäler, Verkehrstrubel und Skurriles: Rund um den Alexanderplatz gibt es immer etwas zu entdecken

MITTE

Nach der Wende sind viele der in der Zeit der deutschen Teilung entstandenen Bauten wieder »verschwunden«. Der Palast der Republik ist wahrscheinlich das prominenteste Beispiel. Einige andere, wie der Fernsehturm oder die Gebäude an der Karl-Marx-Allee, sind aber erhalten geblieben und definitiv einen Besuch und einige Fotos wert. Der Fernsehturm hat sich von seiner Ostvergangenheit sogar ganz gelöst und ist heute neben dem Brandenburger Tor *das* Symbol für ganz Berlin. Beginnen wir unsere Spurensuche rund um den Alex ...

Der Fernsehturm unweit des »Alex«, wie die Berliner den Alexanderplatz nennen. Viel deutlicher lässt sich der Ort wohl kaum in ein Bild fassen. Der Schriftzug, der den Vordergrund dominiert, gehört zum Bahnhof Alexanderplatz, dessen Glasdach man rechts unten erahnt.

34 mm | f13 | 1/125 s | ISO 100

Alexanderplatz

Falls Ost-Berlin ein Zentrum hatte, dann war es wohl die Gegend um den »Alex«, den Alexanderplatz. Hier kreuzen sich – früher wie heute – Tram-, Bus-, U- und S-Bahn-Linien, von hier ging die Prachtstraße der DDR ab, die Karl-Marx-Allee. Der Palast der Republik war nur wenige hundert Meter entfernt, das Rote Rathaus ebenfalls. Am Alexanderplatz stand das größte Warenhaus des Arbeiter- und Bauernstaates, und über allem thronte der nahe gelegene Berliner Fernsehturm, bis heute das höchste Bauwerk Deutschlands. Seit der Wende ist am Alexanderplatz viel gebaut und umgestaltet worden, aber die Spuren der DDR-Zeit sind an kaum einem anderen Ort so monumental und so präsent wie hier.

Heute ist es schwer, sich vorzustellen, dass der Alexanderplatz einmal vor den Toren der Stadt lag. Doch genau so war es. Dank des nahe gelegenen Stadttors ging es hier schon im 16. Jahrhundert geschäftig zu, selbst wenn es damals nicht gerade die feinste Gegend war. Im 15. Jahrhundert stand in der Nähe der Galgen, später wurde der Viehmarkt hierher ausgelagert. Das Vieh verschwand, der Handel blieb. Anfang des 20. Jahrhunderts entstanden am Alexanderplatz große Warenhäuser, einige von ihnen wahre Konsumpaläste. In der DDR-Zeit trat der Konsum eher in den Hintergrund, aber immerhin entstand an der Stelle des ehemaligen Warenhauses Tietz (später Hertie) mit dem Centrum Warenhaus das größte

ALEXANDERPLATZ

* Alexanderplatz 1, 10178 Berlin
* **S-Bahn** S5, S7, S75, **U-Bahn** U2, U5, U8, **Tram** M2, M4, M5, M6, **Bus** 100, 200, 248, TXL, S+U Alexanderplatz. (Fast) Alle Wege führen zum Alex.
* Rund um die Uhr frei zugänglich
* www.berlin.de/orte/sehenswuerdigkeiten/alexanderplatz

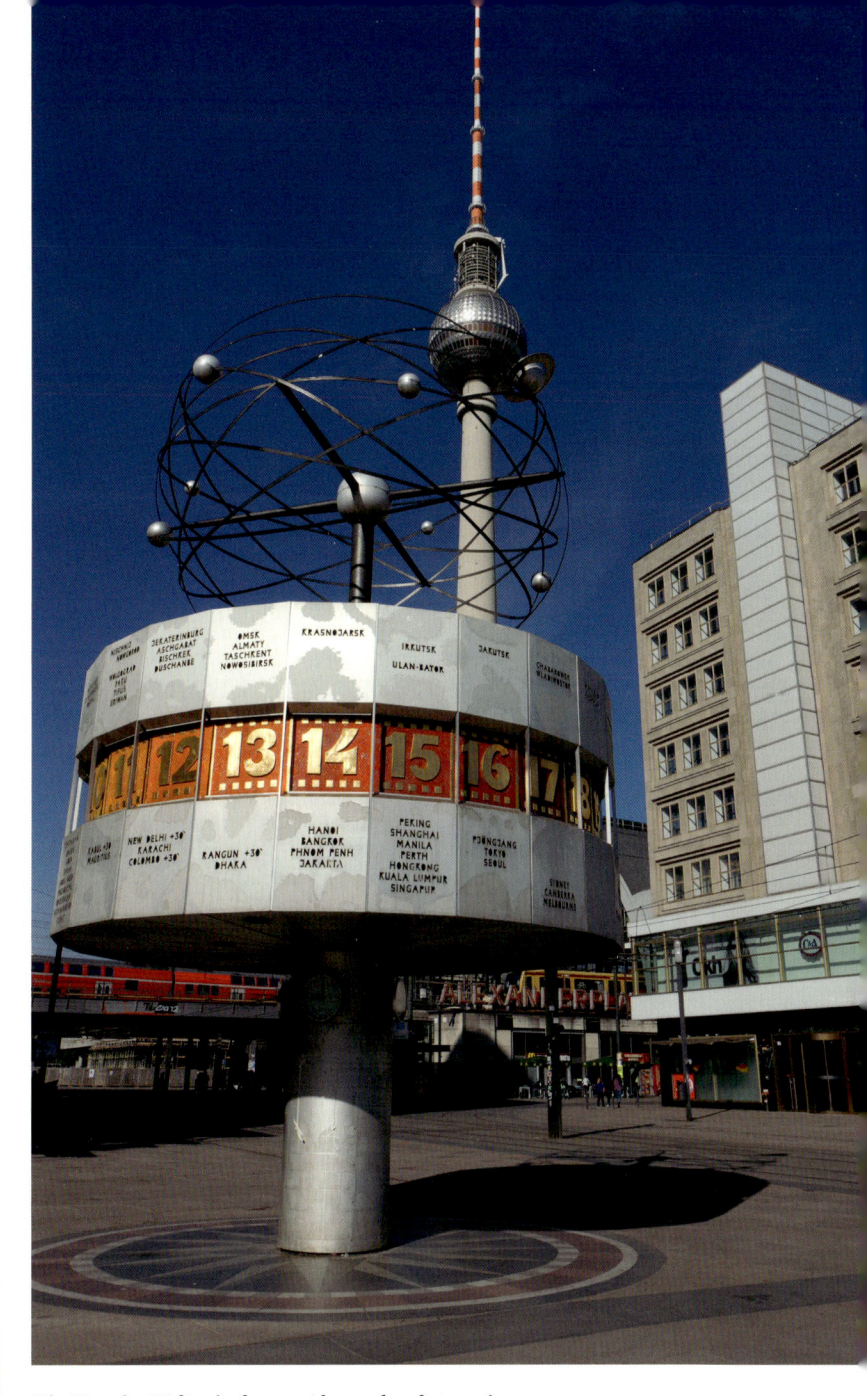

Die Urania-Weltzeituhr am Alexanderplatz – ein Stückchen große, weite Welt für Menschen, die (fast) nicht reisen durften. Erst ein genauerer Blick enthüllt viele der kunstvollen Details der Weltzeituhr.

28 mm | f13 | 1/250 s | ISO 100

Rund um den Alex

Wenn die Sonne tief steht, bildet sich ein Kreuz aus Licht auf der Edelstahlverkleidung der Kugel des Fernsehturms: die »Rache des Papstes«.

105 mm | f4,9 | 1/400 s | ISO 100 | −1/3 EV

Kaufhaus der DDR. Heute beherbergt das stark umgebaute Gebäude die Galeria Kaufhof, und auch drumherum shoppt es sich inzwischen wieder ausgiebig und gut.

Im Jahr 1964 begann die damalige DDR-Regierung mit der Planung für eine Neugestaltung des Alexanderplatzes. Die erste große Neuerung war, dass der Verkehr nun nicht mehr über den geschäftigen Platz, sondern um ihn herum geführt wurde, wodurch eine große Fußgängerzone entstand (eine Seltenheit in Berlin). In den folgenden Jahren entstanden der Brunnen der Völkerfreundschaft und die berühmte Urania-Weltzeituhr sowie rund um den Platz viele der Hochhäuser, die Gegend um den Alexanderplatz bis heute dominieren. Zu einem besonders schönen Ensemble macht den Alex all das leider nicht. Auch mehr als 25 Jahre nach der Wende ist und bleibt er ein kahler Betonplatz mit wenig Grün, der kaum zum Verweilen einlädt. Die Schönheit liegt an diesem Ort eher im Detail, in den Strukturen der Gebäudefassaden, der Architektur einzelner Gebäude und den sozialistischen Gemälden, Mosaiken und Skulpturen, die hier und da überlebt haben. Also nehmen Sie sich die Zeit, die Gegend mit wachem Auge zu erkunden, und Sie werden so manch ein überraschendes Zeugnis des Arbeiter- und Bauernstaates entdecken und fotografieren können.

Vielleicht fangen Sie mit der Urania-Weltzeituhr an. Sie ist kaum zu verfehlen, und ihre vielen plastischen und grafischen Elemente bieten einige interessante Motive, auch im Kontext mit der umliegenden Architektur, insbesondere dem Fernsehturm. Auf der Uhr stehen die Namen von 148 Städten. Während einige der Namen seit der Wende aktualisiert wurden (Leningrad wurde zum Beispiel zu Sankt Petersburg), ist doch einiges beim Alten geblieben: Der Stundenring der Uhr beispielsweise wird auch heute noch von einem umgebauten Trabantgetriebe gedreht.

Die Rache des Papstes

Die Kugel des Fernsehturms hat eine Edelstahlverkleidung mit einem pyramidenförmigen Muster. Wenn die Sonne tief steht, bildet sich dadurch ein Kreuz aus Licht auf der Kugel. Aufgrund der atheistischen und oft kirchenfeindlichen Haltung der SED-Regierung, die den Turm erbauen ließ, wurde dieses Phänomen gerne ironisch als »Rache des Papstes« oder »St. Walter« bzw. »St. Ulbricht« (nach dem damaligen Staatsratsvorsitzenden Walter Ulbricht) bezeichnet.

Guten Morgen, Berlin!

105 mm | f4,9 | 1/250 s | ISO 400 | −⅓ EV

Berlin, die Dauerbaustelle.
91 mm | f14 | 1/1600 s | ISO 800

Berliner Fernsehturm

Wohl kaum ein anderes Bauwerk symbolisiert Berlin so sehr wie der Berliner Fernsehturm. Es gibt ihn auf T-Shirts, Taschen, Aufklebern, in Plastik und in Plüsch. Und natürlich überlebensgroß. Bis heute ist der 1969 fertiggestellte Turm mit 368 Metern das höchste Bauwerk Deutschlands, was in einer flachen Stadt wie Berlin umso mehr hervorsticht. Und so sieht man den Fernsehturm denn auch von fast überall in der Stadt (falls Sie einmal die Orientierung verlieren, kann das sehr hilfreich sein).

Dadurch, dass er quasi allgegenwärtig ist, fällt es leicht, den Fernsehturm in immer neuem Kontext zu fotografieren. Durch ein Loch in der Berliner Mauer (siehe 85), durch die Säulen des Brandenburger Tors, mit dramatischen Wolken, als Spiegelung in einem Fenster am anderen Ende der Stadt: die Möglichkeiten sind schier endlos. Und durch seine Symbolik sagt ein Bild des Fernsehturms kombiniert mit anderen Bildelementen immer »Berlin und XYZ«: »Winter in Berlin«, »Modernes Berlin«, »Geteiltes Berlin« oder eben einfach »Frau Huber zu Besuch in Berlin.« Auch nicht verkehrt. Posieren Sie ruhig mal mit dem Turm, das muss Ihnen überhaupt nicht peinlich sein. Ich habe es auch gemacht, wie Sie auf Seite 128 sehen.

Der Fernsehturm steht nicht auf dem Alexanderplatz

Um es einmal kurz klarzustellen: Der eigentliche Alexanderplatz ist deutlich kleiner, als viele denken. So steht beispielsweise der Fernsehturm *nicht* auf dem Alexanderplatz, ebenso wenig wie das Rote Rathaus oder die Marienkirche. Wenn Sie allerdings neben der Urania-Weltzeituhr oder am Brunnen der Völkerfreundschaft stehen, dann sind Sie definitiv auf dem Alexanderplatz.

Tipps

Wenn Sie am Alexanderplatz die Architektur fotografieren wollen, bietet sich ein Besuch am Sonntagmorgen an. Dann herrscht kaum Verkehr, und die Gegend ist fast menschenleer. Ihnen läuft also nicht so leicht jemand ins Bild.

Das ansonsten lebendige Treiben am Alexanderplatz lenkt leicht ab, und viele Motive entdeckt man erst auf den zweiten Blick. Gehen Sie daher ruhig mal etwas näher ran, und nehmen Sie sich Zeit.

Aufgrund seiner schmalen, langen Form füllt der Fernsehturm eigentlich nie das gesamte Bild aus, und drumherum ist oft nur Himmel zu sehen. Dadurch sind bei Fotos des Fernsehturms die Lichtverhältnisse und insbesondere die Wolken sehr wichtig, wenn es darum geht, ein interessantes Foto zu machen.

Der Fernsehturm spiegelt sich in der Fassade des Jacob-und-Wilhelm-Grimm-Zentrums der Humboldt-Universität.

163 mm | f8 | 1/250 s | ISO 100

Rund um den Alex

Der Turm ohne seine markante Kugel. Durch den gesteigerten Kontrast und die entsättigten Farben wirken die dramatischen Wolken und das etwas reinigungsbedürftige Ensemble noch spannender.

18 mm | f9 | 1/1000 s | ISO 200 | bearbeitet mit Perfect Effects 8, Filter GRUNGE GODDESS

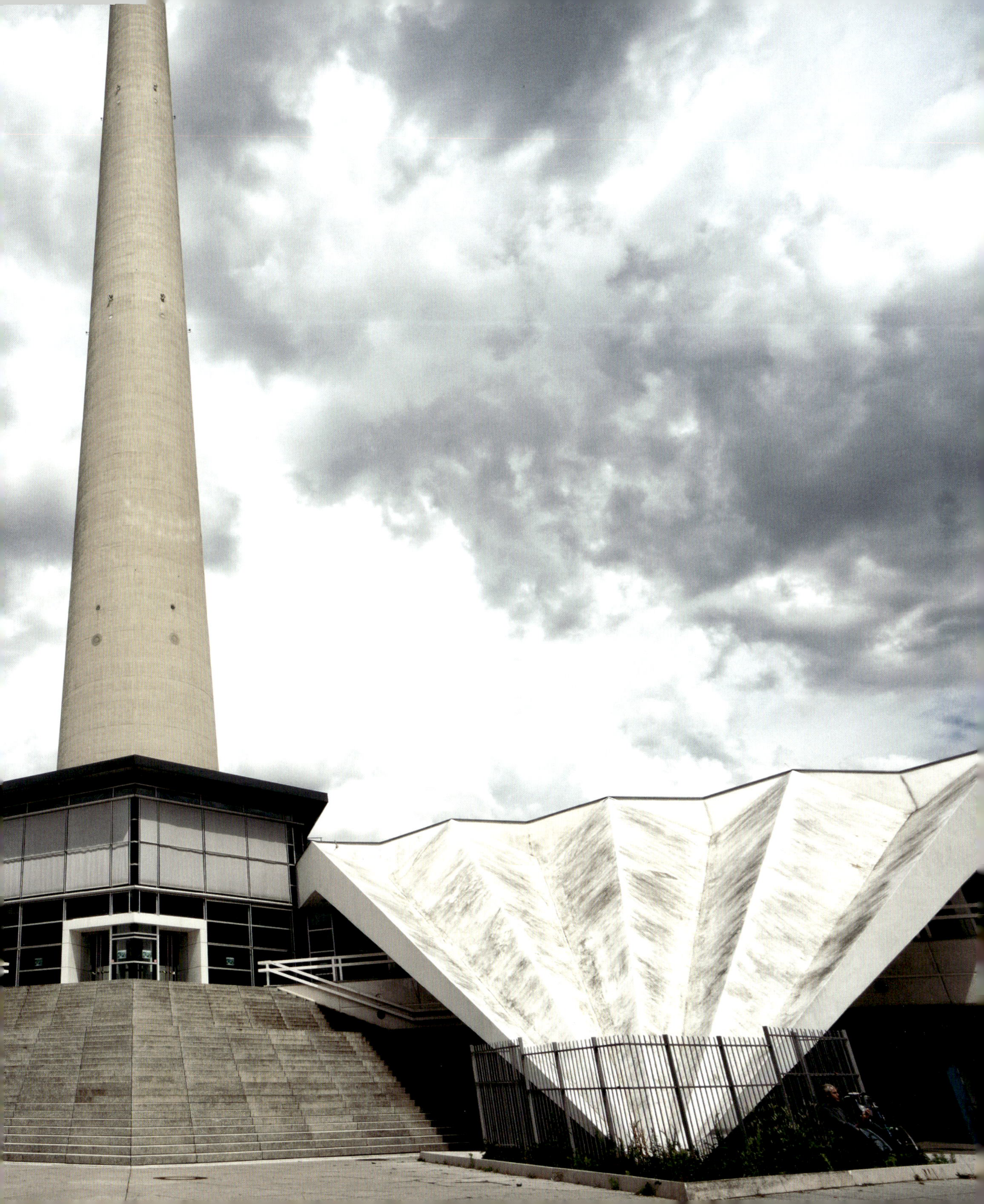

Bei der langen, hohen Form des Fernsehturms ist es leicht, den flachen Gebäudekomplex zu übersehen, der die Basis des Turms umgibt. Hier gibt es noch viele interessante Perspektiven und Details zu entdecken. Ich habe im Bild auf der Vorseite einmal ganz bewusst die Spitze des Turms abgeschnitten, wodurch eher ein abstraktes Motiv als ein Postkartenbild entstanden ist.

»Ich war da!« ist als Motivation für ein Foto auch mal völlig in Ordnung. In der hohen Kunst der Selfie-Fotografie bin ich allerdings noch nicht sehr bewandert. Man beachte, wie schön mir der Fernsehturm aus dem Kopf wächst!

Die vielen »Häuser des …«

Rund um den Alexanderplatz gibt es einige Hochhäuser, die in der DDR-Zeit entstanden sind. Sie sind meist recht leicht an ihren Namen zu erkennen: Da gibt es das Haus des Lehrers, das Haus des Reisens, das Haus der Elektroindustrie, das Haus der Statistik – kurz, wenn es mit »Haus des/der« anfängt, stammt es wahrscheinlich aus der Zeit der großen Umgestaltung des Alexanderplatzes in den 1960er Jahren. Hier war Nomen Omen, und so gab es zum Beispiel im Haus des Lehrers Angebote für Pädagogen, im Haus des Reisens fanden sich Büros der Fluggesellschaft Interflug und des Reisebüros der DDR, im Haus der Statistik saß die Staatliche Zentralverwaltung für Statistik.

Obwohl die Gebäude alle fast zur gleichen Zeit entstanden sind, unterscheiden sie sich doch zum Teil sehr in ihrer Erscheinung. Das Haus des Lehrers wird durch ein riesiges, aufwendiges Mosaik geschmückt, am Haus des Reisens findet man Fassadenbilder aus Kupfer. Das Haus der Elektrotechnik ist schlicht, das Haus der Statistik ist derzeit dem Verfall preisgegeben. Durch diese Vielfalt lassen sich ganz unterschiedliche Motive entdecken.

Die meisten der Häuser umgeben den Alexanderplatz unmittelbar auf der gegenüberliegenden Straßenseite der Alexanderstraße bzw. der Karl-Liebknecht-Straße (siehe Karte).

Besonders schön erhalten ist das Ensemble aus dem Haus des Lehrers und der angrenzenden Kongresshalle (heute Berlin Congress Center, bcc). Ein Mosaik aus 800 000 Steinen schlingt sich zwischen dem zweiten und fünften Obergeschoss um das Haus des Lehrers und macht es dadurch unverkennbar. Nach der Wende war die Fassade allerdings in keinem guten Zustand. Zum Glück sammelten die Hausmeister mit Weitsicht die Mosaiksteinchen ein, die zunehmend aus der Fassade fielen, und trugen so dazu bei, dass das Gebäude mit viel Aufwand originalgetreu restauriert werden konnte. Ich habe bei den Fotos mit einem extremen Weitwinkel gearbeitet, was zum Teil zu einer extremen Verzerrung geführt hat, die hier gewollt war. So schafft das »kippende« Haus des Lehrers in dem ansonsten sehr statischen Foto unten eine gewisse Dynamik.

Diagonal gegenüber dem Ensemble steht das Haus des Reisens, das insbesondere durch die in Kupfer gearbeiteten Fassadenbilder und eine ungewöhnliche Fassadenstruktur aus Streben und Platten besticht, die sich um das gesamte Gebäude ziehen. Da es direkt umgeben von stark befahrenen Straßen liegt, und ich nie einen Grund hatte, dorthin zu gehen, sah ich mir dieses Gebäude erst bei der Recherche für dieses Buch zum ersten Mal aus der Nähe an. Und das war eine gute Idee, denn erst aus der Nähe sieht man, wie kunstvoll die Fassadenbilder zum Thema »Der Mensch überwindet Zeit und Raum« im Detail gestaltet sind. Sie stammen von Walter Womacka, der auch den Brunnen der Völkerfreundschaft und den Fries am Haus des Lehrers gestaltete. Das Gebäude ist eher farblos, bietet aber viele interessante Strukturen, wodurch es sich auch sehr gut für Schwarzweißfotos eignet.

Das Haus des Lehrers, heute als Bürohaus genutzt, ist leicht an dem großen Mosaik »Unser Leben« zu erkennen, das sich um die gesamte Fassade zieht. Es wird auch als »Bauchbinde« bezeichnet und zeigt Darstellungen aus dem gesellschaftlichen Leben in der DDR. Hier rechts im Vordergrund eine der schönen Türen der ehemaligen Kongresshalle.

19 mm | f9 | 1/500 s | ISO 200 | −⅓ EV

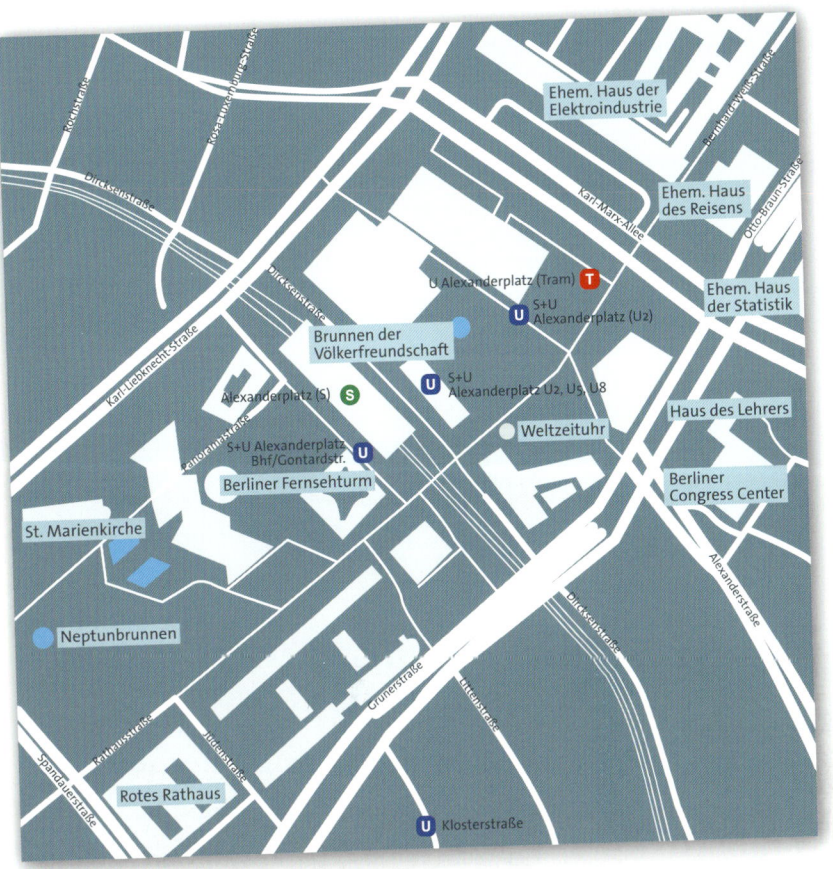

Im Haus der Elektroindustrie saß ursprünglich das Ministerium für Elektrotechnik und Elektronik der DDR. Nach der Wende gaben sich unter anderem die Treuhandanstalt, das Bundesumweltministerium und das Bundesfamilienministerium die Klinke in die Hand. Eine durchaus illustre »Mieterhistorie«. Auch an diesem Gebäude war ich Hunderte Male vorbeigeradelt, bevor ich bei einem genaueren Blick interessante Motive wie das ungewöhnliche Vordach über dem Eingang des Gebäudes entdeckte. Hier gefiel mir sowohl die Symmetrie der Bildelemente, die ich durch meinen sorgfältig gewählten Standort noch hervorhob, als auch die relative Farblosigkeit des Bildes, die die Strukturen mehr zur Geltung kommen lässt.

Das Haus der Statistik fällt am Alexanderplatz sehr deutlich aus dem Rahmen. Während alle anderen umliegenden Gebäude renoviert worden sind und bei vielen inzwischen geprüft wird, ob man sie unter Denkmalschutz stellen sollte, steht das Haus der Statistik seit Jahren leer. Und so steht direkt am Alexanderplatz zwischen Bürogebäuden und neuen glänzenden Hotels dieses Relikt aus einer anderen Zeit, das so wirkt, als sei es bei der Stadtentwicklung übersehen worden. Der Bau versprüht den morbiden Charme eines heruntergekommenen Plattenbaus, wodurch er durchaus ein paar interessante Motive bietet. Hier können Sie sich auch sehr gut mit kreativen Filtern austoben, die den Zerfall noch unterstreichen. Vielleicht ein Filter, der eine Crossentwicklung, einen

Eine der Türen der ehemaligen Kongresshalle aus der Froschperspektive mit extremem Weitwinkel fotografiert. Hier kommen die wunderschönen Details der Architektur zur Geltung.
15 mm | f11 | 1/200 s | ISO 200

Das Haus des Lehrers (links) mit dem umlaufenden Mosaik und daneben das flache Berlin Congress Center (bcc) mit Kuppel. Durch das extreme Weitwinkel »kippt« das Hochhaus, was das ansonsten statische Bild dynamischer und interessanter macht.
15 mm | f9 | 1/640 s | ISO 200 | –⅓ EV

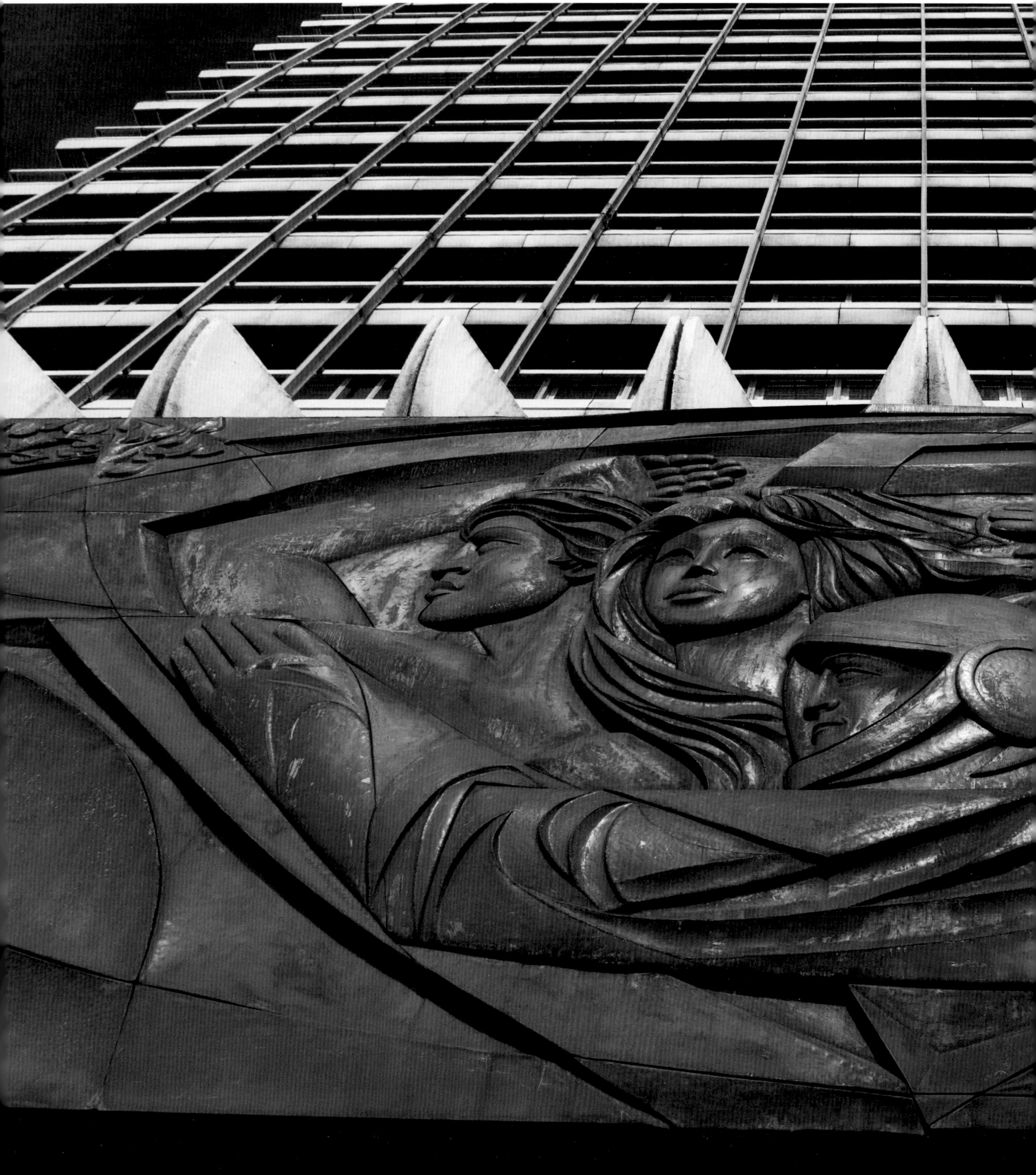

Das Haus des Reisens: Das Fassadenbild aus Kupfer kontrastiert schön mit der klaren, einfachen Struktur des Hochhauses selbst.

25 mm | f9 | 1/160 s | ISO 100 | zu Schwarzweiß konvertiert

alten Farbfilm oder Vignettierung simuliert? Für mich ist das Gebäude etwas Besonderes, und ich empfehle Ihnen, mal hinzugehen, bevor es doch noch jemand kauft und durch ein neues Hotel oder einen modernen Bürokomplex ersetzt.

Das Haus der Statistik bei sehr ungewöhnlichen Lichtverhältnissen. Ich habe weder einen Filter noch digitale Nachbearbeitung genutzt!
28 mm | f4 | 1/500 s | ISO 160 | −⅓ EV

Rechts: Bei Motiven wie diesem am Haus der Statistik bietet es sich auch an, einmal ein bisschen mit der Bildbearbeitung zu experimentieren. In diesem Fall wollte ich, dass der Look des Bildes den verblichenen Glanz des Gebäudes widerspiegelt. Dafür habe ich die Kontraste übertrieben gesteigert und nachgeschärft, wodurch die Oberflächenstrukturen stärker hervorgehoben werden (also auch zum Beispiel Risse und Flecken auf der Fassade).
50 mm | f4 | 1/160 s | ISO 160 | −⅓ EV | bearbeitet mit Perfect Effects 8, Filter Grunge Goddess

Der Eingang des ehemaligen Hauses der Elektroindustrie an der Alexanderstraße
24 mm | f5,6 | 1/80 s | ISO 100 | +1⅓ EV

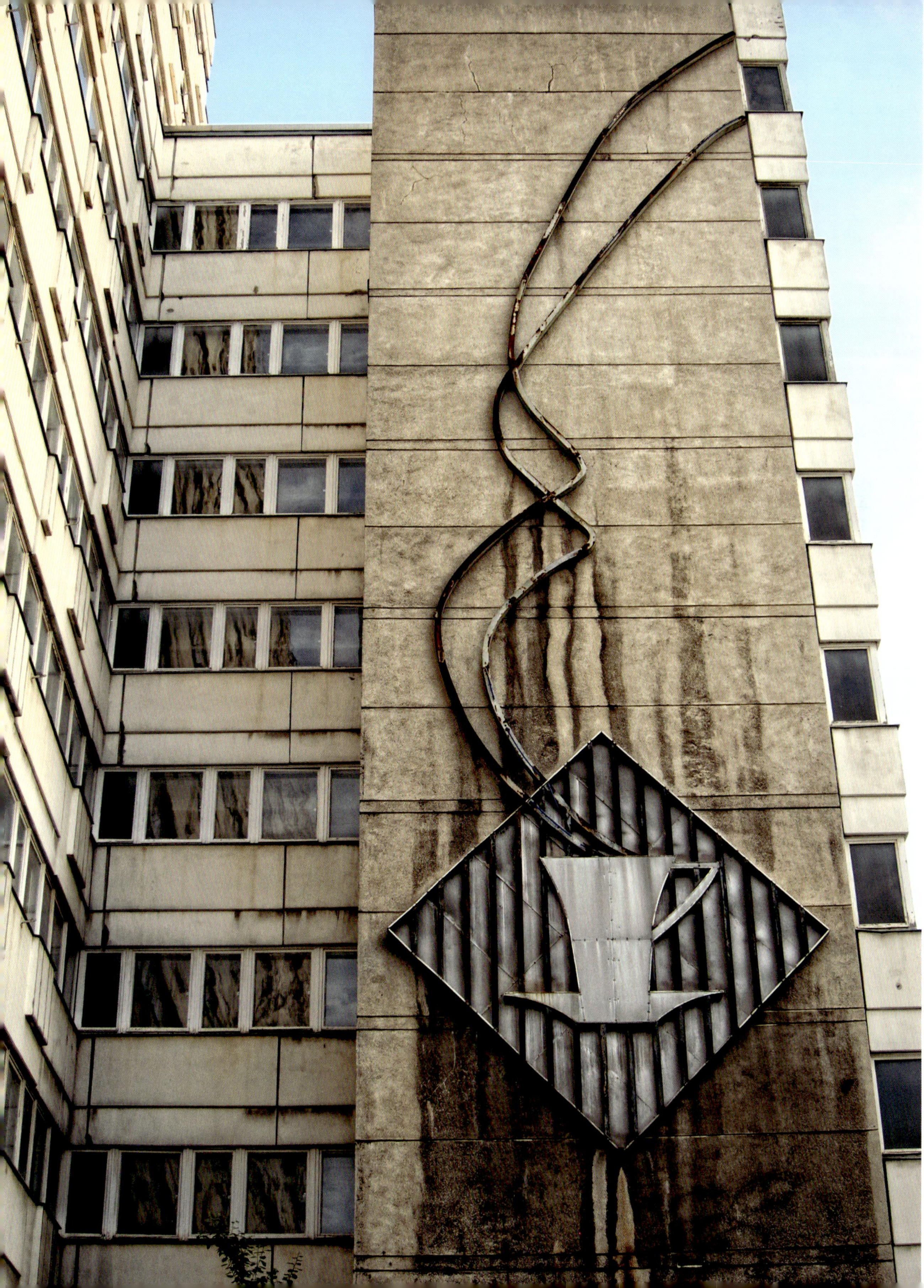

Karl-Marx-Allee

Die »Prachtstraße« der DDR bietet Ihnen auf einem Spaziergang viele unterschiedliche Motive

FRIEDRICHSHAIN-KREUZBERG

Es ist schwer, von der Karl-Marx-Allee nicht beeindruckt zu sein. Ursprünglich war sie nur eine von vielen Straßen, die aus Berlin herausführten. Um 1701 wurde sie als Frankfurter Straße geführt, ab den späten 1780er Jahren dann als Große Frankfurter Straße; »Frankfurt«, weil sie gen Osten, Richtung Frankfurt/Oder führt. Die lange Namenstradition und ihre geografische Lage bewahrte sie jedoch nicht davor, am 21. Dezember 1949, dem 70. Geburtstag Josef Stalins, in Stalinallee umgetauft zu werden. Die Ausfallstraße sollte nun zu einer monumentalen Prachtstraße umgebaut werden und wurde zu diesem Zweck auf 90 Meter verbreitert! In den 1950er Jahren entstanden auf beiden Seiten der während des Krieges stark zerstörten Straße monumentale sieben- bis neungeschossige und bis zu 300 Meter lange Gebäude im Stil des sozialistischen Klassizismus, den kritischere Stimmen auch gerne als »stalinistischen Zuckerbäckerstil« bezeichneten. In den unteren ein bis zwei Geschossen wurden oft Geschäfte oder Gaststätten untergebracht, in den höheren Geschossen entstanden für die damalige Zeit luxuriöse Wohnungen – »Arbeiterpaläste«, wie sie oft genannt wurden. Umso größer die Ironie der Geschichte: Ausgerechnet hier, auf den Großbaustellen der Vorzeige-Allee der DDR begannen Bauarbeiter am 16. Juni 1953 zu streiken und brachten damit den Volksaufstand des 17. Juni ins Rollen.

Sogar die Werbung aus Ostblockzeiten ist erhalten geblieben, in diesem Fall für einen Lastwagen tschechischer Bauart.

99 mm | f8 | 1/200 s | ISO 100

Selbst Details wie Geländer oder Fassadenkacheln sind kunstvoll gestaltet. Nehmen Sie sich die Zeit, die Fassaden einmal mit dem Teleobjektiv nach interessanten Details abzusuchen.

259 mm | f9 | 1/640 s | ISO 100

Der Volksaufstand wurde bekanntermaßen niedergeschlagen, und die Bauarbeiten gingen weiter, allerdings wurden im Zuge der Entstalinisierung 1961 das Stalin-Denkmal über Nacht entfernt, die Straßenschilder ausgetauscht, und die Karl-Marx-Allee war geboren.

Tipps

Achtung: Die Karl-Marx-Allee ist nicht mit der ebenfalls recht großen Karl-Marx-Straße zu verwechseln, quasi der Hauptstraße von Berlin-Neukölln. Diese ist fotografisch weniger spannend.

Am besten lässt sich die sehr weitläufige Straße auf dem Fahrrad erkunden. Durch die gut ausgebauten Fahrradwege geht das sehr entspannt, zu Fuß kann es dagegen ein recht langer Spaziergang werden.

Bleiben Sie immer mal wieder stehen, und drehen Sie sich um. Oft bietet der Blick in die Gegenrichtung völlig andere Ansichten – unter anderem auch viele mit dem Fernsehturm als möglichem Bildelement.

Bringen Sie ein Teleobjektiv mit. Viele der Fassadendetails sind weit oben angebracht und lassen sich ohne ordentliches Tele kaum entdecken oder im Bild isolieren.

KARL-MARX-ALLEE

* Zwischen Alexanderplatz (**S-Bahn** S5, S7, S75, **U-Bahn** U2, U5, U8, **Tram** M2, M4, M5, M6, **Bus** 100, 200, 248, TXL) und Frankfurter Tor (**U-Bahn** U5, **Tram** M10, 21). Meine Empfehlung wäre aber, am Alexanderplatz zu beginnen.
* Rund um die Uhr frei zugänglich
* http://kma-portal.de

Platten, Kino, Café und ein Satellit

Wenn Sie die Karl-Marx-Allee vom Alexanderplatz kommend betreten, ist vom Zuckerbäckerstil zunächst wenig zu erahnen. Der erste Abschnitt zwischen Alexanderplatz und Strausberger Platz wurde erst in den 1960er Jahren errichtet und entspricht der Klischeevorstellung der DDR-Architektur: Plattenbauten. Allerdings wirken sie an diesem Ort so in sich geschlossen, dass man sich ein wenig in vergangene Zeiten zurückversetzt fühlt. Auf einem der großen Wohnblocks steht sogar noch eine große Werbetafel aus den 1960er Jahren für tschechische Lastwagen von Tatra.

Auf halber Strecke erreichen Sie das Café Moskau und das gegenüberliegende Kino International. Das Café Moskau war eins von sieben »Nationalitätenrestaurants« in Berlin, die den DDR-Bürgern die Küche und Kultur der sozialistischen Bruderländer näherbringen sollte. Neben Moskau gab es auch noch Budapest, Bukarest, Warschau, Sofia, Praha und Morawa. Die Restaurants waren sehr beliebt, aber nach der Wende

Das Café Moskau. Bei diesem Foto habe ich die Kontraste etwas verstärkt.
24 mm | f9 | 1/250 s | ISO 200 | −1/3 EV | bearbeitet mit Perfect Effects 8, Filter Daily Vitamin und Magic Desert

ebbte das Interesse ab, und inzwischen existiert keines der Restaurants mehr in seiner ursprünglichen Form. Das Gebäude des Cafés Moskau wird heute für Veranstaltungen genutzt, bietet aber immer noch gute Fotomotive, wie ein großes Mosaik am Eingang, interessante Fassadenmuster aus Beton, Glas und Kacheln und als historisches Highlight eine Kopie des Sputnik, des ersten Satelliten, den die Sowjetunion (und die Menschheit) in den Orbit geschossen hat – der kugelförmige Satellit in Originalgröße war ein Geschenk des damaligen Botschafters der UdSSR zur Eröffnung.

Das gegenüberliegende Kino International wurde vom gleichen Architekten im Stil der architektonischen Moderne entworfen. Leider darf man in den Innenräumen nicht fotografieren, aber das Foyer im Obergeschoss mit seinen Panoramafenstern ist trotzdem definitiv sehenswert. Direkt daneben liegt das Café Alberts, besser bekannt unter seinem ursprünglichen Namen »Mokka-Milch-und-Eisbar«. Alle drei Gebäude stehen inzwischen unter Denkmalschutz.

Das aufwendige Mosaik am Eingang des Cafés Moskau

40 mm | f7,1 | 1/160 s | ISO 200 | –⅓ EV

Der Sputnik auf dem Dach des Cafés Moskau. Die schräge Abendsonne und die dunklen Wolken geben dem kleinen Pionier der Raumfahrt die angemessene Dramatik.

48 mm | f9 | 1/320 s | ISO 100 | +⅔ EV

Strausberger Platz

Gehen Sie vom Café Moskau weiter nach Osten, sehen Sie bereits die beiden imposanten 14-geschossigen Türme an der Einfahrt zum Strausberger Platz: das Haus Berlin und das Haus des Kindes. Letzteres beherbergte zu DDR-Zeiten unter anderem ein Puppentheater, einen Kindergarten und ein Kinderkaufhaus. Hier beginnt der prachtvoll gestaltete Teil der Karl-Marx-Allee mit aufwendig verzierten, großflächig gekachelten Fassaden, Portalen, Säulengängen und Türmen.

Neben den Gebäuden rund um den riesigen Kreisverkehr gibt es auf der Verkehrsinsel in der Mitte des Platzes auch noch einen großen Springbrunnen mit bis zu 18 Meter hoher Fontäne. Bei meinem Besuch war die Fontäne nicht eingeschaltet, was sich als Glücksfall erwies. So konnte ich dieses Foto mit dem Brunnen im Vordergrund ohne Regenschirm oder Unterwassergehäuse machen, und die Gebäude im Hintergrund verschwinden auch nicht in einer Wand aus Niesel.

Der Platz bietet sowohl monumentale Panoramen als auch viele interessante Details und Strukturen. Und in der Südostecke steht sogar noch eine Büste, die den Namensgeber der Allee, Karl Marx, zeigt. Sie ist leicht zu übersehen, aber mit einem kräftigen Weitwinkel können Sie sie vielleicht elegant gemeinsam mit den umliegenden Gebäuden in Szene setzen?

Das Haus des Kindes auf der Südseite der Karl-Marx-Allee markiert den Beginn der monumentalen Bebauung der Prachtstraße.

25 mm | f9 | 1/250 s | ISO 100

Kaffeepause im Fotoladen

Wie bereits erwähnt, ist es ein langer Spaziergang, wenn Sie die gesamte Karl-Marx-Allee zu Fuß entdecken möchten. Unterwegs gibt es aber einige sehr schöne Cafés, in denen Sie pausieren können. Ein für Fotografen besonders interessantes befindet sich in der Karl-Marx-Allee 87, in einem Fotoladen der etwas anderen Art. Bei den »Fotopionieren« sucht man Nikon, Canon und Co. vergeblich. Stattdessen stehen Kameras von Alpa, Linhof und Holga im Mittelpunkt. Und dazu gibt es Filme, Entwickler und eine große Auswahl an Fotopapieren. Und wenn Sie partout nichts Analoges wollen, dann gefallen Ihnen vielleicht die schönen ledernen Fototaschen, die Stative oder die Möglichkeit, Fotos zu scannen oder hochwertig scannen zu lassen. Ach ja, und Kaffee gibt es wie gesagt auch.
www.fotopioniere.com

Der Kreisverkehr am Strausberger Platz ist der vielleicht beeindruckendste in ganz Berlin. Die Fontäne des Brunnens ist bis zu 18 Meter hoch, wenn sie eingeschaltet ist. Hier war sie das zum Glück nicht, wobei sie durchaus auch sehenswert ist.
18 mm | f10 | 1/1600 s | ISO 800

Die »Arbeiterpaläste«

Und es geht weiter Richtung Osten: Direkt hinter dem Strausberger Platz beginnt nun der knapp 2 Kilometer lange Abschnitt der Karl-Marx-Allee bis zum Frankfurter Tor, auf dem sich (von ein paar architektonischen Lücken abgesehen) ein stalinistisches Bauwerk an das nächste reiht. Es sind fast ausnahmslos riesige Wohnblöcke, zum Teil mit Geschäften im Erdgeschoss.

Eine ideologische Vorgabe des Baustils des sozialistischen Klassizismus war es, »nationale Traditionen« zu zitieren (daher variiert der sozialistische Klassizismus auch von Land zu Land). Im Fall der Karl-Marx-Allee übernahm man gewisse Stilelemente des Berliner Klassizismus, und so bekamen die Wohnblöcke zum Teil ionische und dorische Säulen, Friese und andere Elemente, die auch die Baumeister des antiken Griechenland oder eben des deutschen Kaiserreiches gerne einsetzten.

Ähnlich wie am Strausberger Platz sollten Sie sowohl ein Auge auf das Monumentale als auch auf die Details werfen. Zielen Sie entweder darauf ab, die gigantischen Dimensionen der Gebäude einzufangen. Oder fokussieren Sie Ihre Kamera auf einen kleinen Ausschnitt, der die Liebe zum Detail beim Bau dieser Gebäude verdeutlicht. Das Monumentale werden Sie wohl kaum übersehen, für die Details sollten Sie auch mal etwas näher herangehen bzw. mit dem Tele die Fassaden absuchen. Hier gibt es viele kleine Überraschungen zu entdecken.

Kurz vor dem Frankfurter Tor liegt auf der Nordseite der Straße noch das Kino Kosmos, das im gleichen Stil wie das Kino International gebaut wurde und somit erneut einen Bruch zwischen den prächtigen Wohnblocks darstellt, allerdings einen wirklich sehenswerten Bruch!

Wohnungen, Wohnungen und noch mehr Wohnungen, allerdings ungewohnt prachtvoll gestaltet. Die gigantischen Wohnhäuser entlang der Karl-Marx-Allee sind bis zu 300 Meter breit.

27 mm | f9 | 1/320 s | ISO 100 | +⅓ EV

Hier gefiel mir, wie sich die vielen verschiedenen Bildelemente dank des leichten Teleobjektivs visuell übereinander »stapeln«. Der Fernsehturm im Hintergrund wirkt fast wie ein Stilbruch angesichts der ansonsten so einheitlichen Architektur.

70 mm | f9 | 1/400 s | ISO 200 | −⅓ EV

Säulen wie im alten Rom: An kunstvollen Verzierungen hat man nicht gespart, es gibt viele interessante Formen und Muster zu entdecken.

Links: 24 mm | f7,1 | 1/100 s | ISO 100
Rechts: 48 mm | f9 | 1/160 s | ISO 200 | −⅓ EV

Karl-Marx-Allee

Frankfurter Tor

Analog zum Strausberger Platz mit seinen Doppeltürmen bildet das Frankfurter Tor einen guten Abschluss für unseren Fotoausflug. Hier haben wir erneut einen großen Platz mit zwei weithin sichtbaren Türmen (gewissermaßen Entsprechungen zum Haus Berlin und zum Haus des Kindes), die stilistisch an die Türme des Deutschen und Französischen Doms auf dem Gendarmenmarkt angelehnt sind. Am Frankfurter Tor kreuzen sich zwei Bundesstraßen (kein Kreisverkehr), und entsprechend geschäftig geht es an diesem Ort zu. Auch hier finden sich die Säulen, Friese und anderen Stilelemente, die für die Karl-Marx-Allee typisch sind, allerdings gibt es zum Teil schon weniger verzierte Gebäudeelemente, was auf die spätere Bauzeit und ein langsames Umdenken in der Architektur hindeutet. Das offensichtliche Highlight sind die Doppeltürme, die den Platz dominieren, aber auch die umliegenden Gebäude und das geschäftige Treiben bieten viele Motive.

Der Blick vom Frankfurter Tor in Richtung Alexanderplatz

15 mm | f9 | 1/250 s | ISO 100

Das Computerspielemuseum

Keine Lust mehr auf herrschaftliche Bauten? Dann machen Sie doch einen kleinen Abstecher ins Computermuseum auf der Karl Marx-Allee! Hier gibt es alles, vom legendären Pong-Automaten bis hin zu aktuellen 3D-Spielen. Und Nostalgiker können in einer 1970er-Jahre-Spielhalle bzw. in 1980er-Jahre-Kinderzimmern auf Atari und Commodore 64 die Spiele ihrer Kindheit wiederentdecken.

Wo: Karl-Marx-Allee 93a, U5-Weberwiese

www.computerspielemuseum.de

Einer der Türme am Frankfurter Tor, gesehen durch die sich kreuzenden Oberleitungen der Straßenbahn
75 mm | f9 | 1/320 s | ISO 100

Mit dem Frankfurter Tor endet die Karl-Marx-Allee, aber wenn Sie immer noch nicht genug haben von den Wohnhäusern im stalinistischen Stil, können Sie auf der Straße – nun die Frankfurter Allee – noch ein wenig weiter Richtung Osten wandern. An der Ecke Proskauer Straße endet der architektonische »Spuk« aber ebenso abrupt, wie er begonnen hat, und Sie finden sich unvermittelt in einer eher unspektakulären Straße mit einer Mischung aus Altbau- und Nachwende-Architektur wieder.

Das Frankfurter Tor ist eine riesige Kreuzung. Der Straßenkünstler verleiht der Aufnahme etwas Leben.
19 mm | f8 | 1/160 s | ISO 100

Karl-Marx-Allee

Sowjetisches Ehrenmal im Treptower Park

Eine monumentale Parkanlage mit beeindruckenden Ausblicken und Sichtachsen, die zum Fotografieren, aber auch zur geschichtlichen Besinnung einlädt

TREPTOW-KÖPENICK

Mitten im malerischen Treptower Park, wenige Meter vom Spreeufer und den zahlreichen Ausflugsdampfern entfernt, liegt das größte sowjetische Ehrenmal Deutschlands. Auf fast 100 000 Quadratmetern Fläche liegen hier mehr als 7 000 sowjetische Soldaten begraben, die im Zweiten Weltkrieg, insbesondere in der Schlacht um Berlin, fielen. Aber es ist ein Ort, der nicht nur aufgrund seiner Dimensionen und Geschichte, sondern auch aufgrund der beeindruckenden Anlage selbst sehenswert ist.

Die Anlage wurde von 1946 bis 1948, also streng genommen vor der Gründung der DDR, geschaffen. Der Fokus lag hierbei ausdrücklich nicht auf dem Sieg über Deutschland, sondern auf der Befreiung vom Nationalsozialismus. In späteren Jahren wurde das Ehrenmal vielfach für Massenveranstaltungen der DDR-Regierung genutzt.

Zwei gigantische sowjetische »Fahnen« aus rotem Granit umrahmen den Zugang zum Ehrenmal.

24 mm | f16 | 1/100 s | ISO 200

Eine der beiden Soldatenstatuen, die am Eingang zum Ehrenmal knien. Im Hintergrund sehen Sie das Hauptmonument der riesigen Anlage.

73 mm | f13 | 1/250 s | ISO 200

Nach dem Mauerfall war die Zukunft der Anlage ein wichtiges Thema bei den Verhandlungen zum Zwei-plus-Vier-Vertrag. Geregelt wurde es so, dass seit dem Abzug der Roten Armee aus Deutschland (im Jahr 1994) die Anlage von Deutschland erhalten und unterhalten wird. Änderungen am Ehrenmal sind aber nur mit Zustimmung der Russischen Föderation möglich.

Am besten betreten Sie die Anlage von Nordwesten aus durch die Haupteingänge zur Anlage. Hier gibt es sowohl an der Puschkinallee (Nordseite) als auch Am Treptower Park (Südseite) einen

SOWJETISCHES EHRENMAL IM TREPTOWER PARK

* Zwischen Puschkinallee und Am Treptower Park, 12435 Berlin
* **S-Bahn** S41, S42, S8, S85, S9, **Bus** 104, 165, 166, 194, 265, S Treptower Park
* **S-Bahn** S8, S85, S9, **Bus** 165, 166, 377, S Plänterwald
* www.visitberlin.de/de/ort/sowjetisches-ehrenmal-treptow

kleinen Parkplatz mit einem Steinportal, durch das Sie auf einen von Bäumen gesäumten Pfad gelangen. Die beiden Pfade treffen sich an einer 3 Meter hohen Frauenstatue aus Granit, der »Mutter Heimat«, die um ihre gefallenen Söhne trauert. Richtung Südosten führt von hier ein breiter Weg zu einem erhöhten Platz, der von zwei riesigen sowjetischen »Fahnen« aus rotem Granit eingerahmt wird. Vor ihnen knien auf beiden Seiten Statuen von Rotarmisten. Wenn Sie dieses Eingangsplateau erreichen, blicken Sie herab auf den weitläufigen Hauptplatz des Ehrenmals und auf das dahinterliegende Hauptmonument, die 12 Meter hohe Bronzestatue eines Rotarmisten, der über einem zerbrochenen Hakenkreuz steht und ein gerettetes Kind im Arm hält. Entlang der beiden Seiten des Platzes stehen jeweils acht große Sarkophage, die zusammen symbolisch für die 16 Sowjetrepubliken stehen. Die gefallenen Soldaten selbst wurden in den Rasenbereichen, die den Hauptplatz umgeben, unter Platanen beerdigt.

Links: Entlang des riesigen Hauptplatzes der Anlage stehen 16 symbolische Steinsarkophage, die die 16 Sowjetrepubliken repräsentieren sollen.

25 mm | f9 | 1/400 s | ISO 200

Bei diesem Foto des Hauptaufgangs zum Monument habe ich die Bäume im Vordergrund aufgehellt, die Farben etwas entsättigt und den Kontrast anschließend etwas erhöht, um die Strukturen der Wolken, Bäume und der Steinplatten des Vorplatzes hervorzuheben.

72 mm | f9 | 1/250 s | ISO 400 | bearbeitet mit Perfect Effects 8, Filter GRUNGE GODDESS

Das Hauptmonument der Anlage, die 12 Meter hohe Bronzestatue eines Rotarmisten, der über einem zerbrochenen Hakenkreuz steht und ein gerettetes Kind im Arm hält. Die Schwarzweißumwandlung hebt die Licht- und Schattenmuster der Treppen sehr schön hervor und eliminiert zugleich die bunte Kleidung der Touristen, die nur vom Motiv ablenken würde.

37 mm | f9 | 1/400 s | ISO 200 | zu Schwarzweiß konvertiert

Für dieses Foto bin ich sehr nah an die Statue von »Mutter Heimat« herangegangen und habe an ihr hochfotografiert. Dadurch hebt sich ihr Kopf aus den Baumwipfeln im Hintergrund heraus. Durch das starke Weitwinkelobjektiv wiederum wird die halbkreisförmige Anordnung der Bäume hinter der Statue noch deutlicher. Ich habe das Foto anschließend manuell zu Schwarzweiß konvertiert und durch einen Fotofilter die Kontraste noch verstärkt, wodurch der sehr »körnige« Look des Fotos entsteht.

15 mm | f9 | 1/250 s | ISO 200 | zu Schwarzweiß konvertiert, bearbeitet mit Perfect Effects 8, Filter Magic City

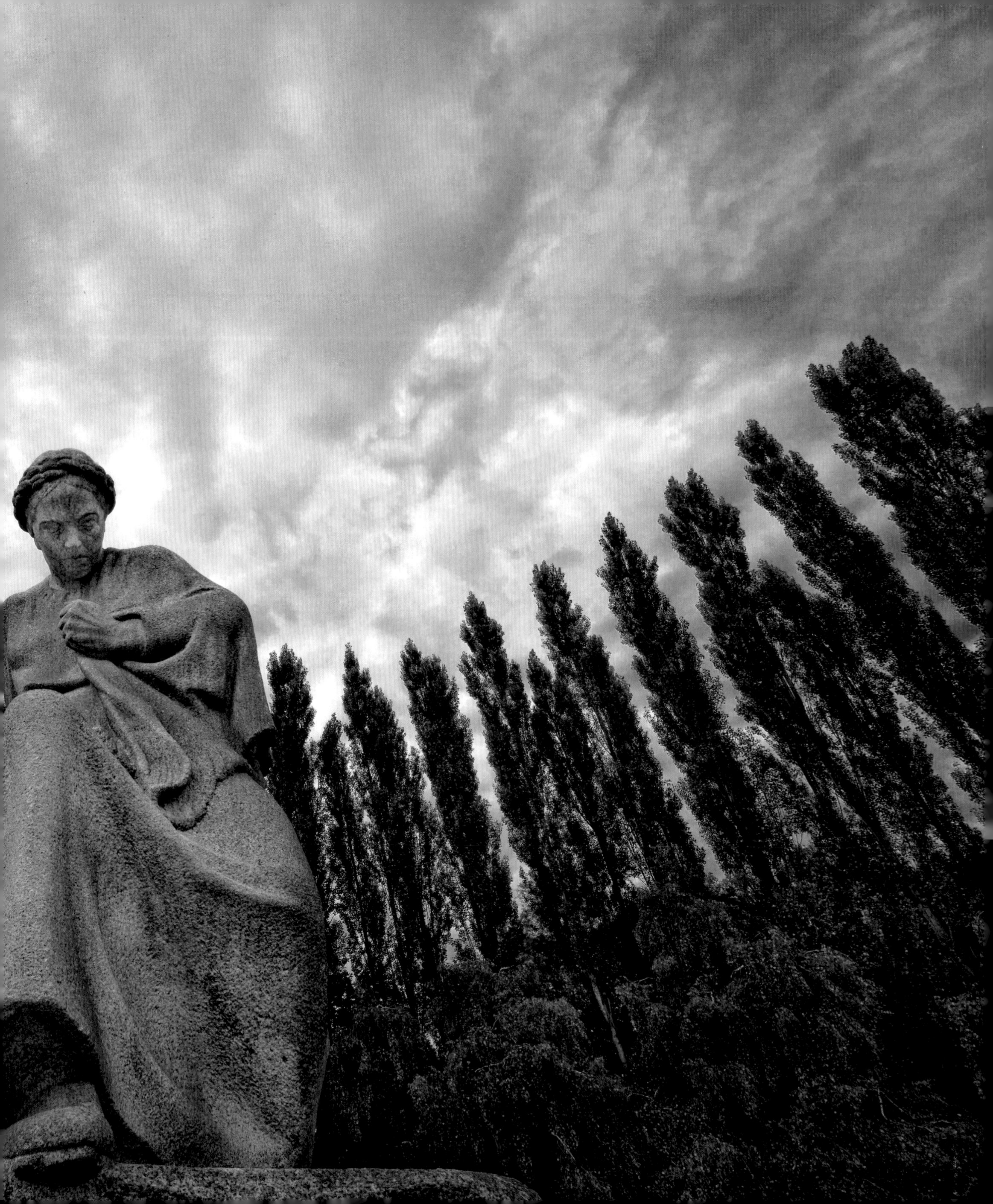

Friedrichstadt-Palast

Ungewöhnliche Fassadendetails am Tag und Lichtspiele in der Nacht

MITTE

Beim Anblick des Friedrichstadt-Palastes kratzt man sich unweigerlich am Kopf – oder zumindest ging es mir so. So richtig definieren lässt sich der Baustil des Revuetheaters nicht, und er steht auch architektonisch völlig losgelöst von den ihn umgebenden anderen Gebäuden.

»Das gewaltige Gebäude ist der letzte große Prachtbau, der in der DDR errichtet wurde«, sagen die Betreiber über das 1984 fertiggestellte Revuetheater. Und prachtvoll ist es auch irgendwie – auf eine der damaligen DDR ganz eigene Art. Die Fassade besteht, wie so oft in der DDR, aus Beton. Sie ist aber nicht schnörkellos, sondern bedeckt mit Linien und Bögen sowie unzähligen kleinen Glasbausteinen. Im Tageslicht bilden diese dunk-

Auf den ersten Blick ist der Friedrichstadt-Palast einfach – seien wir ehrlich – ein Klotz. Erst auf den zweiten Blick entdeckt man die vielfältigen und fotografierenswerten Details.

18 mm | f9 | 1/640 s | ISO 200

le Muster auf dem hellen Beton, die entfernt an Computerplatinen erinnern (siehe Bild rechts). Auf Höhe des Erdgeschosses sind die Seitenwände des Gebäudes mit kunstvollen Reliefs verziert. Überall gibt es interessante Muster und Strukturen zu entdecken, es lohnt sich also, näher heranzugehen und ein bisschen zu suchen.

Eines der Reliefs an den Seitenwänden des Friedrichstadt-Palastes. Hier habe ich einen Instagramartigen Filter über das Bild gelegt. Durch die Veränderung der Farbwert- und Sättigungskurven entsteht ein Effekt, der an einen crossentwickelten Analogfilm erinnert (einen Diafilm, der wie ein Negativfilm entwickelt wurde, oder umgekehrt).
67 mm | f7,1 | 1/125 s | ISO 200 | bearbeitet mit Perfect Effects 8, Filter BRANDON

FRIEDRICHSTADT-PALAST

* Friedrichstraße 107, 10117 Berlin
* **S-Bahn** S1, S2, S25, S5, S7, S75, **U-Bahn** U6, **Tram** 12, M1, **Bus** 147, S+U Friedrichstraße
* **U-Bahn** U6, **Tram** 12, M1, M5, U Oranienburger Tor
* Die Außenfassade ist von der Straße aus jederzeit zugänglich.
* www.palast.berlin/de

Strukturen, Linien und Muster – wie verschnörkelt Betonarchitektur doch sein kann…
78 mm | f9 | 1/500 s | ISO 200

Aber richtig interessant wird es nachts, dann leuchtet die Fassade plötzlich so quietschbunt, dass so manch ein Casino in Las Vegas neidisch werden könnte. Nun erwachen auch die Glasbausteinchen zum Leben. Sie sind nämlich bunt und erstrahlen durch das Licht der Innenräume. Gleichzeitig wird die Fassade zusätzlich bunt angestrahlt. Das Licht ändert dabei zyklisch die Farbe, wodurch man in einem Moment ein eher pinkes Foto bekommt, 20 Sekunden später aber vielleicht schon ein orangefarbenes. Es lohnt sich, eher ein paar Bilder mehr zu machen, denn das Zusammenspiel der verschiedenen Elemente ist immer wieder anders. Also holen Sie das Stativ aus dem Schrank, und auf geht's!

Und wenn Ihnen nach all der Architektur der Sinn nach etwas Lebendigem steht: Besuchen Sie doch mal eine der zahlreichen Shows!

Tipps

Stativ für die Nachtfotos nicht vergessen!

Das Gebäude ist nach Westen ausgerichtet und »blickt« die Reinhardtstraße hinunter. Falls Sie also die Fassade bei Sonne fotografieren wollen, sollten Sie nachmittags kommen.

Der Eingang zur Theaterkasse auf der Südseite des Gebäudes ist etwas moderner, steht dem restlichen Theater aber in Sachen Farbenfreude in nichts nach.

36 mm | f9 | 1/4 s | ISO 400 | Stativ

Nachts wird's richtig bunt in und um das Revuetheater. Und die Farben wechseln ständig, wodurch sich immer wieder andere Farbmuster ergeben.

28 mm | f4 | 1/4 s | ISO 400 | Stativ

Es war einmal ein anderes Land

Die DDR-Zeit hat in Berlin deutliche Spuren hinterlassen. Viele davon sind nicht wirklich fotogen, noch mehr wurden nach der Wende Stück für Stück entfernt oder bis zur Unkenntlichkeit verändert. Aber es gibt sie noch, die Relikte der Vergangenheit, und inzwischen werden viele von ihnen auch restauriert und geschützt. Berlin und seine sozialistische Vergangenheit sind untrennbar miteinander verbunden, und die wilde Mischung aus Klassizismus, Plattenbau und moderner Architektur ist etwas, das Berlin einzigartig macht.

Diese Motive haben es nicht ins Buch geschafft. Warum?

Das vielleicht Offensichtlichste, das man in einem Kapitel über die DDR-Zeit erwartet, ist ein Abschnitt über **Plattenbauten**. Davon gibt es in Berlin viele, und sie bieten sicherlich auch das eine oder andere interessante Motiv, aber es fiel mir schwer, eine konkrete Siedlung oder ein Gebäude in diesem Zusammenhang zu empfehlen. Mit den Plattenbauten ist es ein bisschen wie mit der Streetart: Man kann sagen, wo man eventuell Motive finden wird (Teile von Friedrichshain, Lichtenberg, Hellersdorf, Mahrzahn etc., sie sind auf Landkarten und Satellitenbildern unschwer zu erkennen), aber einen konkreten Ort könnte ich nicht empfehlen. Das **Kino International** ist absolut sehenswert, insbesondere die Innenräume, aber leider herrscht im Innern des Gebäudes striktes Fotoverbot, auch für Amateure, daher finden Sie in diesem Kapitel auch keine Fotos davon. Bei den Innenräumen des **Berlin Congress Centers (bcc)** stellt sich die Frage der Fotoerlaubnis eigentlich gar nicht, denn der Zugang ist nur bei Veranstaltungen möglich. Das ist schade, denn die Architektur ist toll.

Für dieses Foto fotografierte ich aus einer extremen Froschperspektive, um das Relief im Vordergrund ins Bild zu bekommen. Das war nötig, denn die Wandverzierungen beginnen bereits wenige Zentimeter über dem Boden.

27 mm | f9 | 0,3 s | ISO 400 | Stativ

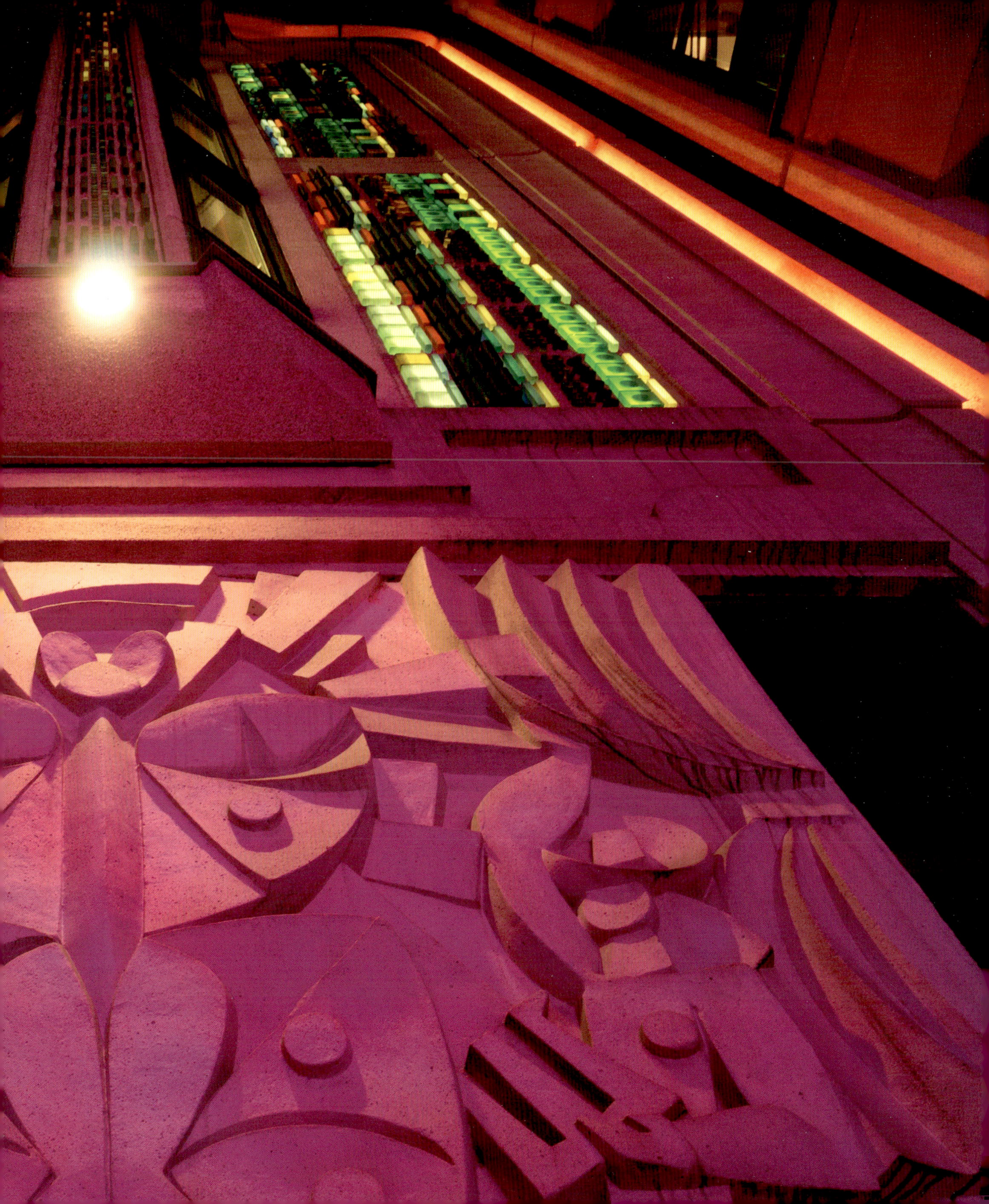

Berlin am Wasser

Venedig, Amsterdam, Berlin. Moment! Berlin? Ja, auch die Spreemetropole ist eine sehr wasserreiche Stadt und bietet Ihnen so auch Motivwelten abseits der typischen Großstadt

Bei Städten am Wasser denken Sie spontan wahrscheinlich an Rio, Venedig, Amsterdam oder San Francisco, vielleicht noch an Hamburg. Aber Berlin? Hier gibt es kein Meer, keinen großen, zentralen See, der das Stadtbild dominiert, und auch keine Grachten. Bei genauerem Hinsehen werden Sie aber sehen, dass Berlin nicht nur eine (im Sommer) sehr grüne Stadt ist, sondern auch eine sehr wasserreiche. Neben dem Fluss, der Spree, finden Sie ein Netz aus Kanälen und auch jede Menge kleine und große Seen – vom Weißen See bis zum Müggelsee.

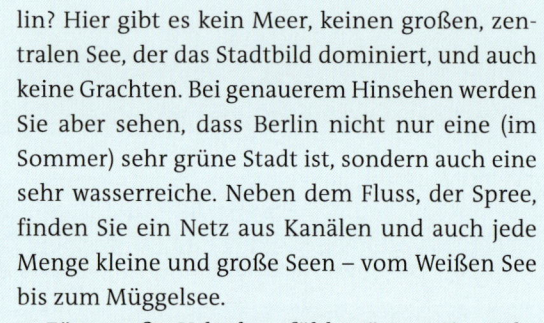

Fürs große Urlaubsgefühl müssen Sie nicht erst zum Wannsee oder Müggelsee fahren. Insbesondere im Sommer tummeln sich die Berliner und ihre Besucher fast überall, wo es Wasser gibt. Entlang der Spree gibt es viele »Beachbars«. Zwischen Kanzleramt und Hauptbahnhof lässt sich in Strandkörben die Abendsonne genießen, im Strandbad Weissensee kann man sogar in der Innenstadt in die Fluten springen. Schwimmen ist auch auf dem Arena Badeschiff möglich, einem zum Schwimmbad umgebauten Lastkahn, der am Spreeufer verankert ist und jetzt als Freibad fun-

Monumentale Kunst im Fluss: Die beiden Damen links im Bild könnten quasi überall sitzen, wäre da nicht die ca. 30 Meter hohe Skulptur rechts oben im Bild. Der »Molecule Man« steht seit 1999 zwischen Treptow und Friedrichshain nahe dem Badeschiff in der Spree. Es sind übrigens drei Männerfiguren – eine sehen Sie hier aber nur als Strich im Profil.

24 mm | f6,3 | 1/800 s | ISO 200

giert. Hier gibt es Strandstühle und eine Cocktailbar, und das Berliner Szenevolk gibt's kostenlos dazu. An einigen Ecken, insbesondere entlang der Spree östlich des Zentrums, hat sich Berlin auch (noch) ein bisschen des improvisierten Nach-Wende-Charmes erhalten, und Menschen genießen auf Kaimauern und einfachen Holzbänken Sonne und Kaltgetränke, während im Hintergrund ein DJ Platten auflegt.

Einige fotografisch bemerkenswerte Berliner Seen

Großer Wannsee
An schönen Tagen tummeln sich auf dem Wannsee die Segler und Surfer, und es gibt viele schöne Ecken zum Schwimmen und Sonnenbaden. Der See lässt sich auch mit zahlreichen Fähren erkunden, und die riesigen Villen am Rand des Sees sind zum Teil wirklich beeindruckend.

Müggelsee
Berlins größter See. Auch am Müggelsee gibt es zahlreiche Fähren und Ausflugsboote, und ein Strandbad lädt zum Schwimmen und Sonnenbaden ein. Das angrenzende Köpenick mit seiner schönen Altstadt und der Geschichte um den falschen Hauptmann ist ebenfalls einen Abstecher wert.

Weißer See
Ein kleiner See mitten in der Stadt. Hier gibt es ein Strandbad mit Sand, Cocktailbar und einem sehr urbanen Lebensgefühl.

Rummelsburger See
Eigentlich kein See, sondern nur eine Bucht in der Spree. Sie finden auf der Nordseite des Rummelsburger Sees eine wunderschöne Uferpromenade (in der Nähe des S-Bahnhofs Ostkreuz oder Rummelsburg), und am gegenüberliegenden südlichen Spreeufer können Sie im Treptower Park, nahe der Insel der Jugend, Kajaks mieten und die Umgebung vom Wasser aus erkunden.

Das Schöne an diesen Orten ist meist nicht die ausgefallene Architektur oder der traumhafte Blick in die Natur, sondern das entspannte, urbane Lebensgefühl, das Sie hier erleben und mit der Kamera einfangen können. Also falls Sie den Tag zwischen Brandenburger Tor und Fernsehturm verbracht haben und keine Touristengruppen oder Monumente mehr sehen können, gehen Sie ans Wasser, und genießen Sie einen Cocktail in einer der vielen Bars, oder machen Sie es wie viele Berliner: Holen Sie sich eine Flasche Bier oder ein koffeinhaltiges Szenegetränk im »Späti«, dem Spätkauf an der Ecke (siehe Kasten auf der rechten Seite), und setzen Sie sich zu den anderen ans Wasser für ein bisschen Abendsonne und Lebensgefühl.

Fotografisch sind in Berlin am Wasser in erster Linie zwei Dinge zu berücksichtigen: Zum einen befinden sich viele der Strandbars auf Privatgelände, daher sollten Sie sich die Erlaubnis des Betreibers einholen, falls Sie fotografieren wollen, insbesondere falls Sie die Bilder eventuell veröffentlichen wollen, und sei es »nur« auf Facebook, Flickr und Co. Zum anderen sollten Sie, wie immer bei der Straßenfotografie, respektvoll mit den Menschen umgehen, die Sie fotografieren.

Viel braucht der Berliner nicht, um es sich am Wasser gemütlich zu machen. Oft reichen schon ein Getränk und eine Kaimauer, wie hier im YAAM zwischen Ostbahnhof und Spree – Reggae-Musik gibt's umsonst dazu (www.yaam.de).
24 mm | f9 | 1/160 s | ISO 200 | +⅓ EV

Es gibt sie noch vereinzelt, die kleinen unangepassten Orte zwischen Luxuslofts und Bürotürmen wie diesen in der Holzmarktstraße, nur einen Kilometer vom Alexanderplatz entfernt.
24 mm | f9 | 1/160 s | ISO 200

Auch nachts hat das Spreeufer viel zu bieten. Bei diesem Motiv gefiel mir der Kontrast zwischen der hölzernen, improvisiert-wirkenden Bar und den modernen Stahl-und-Glas-Türmen des Trias-Gebäudes im Hintergrund.

24 mm | f3,5 | 0,3 s | ISO 800

Der »Späti« – ein Stück Berliner Kiezkultur

Was machen Sie, wenn Sie um kurz nach Mitternacht an einem Mittwoch unbedingt noch eine Tüte Chips, Zigaretten oder ein Bier brauchen? In den meisten Städten und Dörfern Deutschlands fahren Sie dann wahrscheinlich zur »Tanke«. Aber nur jeder dritte Berliner besitzt ein Auto, und viele wissen nicht einmal, wo die nächstgelegene Tankstelle ist.

Die Funktion des nächtlichen Supermarkts übernimmt in Berlin zumeist der Spätkauf oder »Späti«. Insbesondere in beliebten Ausgehbezirken wie Friedrichshain, Kreuzberg oder Neukölln findet man diese kleinen Läden an fast jeder Ecke. Hier gibt es Zeitschriften, Snacks und Getränke, und sie haben meist bis spät in die Nacht geöffnet.

Berlin am Wasser

Oben: Die entspannte Stimmung am Landwehrkanal ließe sich kaum besser darstellen als in diesem Bild. Die dunkle Hose des Mannes und das Buch heben sich sehr schön gegen den hellen Hintergrund der Wasseroberfläche ab. Vor der dunklen Reflektion der Bäume im Wasser, wie in der Ecke rechts, wäre der Mann kaum erkennbar. Oben rechts: Mitten in Kreuzberg liegt der Urbanhafen, eine kleine grüne Oase mitten in der Stadt, wo eine Wiese direkt bis ans Wasser des Landwehrkanals hinunterführt. So romantisch ist es an lauen Sommerabenden allerdings eher selten, denn die Wiese ist ein beliebter Treffpunkt an sonnigen Tagen. Rechte Seite oben: Diese beiden Damen entspannen sich an der Spree zwischen Kanzleramt und Hauptbahnhof am »Capital Beach«. Falls Sie sowieso gerade im Regierungsviertel auf Sightseeing-Tour sind, können Sie hier schön eine kurze Pause einlegen. Die Bar bietet sogar richtige Strandkörbe an. Rechte Seite unten: Der Landwehrkanal vermittelt oft den Eindruck, man sei gar nicht mehr in der Großstadt, so wie auf der Baerwaldbrücke in Kreuzberg. Entlang des Kanals stehen in erster Linie Laubbäume, und entsprechend »explodieren« die Farben im Herbst.

Oben: 41,6 mm | f3,2 | 1/1000 s | ISO 100 | –⅔ EV
Oben rechts: 40 mm | f8 | 1/125 s | ISO 100
Rechte Seite oben: 216 mm | f8 | 1/320 s | ISO 200 | –⅓ EV
Rechte Seite unten: 86 mm | f5,6 | 1/250 s | ISO 100 | –⅓ EV

Berlin am Wasser

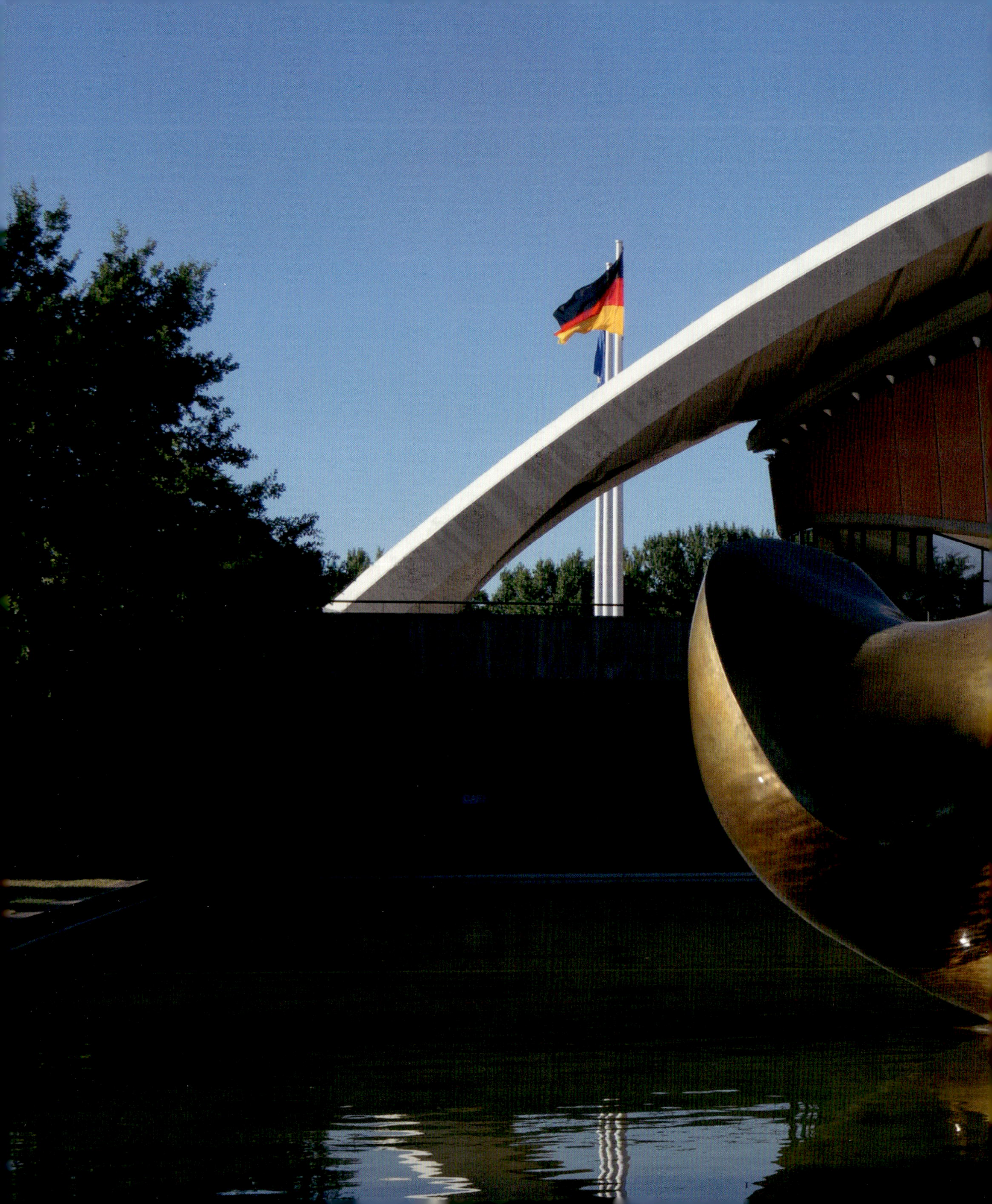

West-Berlin

Von 1945 bis zum Fall der Berliner Mauer 1989 war West-Berlin eine Art Insel, ein Stückchen Westdeutschland mitten im Staatsgebiet der DDR. Nach den verheerenden Zerstörungen des Zweiten Weltkrieges entstanden auf dieser »Insel« Gebäude, Parks, Autobahnen und sogar ganze Stadtviertel neu. Für den Fotografen hat diese Epoche viel hinterlassen: Spannendes, Skurriles und die eine oder andere Ecke, in der die Zeit stehen geblieben zu sein scheint.

- » Haus der Kulturen der Welt
  Seite 166
- » U-Bahn-Linie 7
  Seite 172
- » »Raumschiff« ICC
  Seite 180
- » Teufelsberg
  Seite 190
- » Hansaviertel
  Seite 198
- » Exkurs: Berlin bei Nacht
  Seite 206

Haus der Kulturen der Welt

Futuristisch und doch 50er-Jahre-Architektur in ihrer schönsten Form – tauchen Sie ein in die Welt von Cary Grant und Don Draper

MITTE

Das Haus der Kulturen der Welt, kurz HKW, steht umgeben von vielen hohen Bäumen fast ein bisschen versteckt im Nordosten des Tiergartens. Bei meinem ersten Besuch musste ich es richtig suchen! Obwohl es nur wenige Meter vom Kanzleramt entfernt liegt, trennen die beiden Gebäude Epochen und Welten. Das HKW ist ein Kind der Nachkriegszeit und des Kalten Krieges. Es war der amerikanische Beitrag zur Internationalen Bauausstellung 1957 (siehe auch Seite 198 im Abschnitt zum »Hansaviertel«) und sollte ein »Leuchtturm der Freiheit« für das nahe gelegene Ost-Berlin und die DDR sein. Entsprechend ungewöhnlich und spektakulär wurde das Gebäude gestaltet. Wenn Sie von der John-Foster-Dulles-Allee aus zum HKW gelangen, werden Sie zunächst von

Die vielen geschwungenen Linien machen das Gebäude sehr dynamisch. Dieses Foto entstand auf der Dachterasse.

24 mm | f9 | 1/800 s | ISO 400

Waagerecht fotografiert enthielt dieses Foto viele zusätzliche Bildelemente wie einen Betonblock im Vordergrund und das Kanzleramt links im Hintergrund, die mich störten. Durch das Kippen konnte ich sie ausblenden und das Motiv so gleichzeitig auf eine ungewöhnliche Art inszenieren.

32 mm | f9 | 1/1000 s | ISO 400 | zu Schwarzweiß konvertiert und quadratisch beschnitten

zwei großen, rechteckigen Wasserbecken begrüßt (siehe auch das Foto auf der vorhergehenden Doppelseite). Zwischen ihnen führt eine Freitreppe zur oberen Ebene des Gebäudes, während der eigentliche Haupteingang hinter der Auffahrt liegt, die sich unter der Treppe befindet. Die vielen verschiedenen Ebenen sind ein Merkmal des Gebäudes, auf das Sie immer wieder treffen werden. Das Markanteste am HKW ist aber eindeutig sein geschwungenes Dach, das dem Bau den wenig schmeichelhaften Spitznamen »schwangere Auster« eingebracht hat.

Praktischerweise spiegelt sich dieses Dach sehr schön in den beiden Wasserbecken, sowohl tagsüber als auch insbesondere nachts, wenn es angeleuchtet wird. Aber das Becken ist erst der Anfang. Das Zusammenspiel aus dem geschwungenen Dach und den rechteckigen, daruntergelegenen Ebenen bietet spannende geometrische Formen, Linien und Bögen, die sich je nach Blickwinkel und Standpunkt immer wieder anders im Bild kombinieren lassen. Deshalb würde ich empfehlen, dass Sie als ersten Schritt das Gebäude ebenerdig umrunden, um die vielen verschiedenen Perspektiven zu entdecken (das HKW ist von öffentlich zugänglichen Rasenflächen umgeben). Als Nächstes können Sie über die Freitreppe oder eine der weiteren Treppen auf der Rückseite des Gebäudes auf die Dachterrasse steigen, wo sich wieder ganz andere, ebenso spannende Ausblicke bieten (siehe links und auf der nächsten Seite). Durch die vielen abstrakten, geometrischen Formen eignen sich viele Motive auch für eine gezielte Schwarzweißkonvertierung, nicht nur auf der Dachterrasse, sondern im Allgemeinen.

Mit dem Foto oben wollte ich einmal aus der traditionellen Bildgestaltung ausbrechen. Weil es gekippt ist, wird das Gebäude, das sowieso schon als solches erst auf den zweiten Blick erkennbar ist, endgültig zu einer abstrakten Form. Das quadratische Bildformat verstärkt das noch zusätzlich. Und durch die Umsetzung in Schwarzweiß werden die Formen noch klarer in den Vordergrund gebracht.

Schwarzweiß macht das Motiv dramatischer und rückt Formen und Strukturen noch mehr in den Vordergrund.

32 mm | f9 | 1/1000 s | ISO 400 | zu Schwarzweiß konvertiert, Blautöne verstärkt

Nachts kommt die Spiegelung im Wasserbecken vor dem HKW noch mehr zur Geltung. Die schöne Beleuchtung des Gebäudes und das Dämmerlicht tun ihr Übriges. Dass der Himmel im Nordwesten noch hell ist, ansonsten aber dunkel, liegt daran, dass das Foto am 18. Juni, also fast zur Sommersonnenwende entstand.

26 mm | f2,8 | 1/3 s | ISO 500 | –⅓ EV | Stativ

HAUS DER KULTUREN DER WELT

* John-Foster-Dulles-Allee 10, 10557 Berlin
* **S-Bahn** S5, S7, S75, **U-Bahn** U55, **Tram** M10, M5, M8, **Bus** 120, 142, 245, TXL u.a., S+U Hauptbahnhof
* **U-Bahn** U55, Bundestag
* **Bus** 100, Platz der Republik
* Fotografieren im und um das Gebäude ist für private Zwecke erlaubt. Bei Ausstellungen sollten Sie fragen, bevor Sie Exponate fotografieren. Öffnungszeiten: täglich 10–19 Uhr
* www.hkw.de

Wenn Sie das Gebäude von außen ausgiebig »inspiziert« haben, sollten Sie auf jeden Fall auch den Innenräumen einen Besuch abstatten. Als jemand, der längere Zeit im UNO-Hauptquartier in New York gearbeitet hat, hatte ich spontan ein Déjà-vu, denn es eröffnet sich eine Welt, die direkt einem Alfred-Hitchcock-Film entsprungen sein könnte. Hier sind die Spuren der 1950er/1960er Jahre noch in jedem Detail zu erkennen. Von den Türgriffen über die Treppengeländer bis hin zu den Aufzügen oder der Garderobe ist alles authentisch oder wurde stilgerecht renoviert. Man erwartet fast, dass Cary Grant oder James Stewart irgendwo entspannt an der Wand lehnen und (für die jüngeren Leser) gemeinsam mit Don Draper aus »Mad Men« einen Scotch trinken.

Tipps

Nehmen Sie sich Zeit, und umrunden Sie das Gebäude komplett. Es sieht aus verschiedenen Richtungen völlig unterschiedlich aus. Gehen Sie auch hoch auf die Terrasse!

Nutzen Sie die reflektierenden Wasserbecken vor dem Gebäude für Fotos.

Nehmen Sie ein Weitwinkelobjektiv für die Außenaufnahmen und ein Stativ für Nachtaufnahmen mit. Für die Innenräume empfehle ich ein Tischstativ.

Ein schöner Kontrast zwischen dem schlichten, fast farblosen Interieur und der rot leuchtenden Glasfassade des Museumsshops auf der unteren Ebene.

24 mm | f3,5 | 1/20 s | ISO 400

Oben: Der Stil der späten 1950er Jahre: schlicht und minimalistisch und doch elegant – selbst wenn es nur ein Aufzug ist. Rechts: Der eigentliche Raum tritt in den Hintergrund, und das Foto wirkt wie eine zweidimensionale Ansammlung von Strichen und Flächen.

Oben: 40 mm | f4,5 | 1/30 s | ISO 400
Rechts: 75 mm | f9 | 1/500 s | ISO 400

Das Foyer ist weitläufig und eröffnet Blicke auf die verschiedenen höher und tiefer gelegenen Ebenen innerhalb des HKWs, wodurch sich erneut viele interessante Motive bieten. Gehen Sie auf Erkundungstour. Eine Treppe hoch, eine andere Treppe runter, da noch mal um die Ecke: Hier gibt es viele spannende Details zu entdecken. Und gehen Sie ruhig noch einen Schritt weiter, und sehen Sie auch bei kleinen Dingen wie Lampen, Lichtschaltern oder Sitzbänken einmal genauer hin. Es könnte sich lohnen.

U-Bahn-Linie 7

»Unter Tage« müssen Sie in Berlin nicht nur gehen, um von A nach B zu kommen, hier gibt es auch fotografisch viel zu entdecken!

SPANDAU, CHARLOTTENBURG-WILMERSDORF, TEMPELHOF-SCHÖNEBERG, NEUKÖLLN, FRIEDRICHSHAIN-KREUZBERG

»Die U-Bahn-Linie 7? Jetzt bin ich in Berlin, und Sie schicken mich zum Fotografieren in die U-Bahn?« Ja, genau das tue ich, denn die U7 ist wirklich sehenswert und eine schöne Abwechslung nach all den Kirchen, Museen und Palästen. Mit 31,8 Kilometern Länge ist die U7 die längste U-Bahn-Linie Berlins. Entsprechend lang braucht man von einem Ende bis zum anderen: 56 Minuten. Aber keine Sorge, für eine fotografische Erkundungstour der U7 müssen Sie nicht die gesamte Strecke abfahren, denn viele Stationen der Strecke sind eher funktional und einfach gestaltet und bieten nicht viele Fotomotive. Berlin ist ein bisschen wie eine Ansammlung vieler mittelgroßer Städte, und jemanden, der zum Beispiel in Tegel wohnt, verschlägt es nur in Ausnahmefällen einmal nach Köpenick. In meinem »Kiez« zwischen Kreuzberg und Neukölln sind die Stationen der U7 fast alle langweilig einfarbig gekachelt, und so entdeckte ich die bunte Vielfalt dieser Linie erst nach einigen Jahren in Berlin, als ich die U7 zum ersten Mal bis weit in den Westen der Stadt nahm.

Als die U-Bahn-Strecke im Westen in den 1970er und 1980er Jahren bis nach Spandau verlängert wurde, tobte sich der Architekt und Baubeamte Rainer G. Rümmler bei der Gestaltung diverser Stationen aus. Da gibt es zum einen die »Kachelstationen«. Hier sind die Wände mit quietschbunten Kacheln bedeckt, die zum Teil interessante Muster bilden. Analog dazu gibt es auch einige Stationen, deren Wände zwar nicht gekachelt, dafür aber in bunten Farben und Mustern gestri-

Typisch für viele der von Rainer G. Rümmler gestalteten U-Bahn-Stationen sind die farbigen und zum Teil sehr unterschiedlichen Kachelmuster.

27 mm | f4 | 1/6 s | ISO 200 | +2/3 EV | Stativ

chen sind. Die andere interessante Gruppe sind Stationen, in denen die Gestaltung an ihren Ort bzw. Namen angelehnt ist. So hängt in der Station »Rohrdamm« eine Rohrstruktur von der Decke, die keinen erkenntlichen Zweck hat. Sie ist reine Dekoration. In der Station »Zitadelle« in Spandau sind die Wände und Säulen mit Backsteinen bedeckt, offensichtlich in Anlehnung an die nahe gelegene, ebenfalls aus roten Backsteinen erbaute mittelalterliche Festungsanlage. Es macht Spaß, die Linie einfach einmal entlangzufahren. Sehen Sie aus dem Fenster, und wenn Ihnen etwas gefällt, steigen Sie spontan aus und machen Fotos. Dann steigen Sie einfach in die nächste Bahn und fahren weiter zum nächsten Motiv, bis Sie an der Endstation angekommen sind. Das ist die Station »Rathaus Spandau«, die leicht zu erkennen ist: Sie ist fast wie ein unterirdischer Palast gestaltet, mit viel Gold, Marmor und Säulen (siehe Seite 178), und in Sachen Prunk der eindeutige Höhepunkt Ihrer Motivfahrt.

An der Station »Rohrdamm« ist Nomen ein Stück weit Omen: Über den Gleisen zieht sich eine aufwendige (und funktionslose) Rohrkonstruktion entlang.

24 mm | f18 | 1,6 s | ISO 400 | +1 EV | Stativ

Die U-Bahn-Station »Konstanzer Straße«. Die Kurvenform des Bahnhofs gibt dem Bild bereits eine gewisse Dynamik, die durch das verschwommene Bild des einfahrenden Zuges noch verstärkt wird. Diesen Effekt erreichte ich durch eine lange Belichtungszeit von etwas über 1 Sekunde.

24 mm | f18 | 1,2 s | ISO 400 | +⅓ EV | Stativ

Konstanzer Strass

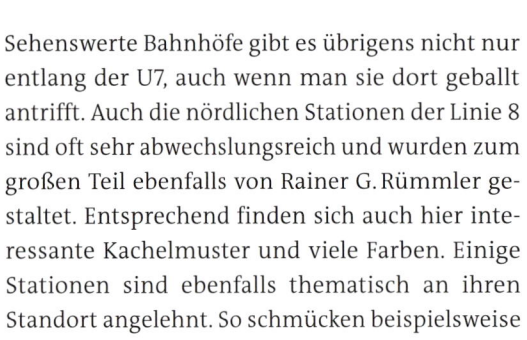

Sehenswerte Bahnhöfe gibt es übrigens nicht nur entlang der U7, auch wenn man sie dort geballt antrifft. Auch die nördlichen Stationen der Linie 8 sind oft sehr abwechslungsreich und wurden zum großen Teil ebenfalls von Rainer G. Rümmler gestaltet. Entsprechend finden sich auch hier interessante Kachelmuster und viele Farben. Einige Stationen sind ebenfalls thematisch an ihren Standort angelehnt. So schmücken beispielsweise die Station »Franz-Neumann-Platz« Bäume und Vögel – in Anlehnung an den nahe gelegenen, von Grün und Bäumen umgebenen Schäfersee.

Einige sehenswerte Bahnhöfe der U-Bahn-Linie 8

Richtung Wittenau:

» Franz-Neumann-Platz
» Residenzstraße
» Paracelsus-Bad
» Lindauer Allee
» Wittenau

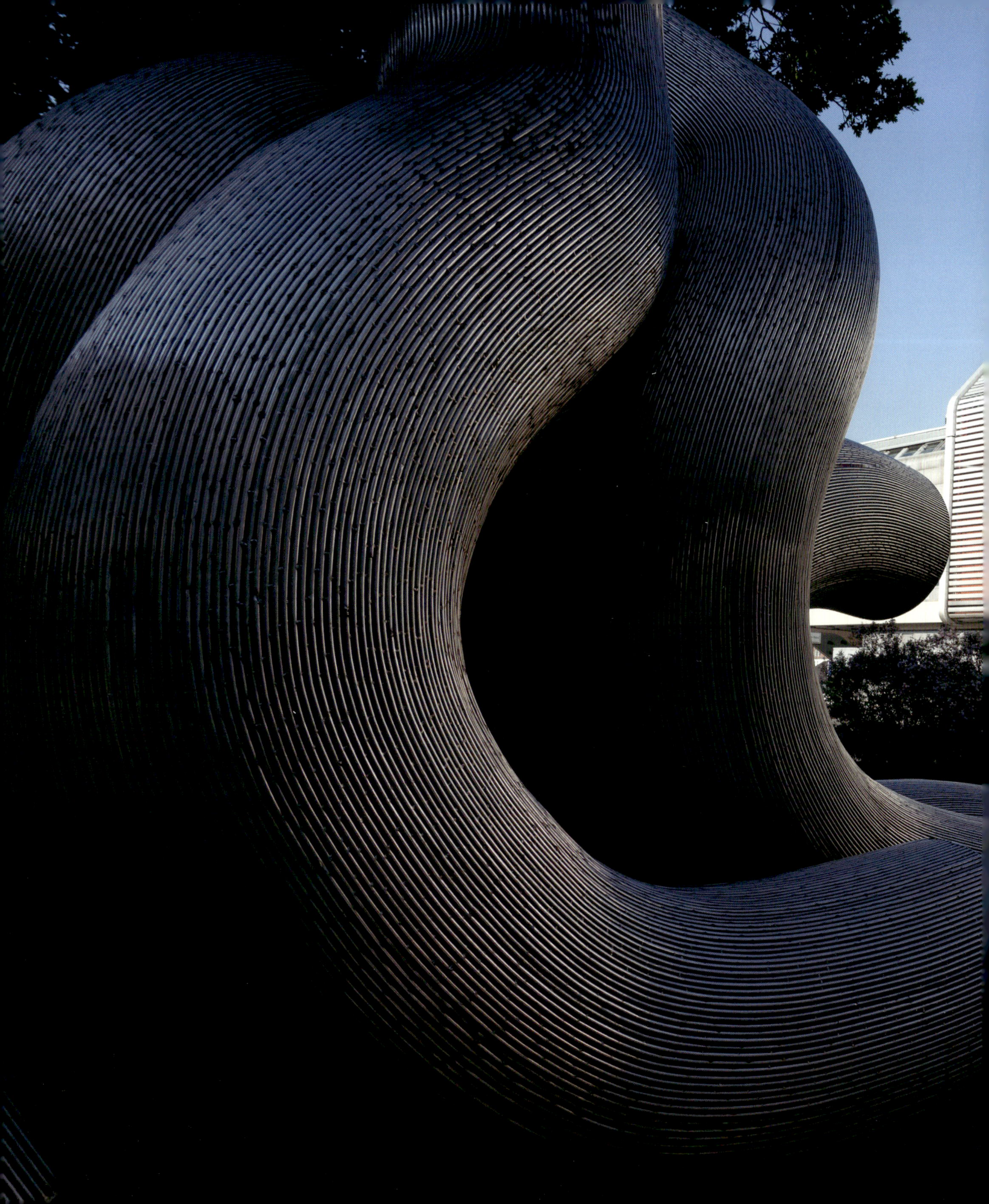

Ein monumentales Bauwerk. Als es 1979 eröffnet wurde, war das ICC das teuerste Gebäude West-Berlins. Wer abstrakte Formen und Strukturen sucht, wird am ICC mehr als fündig. Mit dem Teleobjektiv lassen sie sich gut isolieren.

209 mm | f9 | 1/320 s | ISO 100

Leider ist die Zukunft des ICC derzeit ungewiss. Es stand bereits zur Diskussion, das asbest-belastete Gebäude abzureißen, aber fürs Erste ist diese Option vom Tisch. Klar ist, dass dringend nötige Modernisierungs- und Sanierungsmaßnahmen anstehen. Was mit dem Gebäude bis dahin geschehen wird und ob es anschließend wieder ein Konferenzzentrum sein wird oder als Hotel oder Einkaufszentrum wiedergeboren wird, bleibt abzuwarten. Der bisher vielleicht spannendste Vorschlag kam vom Architekten Gisbert Dreyer, der das Gebäude in einen Terminal für den neuen Hauptstadtflughafen umwandeln möchte. Check-in wäre dann direkt in der Innenstadt, der Flugsteig wäre 11 Kilometer entfernt.

»Raumschiff« ICC

Wie aus einer anderen Welt – dieser futuristische Gigant bietet faszinierende Motive, drinnen wie draußen

CHARLOTTENBURG-WILMERSDORF

Es wirkt ein wenig so, als sei direkt neben dem Messegelände ein riesiges Raumschiff gelandet, eine Art Kampfstern Galactica mit Dachgarten und Parkhaus – das Internationale Congress Centrum (ICC). Der Bau ist gigantisch: 80 Meter breit, 40 Meter hoch und 320 Meter lang und hat neben vielen Konferenzräumen und -sälen sogar eine eigene Polizeistation samt Arrestzelle. Als es eröffnet wurde, war es das teuerste Gebäude West-Berlins.

In der Abendsonne färbt sich die Fassade goldgelb, was einen schönen Kontrast zum blauen Himmel bildet.

15 mm | f11 | 1/640 s | ISO 800 | +⅓ EV

Auffällig an dem Gebäude ist, neben seiner Form und Größe, dass es fast komplett in eine Außenhaut aus Aluminium gehüllt ist. Wenn man davorsteht, wird auf den ersten Blick klar: Die Fassade ist ein Paradies für Fotografen, die eine Schwäche für abstrakte Formen und Strukturen haben. Da gibt es Treppenhäuser, die wie Wülste aus der Fassade herausragen, großflächige Gitter, riesige Verstrebungen, Treppengeländer auf dem Dach. Selbst die Laternen vor dem Gebäude sehen außerirdisch aus. Mit dem Teleobjektiv lassen sich viele spannende Details entdecken, und die Schwarzweißfotografen unter Ihnen werden ihre wahre Freude haben! Gleichzeitig verhält sich die Aluminiumhaut wie ein matter Spiegel und leuchtet dadurch kurz nach Sonnenaufgang bzw. kurz vor Sonnenuntergang in immer wieder wechselnden Farbtönen von Weiß über Gelb bis Orange. Es lohnt sich, diese verschiedenen Effekte zu beobachten.

INTERNATIONALES CONGRESS CENTRUM (ICC)

* Messedamm 22, 14055 Berlin
* S-Bahn S41, S42, S46, U-Bahn U12, Bus 139, 218 u.a., S Messe Nord/ICC und U Kaiserdamm
* Von der Straße aus zu fotografieren, Innenräume sind seit 2014 leider bis auf Weiteres nicht zugänglich.
* www.icc-berlin.de

Und wenn Sie's lieber klassisch mögen, dann gibt es entlang der U3 noch die von Wilhelm Leitgebel in den 1910er Jahren entworfenen Bahnhöfe. Einen Überblick über die Stationen, die sehenswert sind, finden Sie in den Kästen.

> **Einige sehenswerte Bahnhöfe der U-Bahn-Linie 3**
>
> Richtung Nollendorfplatz:
> » Breitenbachplatz
> » Rüdesheimer Platz
> » Heidelberger Platz
> » Wittenbergplatz (auch U1 und U2)

Das Tolle am Fotografieren in der U-Bahn ist, dass es von Jahreszeiten, Tageszeiten, Wetter und Temperaturen völlig unabhängig ist. Falls Sie also während Ihres Berlinbesuchs von grauem Himmel, Schneesturm oder auch unerträglicher Hitze überrascht werden sollten, können Sie immer noch mit einer BVG-Karte in aller Ruhe unterirdisch auf Entdeckungstour gehen. Ein Nachteil sind natürlich die Lichtverhältnisse. Sie ändern sich zwar nicht, was Ihnen mehr Zeit und Muße bei der Motivsuche gibt als ein Sonnenuntergang mit dramatischen Wolken, aber Sie haben generell das Problem, dass Sie mit wenig Licht auskommen müssen.

An dieser Stelle noch ein ganz wichtiger rechtlicher Hinweis: In der U-Bahn wird das Fotografieren zwar geduldet, aber das Blitzen ist streng verboten, weil es die Fahrer der U-Bahn-Züge blenden könnte. Die Verwendung von Stativen ist aus Sicherheitsgründen ebenfalls nicht erlaubt ist, weil jemand über die Stativbeine stolpern könnte. Wenn Sie nachts auf einem menschenleeren Bahnsteig stehen, wird das zwar vielleicht nicht unbedingt passieren, aber wenn Sie keinen Ärger bekommen und auf Nummer sicher gehen wollen, würde ich empfehlen, dass Sie auf ein Tischstativ zurückgreifen. Das können Sie mit den Füßen gegen eine der Säulen oder Pfeiler drücken und dann den Stativkopf um 90 Grad kippen, um ganz normal stabile Fotos im Querformat zu machen. Ich mache das oft so, und es funktioniert meistens auch sehr gut. Und ein Stativ ist hier unten schon sehr hilfreich, insbesondere, falls Sie dann auch noch sowohl Vorder- als auch Hintergrund scharf haben wollen. Dann brauchen Sie eine kleine Blende, und wenn Sie den ISO-Wert nicht in astronomische Höhen schrauben wollen (und seien wir ehrlich, wer will das schon), landen Sie schnell bei einer Belichtungszeit von ¼ Sekunde oder mehr.

Ein anderer guter Grund für ein Stativ ist, dass es Ihnen erlaubt, einfahrende U-Bahn-Züge oder Passanten durch die Bewegungsunschärfe verschwimmen zu lassen, was zum Teil spannende Bilder ergibt. Probieren Sie einfach mal ein paar verschiedene Verschlusszeiten aus. Vielleicht brauchen Sie ein paar Versuche, bis Sie den Effekt haben, den Sie sich wünschen, aber keine Sorge: Zu Stoßzeiten fahren die Bahnen alle 5, zum Teil sogar alle 3 Minuten, da wird Ihnen bestimmt nicht langweilig.

> **Tipps**
>
> Perfekt für Schlechtwettertage
>
> Bringen Sie unbedingt ein Tischstativ mit.
>
> Auf keinen Fall einen Blitz verwenden! Während das Fotografieren in der U-Bahn geduldet wird, ist das Blitzen streng verboten, weil es die Fahrer der U-Bahn-Züge blenden könnte.
>
> Die interessantesten Stationen liegen fast alle im westlichen Teil der U7, ähnliche Stationen des gleichen Architekten gibt es unter anderem auch am Nordende der U8.

Sehenswerte Stationen der U-Bahn-Linie 7

Von Ost nach West:

» Hermannplatz; siehe Kasten auf der Vorseite

» Blissestraße; interessante Decke

» Fehrbelliner Platz; zwei sehr unterschiedliche Plattformen, die eine bunt, die andere klassisch und aufwendig

» Konstanzer Straße; schön bunt im Stil der 1970er-Jahre

» Wilmersdorfer Straße, Richard-Wagner-Platz, Mierendorffplatz, Jungfernheide; alle mit bunt gekachelten Wänden

» Rohrdamm; Maschinenmechanik-Muster an den Wänden, Rohre an der Decke

» Paulsternstraße; wie ein Kinderspielplatz mit Blumen, Bäumen und Sternenhimmel

» Zitadelle; passend zur historischen Zitadelle Spandau ist die Station in rotem Backstein gestaltet

» Altstadt Spandau; schwer zu beschreiben, aber sehenswert (siehe Foto unten)

» Rathaus Spandau; eine Art unterirdische Kathedrale mit viel Gold und Grün

Die Station »Altstadt Spandau« bietet viele Linien und Kanten und hebt sich damit stark von vielen der anderen Stationen ab, in denen Verzierungen oder runde Formen dominieren. Um diesen »eckigen« Eindruck zu erhalten, wollte ich perspektivische Krümmungen möglichst vermeiden und fotografierte daher möglichst waagerecht.

24 mm | f18 | 1,3 s | ISO 400 | +1 EV | Stativ

Ganz links: Durch die leicht gekippte Perspektive bekam ich sowohl die Sterne als auch das Stationsschild in der Ecke links unten ins Bild. Gleichzeitig geben die gekippten Linien der ausfahrenden U-Bahn (gelb) dem Bild eine gewisse Dynamik. Links: Spielplatz oder U-Bahn-Plattform? Mit Bäumen, Blumen und Sternenhimmel wirkt die Station »Paulsternstraße« im Westen Berlins verspielt und unwirklich und bietet jede Menge interessante Details. Oben: Die Endstation der U7 (»Rathaus Spandau«) wirkt wie eine unterirdische Kathedrale. Auf dem Weg vom Bahnsteig zur Straße bekommt man einen schönen Blick hinunter auf die große Halle.

Ganz links: 24 mm | f18 | 2,5 s | ISO 200 | +1 EV | Stativ
Links: 28 mm | f18 | 4 s | ISO 400 | +⅔ EV | Stativ
Oben: 24 mm | f20 | 3 s | ISO 400 | +1 EV | Stativ

Karstadts U-Bahnhof am Hermannplatz

Der U-Bahnhof »Hermannplatz«, an dem sich U7 und U8 kreuzen, ist weit weg von den anderen hier beschriebenen Stationen. Aber falls Sie gerade in der Gegend sind, ist die Station eine kurze Pause wert – insbesondere für Fotografen. Auf der U7-Plattform überrascht die Station mit einer ungewöhnlich hohen Kassettendecke und prachtvoll gestalteten Säulen und Wänden. Einen Großteil der Kosten für den Bau übernahm übrigens der Karstadt-Konzern, der im Gegenzug einen direkten Zugang vom darüberliegenden Kaufhaus zur U-Bahn-Station bekam – damals eine echte Seltenheit in Berlin.

U-BAHN-LINIE 7

* Die Stationen sind während der regulären Betriebszeiten frei zugänglich (Berlins U-Bahnhöfe haben keine Schranken wie in Paris oder New York). Einzelfahrscheine gelten für zwei Stunden, und Sie können beliebig oft ein- und aussteigen. Die Tickets gelten aber nur für Fahrten in eine Richtung, also nicht vergessen, eine Rückfahrkarte abzustempeln. Die U-Bahn fährt Sonntag bis Donnerstag bis ca. 1 Uhr morgens, also zu spät nachts sollten Sie unter der Woche mit dem Fotografieren nicht anfangen. Falls Sie die letzte Bahn verpassen sollten, gibt es aber für den Heimweg immer noch Nachtbusse. Freitag und Samstag fahren die Bahnen die ganze Nacht durch. Und noch eine Berliner Eigenart: Tageskarten gelten nicht für 24 Stunden vom Zeitpunkt des Abstempelns, sondern immer bis 3 Uhr morgens am Folgetag.

* www.bvg.de

Als sei ein Raumschiff neben dem Messegelände gelandet: das ICC, hier gesehen von der anderen Straßenseite vor dem Ost-Eingang der Messe mit einer Skulptur »Begegnungen« von Brigitte und Martin Matschinsky-Denninghoff im Vordergrund

24 mm | f9 | 1/160 s | ISO 100

Derzeit (November 2015) ist das ICC geschlossen und seine Innenräume nicht mehr zugänglich, aber von außen können Sie das riesige Gebäude nach Herzenslust fotografieren. Und wer weiß, vielleicht ist der eigenwillige Bau bis zu Ihrem Besuch ja schon wieder geöffnet und bietet ganz neue Fotomotive! Bis dahin will ich Ihnen mit ein paar Innenansichten, die ich noch fotografieren konnte, Appetit machen.

Im Inneren des Gebäudes wird deutlich, dass das ICC ein Kind der späten 1970er Jahre ist. Schon auf der Verbindungsbrücke zwischen dem Messe-

Eine lustige Eigenart des ICC sind die verschiedenfarbigen Neonmarkierungen. Auf der Westseite sind sie blau, auf der Ostseite rot.

27 mm | f4 | 1/50 s | ISO 800 | +⅓ EV

Der charakteristische Punkteteppich im Innern des ICC erinnert daran, dass das Gebäude aus den späten 1970er Jahren stammt. Auf dieser Brücke, die das ICC mit dem Messegelände verbindet, fand ich den Kontrast zwischen dem Punktmuster und den Fluchtlinien und gestreiften Flächen ansprechend.

15 mm | f4 | 1/50 s | ISO 800

gelände und dem ICC entdeckt man den auffällig gepunkteten Teppichboden. Im Gebäude selbst wird man dann von Farbkontrasten wie Orange und Grün begrüßt. Ein lustiges Detail sind die verschiedenfarbigen Neonmarkierungen. Auf der Westseite des Gebäudes leuchten sie blau, auf der Ostseite rot. Und selbst ohne Farbe erinnern die vielen gerundeten Formen deutlich an die 1970er Jahre, wie auf dem Foto der sich kreuzenden Rolltreppen. All diese Elemente wirken anachronistisch, aber genau dadurch haben sie einen gewissen Charme.

Die Doppelkreuze der Rolltreppe kommen in Schwarzweiß noch besser zur Geltung. Gleichzeitig lenken keine farbigen Hinweisschilder von der Architektur ab.

63 mm | f5,6 | 1/80 s | ISO 800 | +⅓ EV | zu Schwarzweiß konvertiert

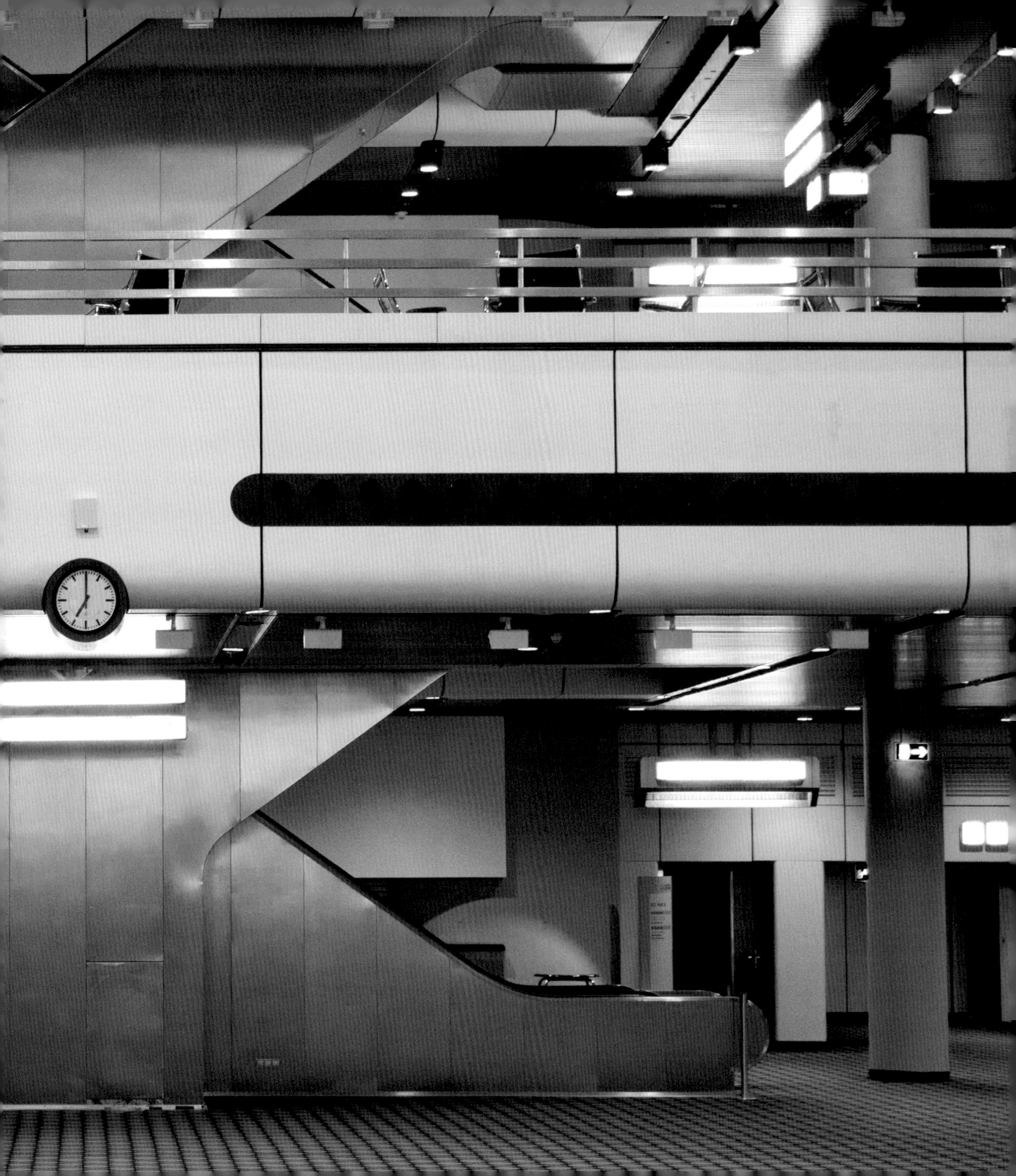

In Schwarzweiß treten die Formen und Symmetrien noch mehr hervor. In Farbe bleibt mehr vom 1970er-Jahre-Charme des ICC erhalten.

15 mm | f4 | 1/40 s | ISO 800 | einmal zu Schwarzweiß konvertiert

Die Fußgängerunterführung an der Kreuzung Messedamm/Masurenallee mit ihrem kultigen 70er-Jahre-Design hat ihren ganz eigenen Charme – und ist direkt nebenan.

26 mm | f3,5 | 1/50 s | ISO 800 | –⅓ EV | Stativ

Und falls Sie auf Ihrem Weg zum ICC oberirdisch die breite Kreuzung Messedamm/Masurenallee überquert haben sollten, empfehle ich Ihnen, auf dem Rückweg auf jeden Fall noch einen kurzen Abstecher in die Fußgängerunterführung zwischen der S-Bahn-Station »Messe Nord/ICC« und dem ICC: Hier befindet sich eine große Halle, in der einfach nur mehrere lange Reihen mit orange gekachelten Säulen stehen, umgeben von großen, runden Deckenlampen – 1970er Jahre pur, und das so überraschend stilsicher an so einem unspektakulären Ort. Für mich eine der ganz besonderen, alltäglichen Locations in Berlin.

Teufelsberg

Spionageanlage des Kalten Krieges, Mekka für Graffitikünstler, Ruine und einer der besten Ausblicke der Stadt – ein absolutes Muss für Fotografen!

CHARLOTTENBURG-WILMERSDORF

Berge sind ja in der Norddeutschen Tiefebene eher selten anzutreffen, und so überrascht es ein wenig, wenn man mitten im Grunewald plötzlich vor einem 120 Meter hohen Hügel steht. Dieser »Berg« ist allerdings nicht das Ergebnis tektonischer Verschiebungen, sondern eines akuten Entsorgungsproblems: Nach dem Krieg war Berlin stark zerstört, und es stellte sich die Frage, wohin mit all dem Schutt. Von 1950 bis 1972 wurden dann 26 Millionen Kubikmeter Trümmerschutt aus dem West-Berliner Stadtgebiet hierher gekarrt, und anschließend wurde der Hügel bepflanzt.

Zeitweise wurde hier sogar Wein angebaut, das »Wilmersdorfer Teufelströpfchen«, auch Rodelbahnen und einen Skilift gab es, einen künstlichen Kletterfelsen gibt es immer noch. Das mit Abstand Interessanteste am Teufelsberg ist allerdings die ehemalige Abhörstation auf seinem Gipfel. Wie bei Spionage üblich, sind die Details geheim, bekannt ist aber, dass vom Teufelsberg aus unter anderem die NSA und die US-Streitkräfte Freund und Feind abhörten. Nach ihrem Abzug 1992 zog kurzzeitig die zivile Flugsicherung ein, dann wollte eine Investorengruppe Luxuswohnungen bauen. Doch aus dem »Wohnen auf hohem Niveau« wurde nichts, und inzwischen ist das Areal im Flächennutzungsplan der Stadt als »Wald« ausgewiesen und darf daher nicht mehr bebaut werden. Deshalb steht der Komplex jetzt auch schon seit geraumer Zeit leer, kann aber im Rahmen von Führungen besichtigt werden.

So sieht der weitläufige Gebäudekomplex auf dem Teufelsberg im Überblick aus – gesehen vom Glockenturm am Maifeld (im Olympiagelände).

315 mm | f7,1 | 1/400 s | ISO 200

Der Gebäudekomplex der »Field Station Berlin« ist von dichtem Wald und noch dichteren Stacheldrahtzäunen umgeben. Das liegt nicht daran, dass es hier irgendetwas Böses, Gefährliches oder Verbotenes zu entdecken gibt, sondern einfach daran, dass die Gebäude durch massiven Vandalismus stark in Mitleidenschaft gezogen wurden und man inzwischen versucht, ungebetene Besucher fernzuhalten.

Wenn die Blätter im Herbst bunt werden, bietet die ehemalige Abhörstation auf dem Teufelsberg einen traumhaften Blick über den Grunewald und die Wälder westlich von Berlin. Hier ist auch der Kontrast in Form und Farbe zwischen der Natur und dem Bauwerk sehr reizvoll.

26 mm | f9 | 1/320 s | ISO 200

TEUFELSBERG

* Teufelsseechaussee 10, 14193 Berlin
* **S-Bahn** S5, S75, S Heerstraße; **Bus** 218, M49, Heerstraße
* Von der Bus-/S-Bahn-Haltestelle »Heerstraße« folgen Sie der Teufelsseechaussee nach Süden, bis Sie rechts einen Parkplatz sehen. Den überqueren Sie und folgen der Straße den Hügel hinauf (sie schlängelt sich in einem großen Bogen um den Berg), bis Sie zum Eingang der Station kommen.
* Der Teufelsberg selbst ist frei zugänglich. Der Gebäudekomplex kann aber nur mit einer Führung besucht werden. Es gibt »geführte Rundgänge« (ohne Informationen, 1 Stunde) und »historische Führungen« (mit ausführlichen Informationen über die Anlage, 2 Stunden). Fotografieren dürfen Sie bei beiden, empfehlen würde ich die längere Tour.
* Wenige Tage vor der Veröffentlichung dieses Buches (November 2015) brach allerdings ein Rechtsstreit zwischen den verschiedenen Betreibern der Anlage aus, und es könnte sein, dass die Führungen eingestellt werden. Informieren Sie sich daher auf jeden Fall noch einmal, bevor Sie sich auf den Weg in den Grunewald machen!
* http://berliner-teufelsberg.com

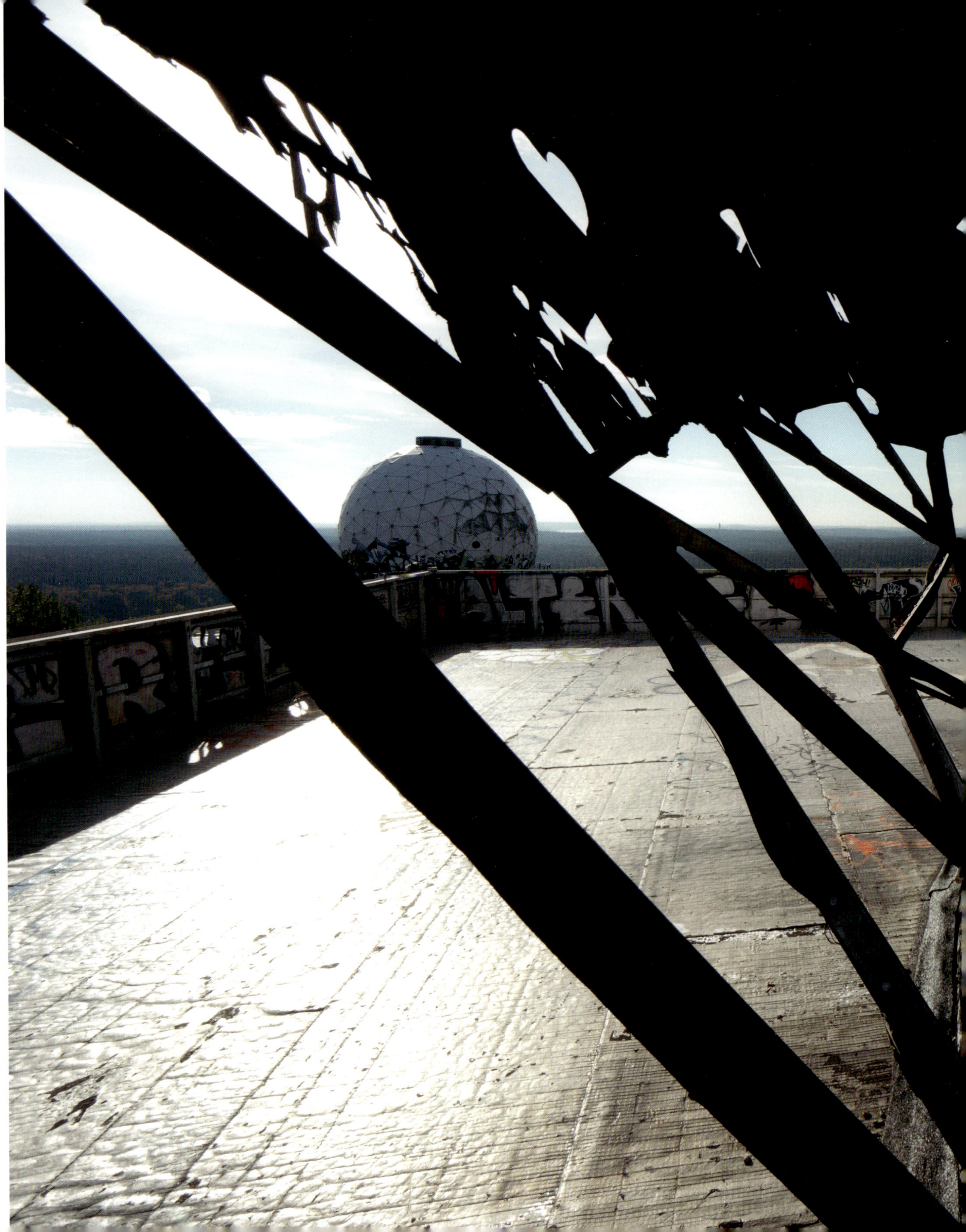

Die zum Teil stark ramponierten Kuppelstrukturen bieten ein interessantes Spiel aus Licht und Schatten.

15 mm | f13 | 1/320 s | ISO 200

Wenn man durch das Eingangstor auf das Gelände kommt, hat man zunächst eher den Eindruck, auf einem alten Lagergelände im Wald gelandet zu sein. Ein steiler Weg führt hoch auf die Bergkuppe, wo ein kleiner Platz von mehreren Gebäuden umgeben ist, an denen sichtlich der Zahn der Zeit nagt. Ja, der Teufelsberg ist definitiv ein Ort für Fans der inzwischen sehr beliebten Ruinenfotografie oder »Ruin Porn«, also der Fotografie von Stadtverfall, insbesondere von alten Industrieanlagen oder städtischer Infrastruktur.

Als Erstes tauchen Sie hier dann auch in die alten Gemäuer ein, wo es viel Verfall und Zerstörung zu sehen und zu fotografieren gibt. Gleichzeitig ist das ganze Gelände reich an Graffitikunst. Ursprünglich entstand sie illegal, inzwischen können sich Künstler anmelden und dann ganz legal auf dem Gelände arbeiten. Nach den zum Teil recht dunklen Innenräumen geht es weiter zum eigentlichen Highlight der Anlage, dem US-Radargebäude. Während die anderen Gebäude innen eher dunkel und erdrückend wirken, fehlen hier

Ein kleines Konzert unter dem Dach. Dieses Foto war nur mit extremem Weitwinkel möglich. Die dadurch entstehende Verzerrung trägt noch zusätzlich zur Wirkung des Bildes bei.

16 mm | f4 | 1/15 s | ISO 1600 | kein Stativ möglich

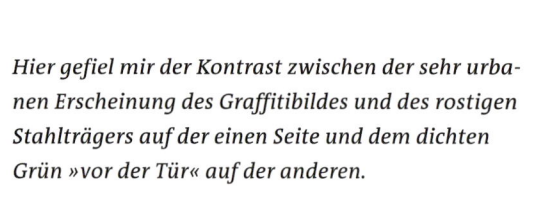

Hier gefiel mir der Kontrast zwischen der sehr urbanen Erscheinung des Graffitibildes und des rostigen Stahlträgers auf der einen Seite und dem dichten Grün »vor der Tür« auf der anderen.

36 mm | f4,5 | 1/80 s | ISO 200

viele der Außenwände. Die Räume sind luftig und oft hell, und Sie haben immer wieder großzügige Ausblicke auf das umliegende Gelände und in das satte Grün der umgebenden, dichten Vegetation. Schon in den unteren Stockwerken lassen sich tolle Graffitikunstwerke entdecken, und der Kontrast zwischen Beton und Verfall auf der einen Seite und sprießender Natur auf der anderen liefert viele interessante Motive. Auf dem Dach des Gebäudes befinden sich zwei der vier Radoms, der großen geodätischen Kuppeln, die es auf dem Gelände gibt. Sie sind das markanteste Merkmal der Anlage und ein echtes Highlight. Sowohl von außen als auch von innen bieten sie faszinierende Motive und Perspektiven. Ich konnte mich kaum sattsehen: Da gibt es die Muster der Tragestruktur, der Kuppeln, die zum Teil zerrissene, zum Teil bemalte, zum Teil erhaltene Außenhaut der Kuppeln, da ist der Blick aus der Kuppel auf das Dach, vom Dach auf die Außenseite der Kuppeln, der Blick hinunter auf den umliegenden Wald, auf die umliegenden Gebäude. Die Liste ließe sich be-

Die verlassenen Gänge im unteren Teil der Station wirken oft geisterhaft und trostlos, aber zwischen viel Geschmiere finden sich in einigen Ecken wahre Kunstwerke. Obwohl es sehr dunkel war, habe ich nur das vorhandene Licht genutzt. Das kalte Licht im Vordergrund und das warme Licht auf dem Hauptmotiv lenken den Blick des Betrachters perfekt. Das Licht eines Kamerablitzes hätte die Stimmung zerstört.

24 mm | f3,5 | 1/15 s | ISO 800 | kein Stativ möglich

liebig fortführen. Wer hier keine Motive findet, ist selbst schuld.

Auf dem Dach steht neben den beiden Radoms auch noch ein runder, hoher Turm, auf dessen Spitze sich ein weiteres Radom befindet. Beim Aufstieg im Turm finden Sie von jedem Stockwerk aus neue, faszinierende Ausblicke. In der Kuppel spielt bei den historischen Führungen manchmal ein Musiker, der die besondere Akustik des Raumes nutzt, was nicht nur zusätzliche Fotomotive bietet, sondern auch eine ganz besondere Stimmung schafft. Ach ja, und dann ist da noch der Blick auf ganz Berlin und auf den Grunewald und die scheinbar endlosen Wälder westlich der Stadt. Da es im Raum Berlin viele Laubbäume gibt, empfiehlt sich ein Besuch des Teufelsberges im Herbst, wenn die Blätter bunt werden. Aber auch im restlichen Jahr ist der Teufelsberg ein faszinierender Ort.

Sie können sich das vielleicht schon denken, aber für diese Begehung sollten Sie sich definitiv feste Schuhe und funktionale Kleidung anziehen, und vielleicht eine Taschenlampe mitbringen. Viele Ecken sind dunkel, feucht, nicht gerade sau-

Vom höchsten Turm der Station hat man einen Panoramablick über die gesamte Stadt und das Umland. In diesem Fall ist der Mann in der Bildmitte das entscheidende Element. Ohne ihn könnte das Bild leicht langweilig werden.

22 mm | f13 | 1/2500 s | ISO 1600 | −1 EV

ber, und es gibt jede Menge Splitter und scharfe Kanten, also bitte aufpassen, wo Sie hintreten und was Sie anfassen. Auf der Tour wechseln sich Motive in dunklen Innenräumen immer wieder mit Fotos im Freien ab, denken Sie daher auch immer mal wieder daran, die ISO-Einstellung Ihrer Kamera zu überprüfen, damit Sie nicht im Dunkeln mit ISO 100 und im strahlenden Sonnenschein mit ISO 3200 fotografieren. Ich persönlich mache das gerne (insbesondere Letzteres) und ärgere mich dann anschließend oft sehr.

Panoramablick, Graffitikunst, Radarkuppeln, morbider Charme – auf dem Teufelsberg gibt es Motive für jeden Geschmack und jede Brennweite, drinnen und draußen. Packen Sie entsprechend.

Tipps

Sehr vielseitige Motive erfordern vielseitige Objektive, und ein Tischstativ für die zum Teil sehr dunklen Ecken der Innenräume bietet sich an. Ein großes Stativ geht auch, lässt sich aber nicht unbedingt in allen Räumen nutzen, weil es dort, wo es in der Anlage dunkel ist, oft auch eher beengt zugeht.

Auf der Tour wechseln Sie oft zwischen sehr dunklen Innenräumen und hellen Außenbereichen. Vergessen Sie dabei nicht, die ISO-Einstellung Ihrer Kamera entsprechend anzupassen.

Ziehen Sie funktionale Kleidung und feste Schuhe an, das Gelände ist zum Teil unwegsam.

Bei der »historischen Führung« haben Sie mehr Zeit für Fotos als bei den »geführten Rundgängen« – falls Führungen angeboten werden.

Die zerrissene Außenhaut des Turms hat einen morbiden Charme.
22 mm | f9 | 1/800 s | ISO 200

Hansaviertel

Die schöne neue Welt – wie man sie sich Ende der 1950er Jahre vorgestellt hat

MITTE

Das Hansaviertel am nordwestlichen Rand des Tiergartens erinnert mich immer an den Titel von Aldous Huxleys Roman »Schöne neue Welt«, denn so war dieses Viertel wohl gedacht: als ein Neuanfang. Im Zweiten Weltkrieg wurde es fast vollständig durch Luftangriffe der Alliierten zerstört. Nur etwa 40 Häuser standen noch, und selbst von denen waren viele stark beschädigt. Man könnte also sagen, das Viertel war prädestiniert für einen grundlegenden Neuentwurf. Der kam dann auch

Bei diesem Punkthochhaus in der Bartningallee 9 gefielen mir die schlichten geometrischen Formen der Architektur: das Gittermuster, das angedeutete »T« in der Fassade und die blauen Dreiecke des Himmels, die durch die quadratische Form des Bildes noch deutlicher als Bildelemente hervortreten. Spannend ist auch der einsame Sonnenschirm in dem Meer aus Linien und Rechtecken.

45 mm | f9 | 1/400 s | ISO 100 | +⅓ EV

1957 mit der Interbau, einer Internationalen Bauausstellung, bei der das gesamte Areal südlich der S-Bahn-Trasse von renommierten Architekten im Stil der Nachkriegsmoderne neugestaltet wurde. Das Hansaviertel wird nach Norden von der oberirdisch fahrenden S-Bahn begrenzt und auch noch von der sechsspurigen Altonaer Straße durchschnitten. Klingt eigentlich nach einem ziemlich ungemütlichen Ort, und von Weitem betrachtet wirken die riesigen Hochhäuser auch nicht gerade einladend. Kommt man allerdings näher, ändert sich das schlagartig. Das Viertel ist wie eine kleine Insel in der Großstadt, denn anstelle der für Berlin typischen Blockrandbebauung gibt es in den kleinen Straßen zwischen den Wohnhäusern viel Grün, wenig Verkehr und kaum Menschen, und das Viertel geht nach Süden und Osten fast fließend in den Tiergarten über.

Einen guten Einstieg in die architektonische Erkundungstour bekommen Sie, wenn Sie von der S-Bahn-Station »Bellevue« aus die Bartningallee hinunterlaufen. Hier stoßen Sie direkt auf die sogenannten Punkthäuser, fünf Hochhäuser mit einem mehr oder weniger quadratischen Grundriss. Abgesehen von ihrer Grundform und Höhe sind sie jedoch völlig unterschiedlich gestaltet, und

HANSAVIERTEL

* Altonaer Straße 22, 10557 Berlin
* **U-Bahn** U9, **Bus** 106, Hansaplatz
* **S-Bahn** S5, S7, S75, Bellevue
* Von der Straße aus sind die Bauten problemlos zu fotografieren. Die Innenräume der Wohnhäuser sind aber nicht öffentlich zugänglich, während öffentliche Gebäude wie die beiden Kirchen und die Akademie der Künste teilweise geöffnet sind. Hier gilt natürlich das jeweilige Hausrecht.
* www.berliner-hansaviertel.de

Gelb – Rot – Gelb – Blau: Dieses Bild der Rückseite des Zeilen(hoch)hauses in der Altonaer Straße 3–9 funktioniert aufgrund der Kombination aus den verschiedenen, sich wiederholenden Farben und Mustern.
45 mm | f9 | 1/320 s | ISO 100

Oben: Auch Kirchen gibt es im Hansaviertel. Hier der Kirchturm der evangelischen Kaiser-Friedrich-Gedächtnis-Kirche. Links: Oder mal ganz anders: Der Glockenturm der katholischen Pfarrkirche St. Ansgar im Gegenlicht in Schwarzweiß. Ich habe bewusst das Bildrauschen etwas erhöht, um die Szene noch unwirklicher erscheinen zu lassen.

Oben: 42 mm | f9 | 1/400 s | ISO 100 | –²⁄₃ EV
Links: 75 mm | f14 | 1/3200 s | ISO 400 | zu Schwarzweiß konvertiert

jedes für sich ist auf seine Weise interessant. Im Kontrast zu diesen monumentalen Bauten, sind die meisten Häuser entlang des links abzweigenden Hanseatenweges eher klein gehaltene Mehrfamilienhäuser. Hier liegt auch, wenige Meter hinter der Abzweigung, die Akademie der Künste. Südlich der breiten Altonaer Straße stoßen Sie zunächst auf mehrere weitere große Wohngebäude, die jetzt nicht ganz so hoch, dafür aber länger sind als die Punkthäuser, sogenannte Zeilenhäuser. In diesem Teil des Viertels gibt es auch zwei Kirchen, die katholische Kirche St. Ansgar direkt an der Ecke Altonaer Straße/Klopstockstraße und die evangelische Kaiser-Friedrich-Gedächtniskirche am südlichen Rand des Viertels in der Händelallee. Beide wurden ebenfalls im Stil der Moderne gebaut und sind entsprechend schlicht gestaltet, bieten aber einige Motive.

Viele dieser Gebäude sind an sich sehenswert. Was den Stadtteil aber spannend macht, ist, dass das Hansaviertel sozusagen aus einem Guss entstanden ist. Gebäude aus dieser Epoche findet man vielerorts, aber hier haben sich Ikonen der Architekturgeschichte wie Walter Gropius, Oscar Niemeyer oder Alvar Aalto gleichzeitig und auf engstem Raum ausgetobt. An diesem Ort wollte man im Deutschland der frühen Nachkriegsjahre die Stadt der Zukunft schaffen – ob das gelungen ist, sei einmal dahingestellt, aber ein Zeitzeugnis ist es allemal. Das Viertel ist nicht groß und leicht zu Fuß zu erkunden. Nehmen Sie sich ein wenig Zeit für die kleine Zeitreise.

Bei diesem Schriftzug an der Fassade der Akademie der Künste gefiel mir der Kontrast zwischen dem Wort »Künste« und der schnörkellosen, fast tristen Schrift mit den leicht schiefen Buchstaben und der kargen Wand. Die braune Rostspur war sozusagen das i-Tüpfelchen.

166 mm | f10 | 1/640 s | ISO 100

Hier nun der Schriftzug in seinem Kontext. So wirkt das Gebäude eigentlich sehr einladend. Das Café ist übrigens auch ein guter Ort, um Ihren Füßen eine kleine Pause zu gönnen, bevor Sie weiterziehen.

42 mm | f9 | 1/160 s | ISO 100

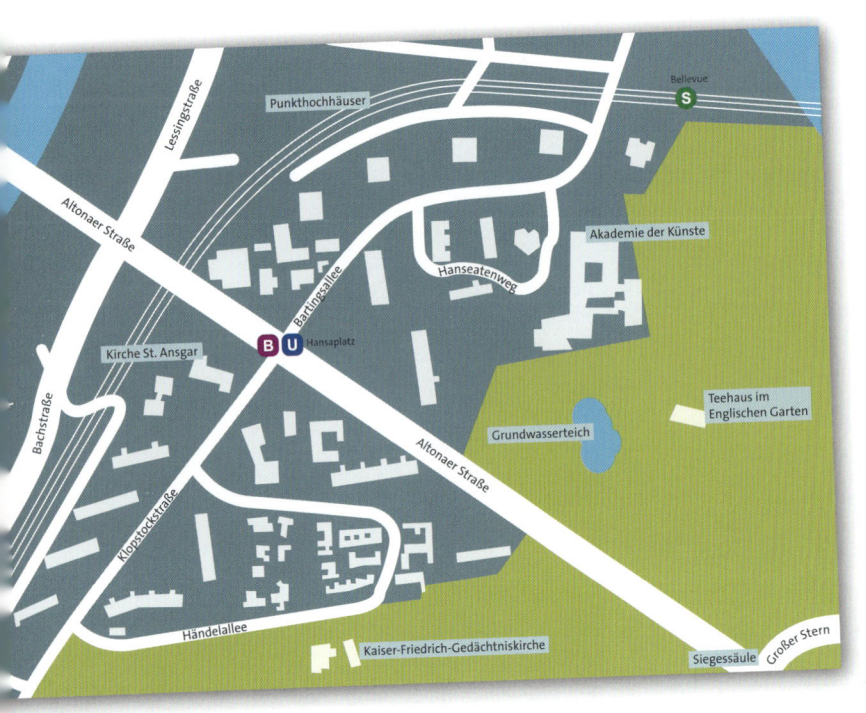

Das Hansaviertel im Überblick

Und falls Sie anschließend partout so gar nicht wieder in den Großstadtdschungel zurück wollen, können Sie einfach südlich der Akademie der Künste direkt in den Tiergarten eintauchen und noch ein paar Kilometer Wald- und Wiesenwege genießen, bevor Sie irgendwann am Brandenburger Tor oder dem Potsdamer Platz wieder ins urbane Leben zurückkehren.

Tipps

Das Hansaviertel ist ein Mekka für Fans von abstrakten Strukturen, Mustern und Formen.

Wenn Sie Schwarzweißfotografie begeistert, werden Sie hier erst recht Motive finden.

Bringen Sie ein Teleobjektiv mit, um Fassadenstrukturen zu isolieren.

Das Hansaviertel bietet auch mitten am Tag interessante Motive.

Gar nicht so staubig

Wenn es um Fotomotive in Berlin geht, denken die meisten erst mal an die ganz alten Monumente wie das Brandenburger Tor oder das Berlin der Gegenwart mit Potsdamer Platz und Kanzleramt. Die oft etwas eingestaubt wirkende Architektur der Nachkriegszeit wird da gerne übersehen. Zu unrecht. Machen Sie sich die Mühe, die zeitlose Schönheit zu entdecken, die auch in viele Bauten dieser Ära steckt.

Diese Motive haben es nicht ins Buch geschafft. Warum?

Vielleicht der bekannteste Teil des alten West-Berlins überhaupt ist der Bereich zwischen **Wittenbergplatz** und **Bahnhof Zoo**. Hier, entlang der Tauenzienstraße und des **Ku'damms**, schlug damals das Herz West-Berlins, und hier gibt es noch immer viele spannende Fotomotive zu entdecken: die **Gedächtniskirche**, das **Bikini Berlin**, das Kino **Zoo Palast** und vieles mehr. Trotzdem habe ich sie in diesem Buch nicht ausführlich vorgestellt, weil das gesamte Areal zur Zeit meiner Recherche eine gigantische Großbaustelle war. Es wurde und wird noch immer wie wild gebaut und saniert, und fast alle interessanten Gebäude waren in Baugerüste gepackt. Fotografisch waren sie daher nicht sehr ergiebig. Trotzdem kann es sehr gut sein, dass die Bauarbeiten bis zu Ihrem Besuch teilweise oder ganz abgeschlossen sind, und was dort entsteht, wird auf jeden Fall sehens- und fotografierenswert! Behalten Sie das also im Blick!

Das Zeilen(hoch)haus in der Altonaer Straße 3–9: Hier gefiel mir der Kontrast zwischen der unregelmäßigen, organischen Form des Baumes und der geometrischen Form des Gebäudes. Die vielen diagonalen Linien, die auf den Baum zuzulaufen scheinen, geben dem Bild eine gewisse Dynamik.

85 mm | f9 | 1/1000 s | ISO 200

Hansaviertel

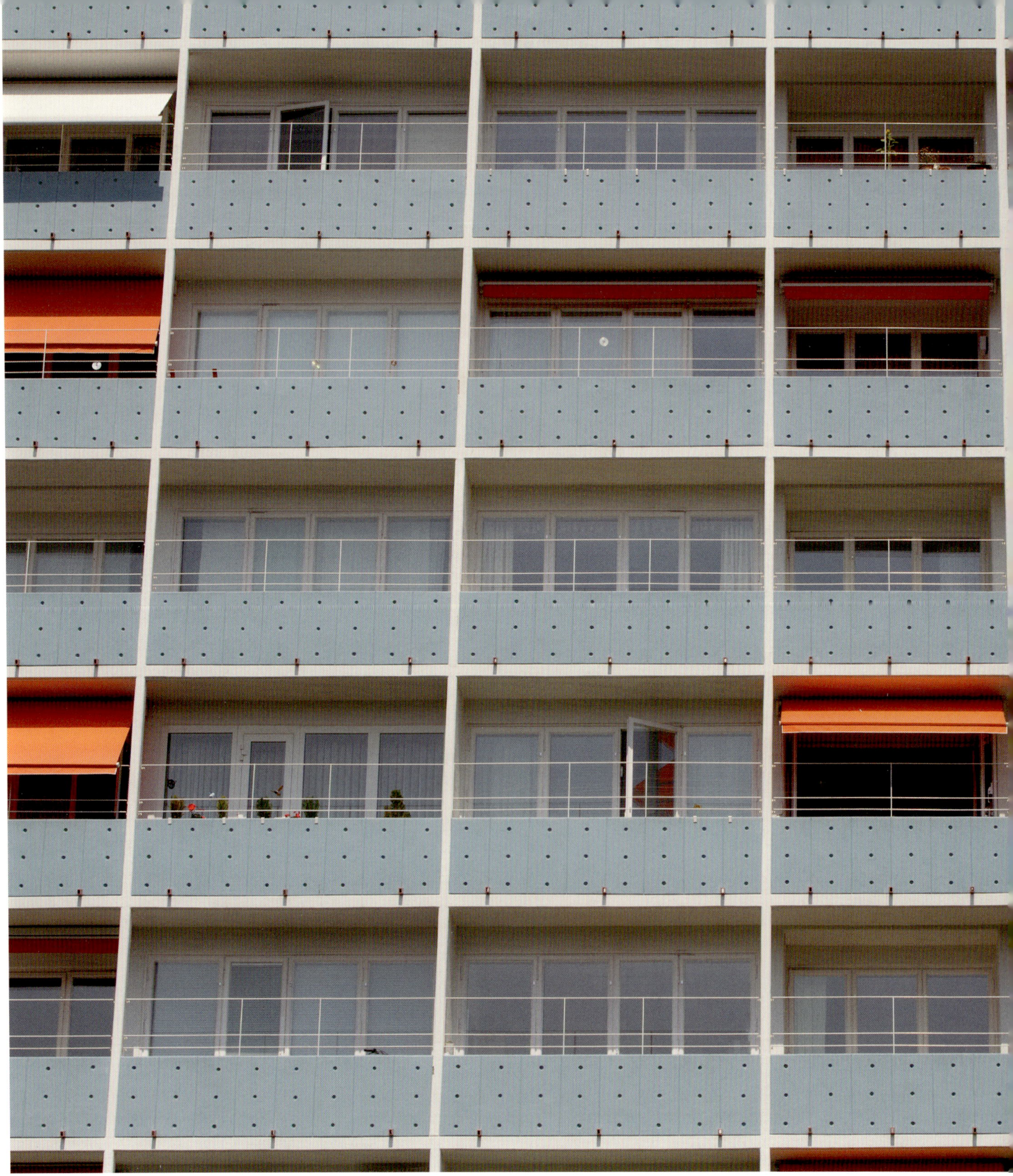

Dasselbe Gebäude noch einmal aus einer anderen Perspektive. Das Schöne an dieser Fassade sind die kleinen Details, die Vorhänge, Blumentöpfe und Sonnenschirme, die diese scheinbar monotone Struktur zu einer Art Suchbild machen.

68 mm | f10 | 1/800 s | ISO 200

Berlin bei Nacht

Nachts sind alle Katzen grau? Nicht in Berlin! Zahlreiche Gebäude werden kreativ illuminiert, und an allen möglichen und unmöglichen Orten laden Lichtinstallationen zum Fotografieren ein

Berlin im Hochsommer ist wundervoll. Es ist (meist) warm, und die Sonne geht, dank Berlins Lage im Norden Deutschlands, fast gar nicht mehr unter, also eine tolle Zeit, um durch die Stadt zu ziehen und zu fotografieren. Im Winter dagegen kommt die Sonne oft kaum über den Horizont, und wenn sie es tut, versteckt sie sich meist auch noch hinter Wolken. Aber das bedeutet nicht, dass es dann in Berlin nichts mehr zu fotografieren gäbe. Berlin bei Nacht bietet auch einige interessante Motive – im Sommer wie im Winter. Manche Gebäude werden generell in der Dunkelheit angestrahlt – beispielsweise der Friedrichstadt-Palast (siehe Seite 152) oder das Zeiss-Großplanetarium im Prenzlauer Berg.

Die Oberbaumbrücke ist vielleicht eine der schönsten Brücken Berlins. Sie verbindet Friedrichshain und Kreuzberg. Dank des ungewöhnlich ruhigen Wassers der Spree entstand hier eine sehr schöne Spiegelung.

75 mm | f5,6 | 8 s | ISO 200 | +⅓ EV | Stativ

Zudem gibt es eine Vielzahl von saisonalen und eventbegleitenden Lichtinstallationen. So können Sie in der Weihnachtszeit in einigen Ecken der Stadt schönen Lichterschmuck bewundern, der manche Orte überhaupt erst zu interessanten Motiven macht. So sind weder die Baumreihen am Potsdamer Platz noch die Unter den Linden ohne Lichter besonders spannend. Aber durch die entsprechende Beleuchtung erwachen sie zum Leben.

Oben: Die Linden Unter den Linden mal ganz anders. In der Weihnachtszeit gibt es einige interessante Lichtinstallationen zu fotografieren. Rechts: Der Gendarmenmarkt wird ungewohnt lebendig und farbenfroh, wenn einer der vielen Weihnachtsmärkte Berlins hier alljährlich seine Tore öffnet.

Oben: 26 mm | f6,3 | 1/10 s | ISO 1000 | −1⅔ EV | Stativ
Rechts: 26 mm | f2,8 | 1/40 s | ISO 800 | −1⅔ EV | Stativ

Auch Projektionen können geschützt sein

Achtung! Die Lichtinstallationen beim Festival of Lights lassen sich zwar (meist) wunderbar von der Straße aus fotografieren, da es sich aber nicht um dauerhafte Kunstwerke handelt, fallen sie nicht unter die Panoramafreiheit und sind urheberrechtlich geschützt. Sie sollten sich die Erlaubnis des Künstlers einholen, bevor Sie sie veröffentlichen. Mehr dazu erfahren Sie unter: *http://festival-of-lights.de/*

Beim Festival of Lights leuchtet das altehrwürdige Gebäude der juristischen Fakultät der Humboldt Universität plötzlich in ganz ungewohnten Farben.
15 mm | f4 | 1/5 s | ISO 800

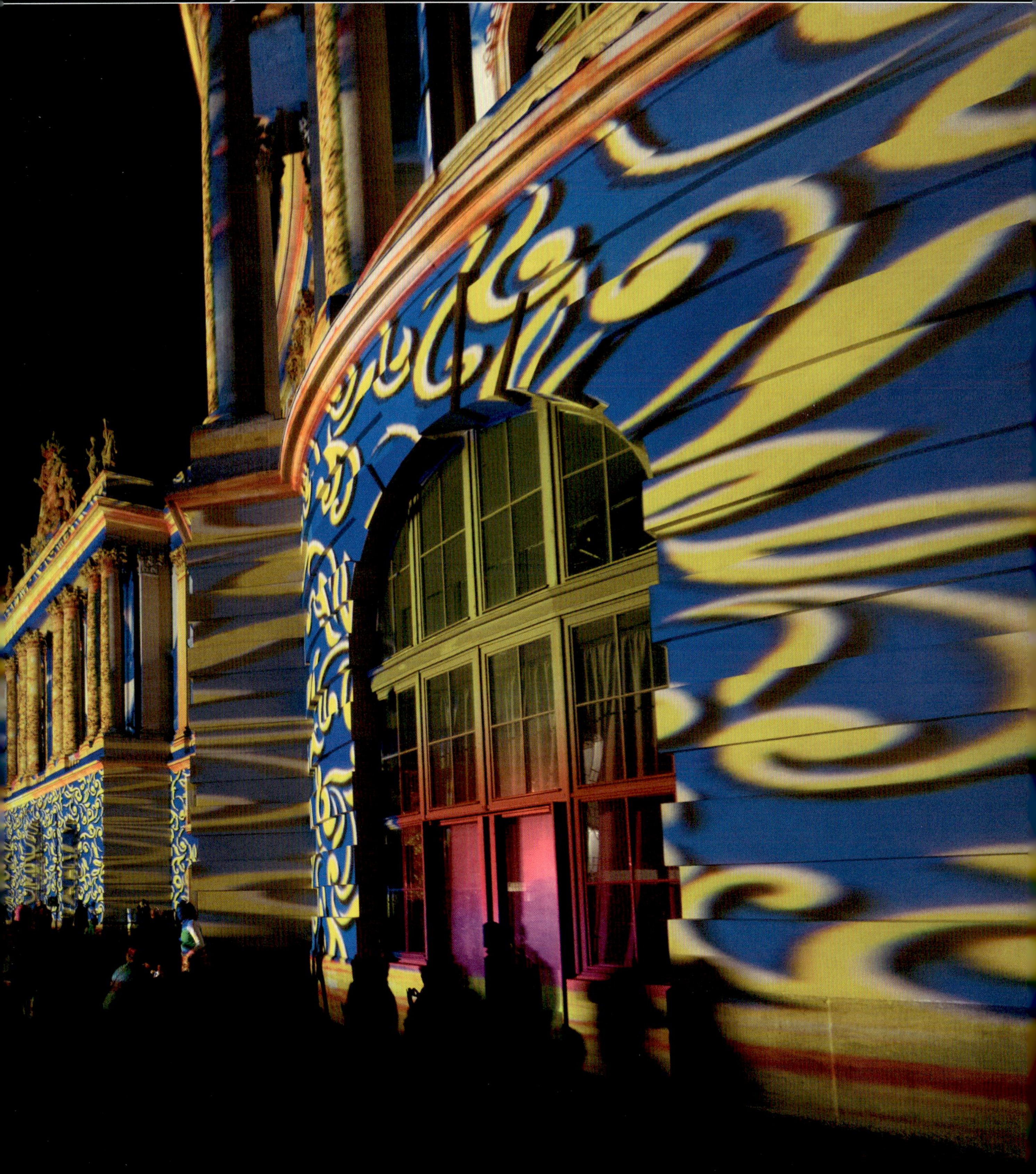

Das Zeiss-Großplanetarium in Prenzlauer Berg wird allabendlich blau angestrahlt. An diesem Abend war es sehr neblig, wodurch das gelbliche Licht der umliegenden Straßenlaternen den Himmel orange färbte. Die Kombination erzeugte einen interessanten Effekt.

15 mm | f4 | 0,6 s | ISO 400 | +1 EV | Stativ

Ein absolutes Highlight in Sachen nächtlicher Beleuchtung ist allerdings das **Festival of Lights**, das alljährlich im Oktober stattfindet. In dieser meteorologisch oft schon etwas ungemütlicheren Jahreszeit werden jedes Jahr viele Gebäude der Stadt zum Teil kunstvoll angeleuchtet. Oft werden sogar komplexe, bewegte Licht- und Farbenspiele auf die Fassaden projiziert. Die Bilder und auch die angestrahlten Gebäude wechseln dabei von Jahr zu Jahr. Besonders viele gibt es aber zumeist im Innenstadtbereich zwischen Alexanderplatz und Brandenburger Tor bzw. Potsdamer Platz. Genaue Informationen darüber, welche Gebäude im jeweiligen Jahr dabei sind, sowie einen entsprechenden Stadtplan finden Sie unter *http://festival-of-lights.de*.

Und immerhin einen großen Vorteil hat das Fotografieren nachts ohnehin, insbesondere in der dunklen Jahreszeit: Ein grau bewölkter Himmel ist dann plötzlich nicht mehr tragisch. Im Gegenteil, die Wolken können spannende Effekte hervorrufen, wie im Fall des Planetariums oben, wo der Nebel das orangefarbene Licht der umliegenden Laternen einfing und so einen ungewöhnlichen Farbeffekt hervorrief.

Technisch ist das wohl offensichtlichste Utensil, das Sie für Nachtfotos brauchen, ein stabiles Stativ. Die Betonung liegt hierbei auf *stabil*. Ein wackliges Stativ kann schlechter sein als gar keins, und ein wackeliger Stativkopf auf einem stabilen Stativ ist ähnlich problematisch.

Eine aufnahmetechnische Herausforderung ist der Kontrastumfang zwischen den Lichtquellen und der dunklen Umgebung, der bei Nachtaufnahmen selbst den modernsten Kameras zu schaffen machen. Falls Ihre Kamera HDR-Bilder produziert, probieren Sie die Funktion doch nachts mal aus, es könnte helfen. Generell empfehle ich auch, im Raw-Format zu arbeiten, insbesondere bei Nachtaufnahmen. Es ermöglicht Ihnen, in der Nachbearbeitung deutlich mehr »herausholen« als bei JPEGs, wenn Sie etwa zu dunkle

Und noch bessere Ergebnisse können Sie erzielen, wenn sie HDR-Bilder erstellen, indem Sie das gleiche Motiv (auf dem Stativ) mit unterschiedlicher Belichtung aufnehmen und die Fotos dann in einem Bildbearbeitungsprogramm als Ebenen übereinanderlegen. So können Sie die jeweils besser belichteten Bereiche der beiden Bilder kombinieren, ohne Qualitätsverluste hinnehmen zu

Diese Installation am Potsdamer Platz während des Festivals of Lights war besonders beliebt, wahrscheinlich weil sie so schön »greifbar« war. Erst recht interessant wurde sie durch die Interaktion von Mensch und Projektion. In solchen Fällen lohnt es sich, etwas zu verweilen, bis sich interessante Situationen ergeben.

28 mm | f2 | 1/25 s | ISO 250 | –⅔ EV | Stativ

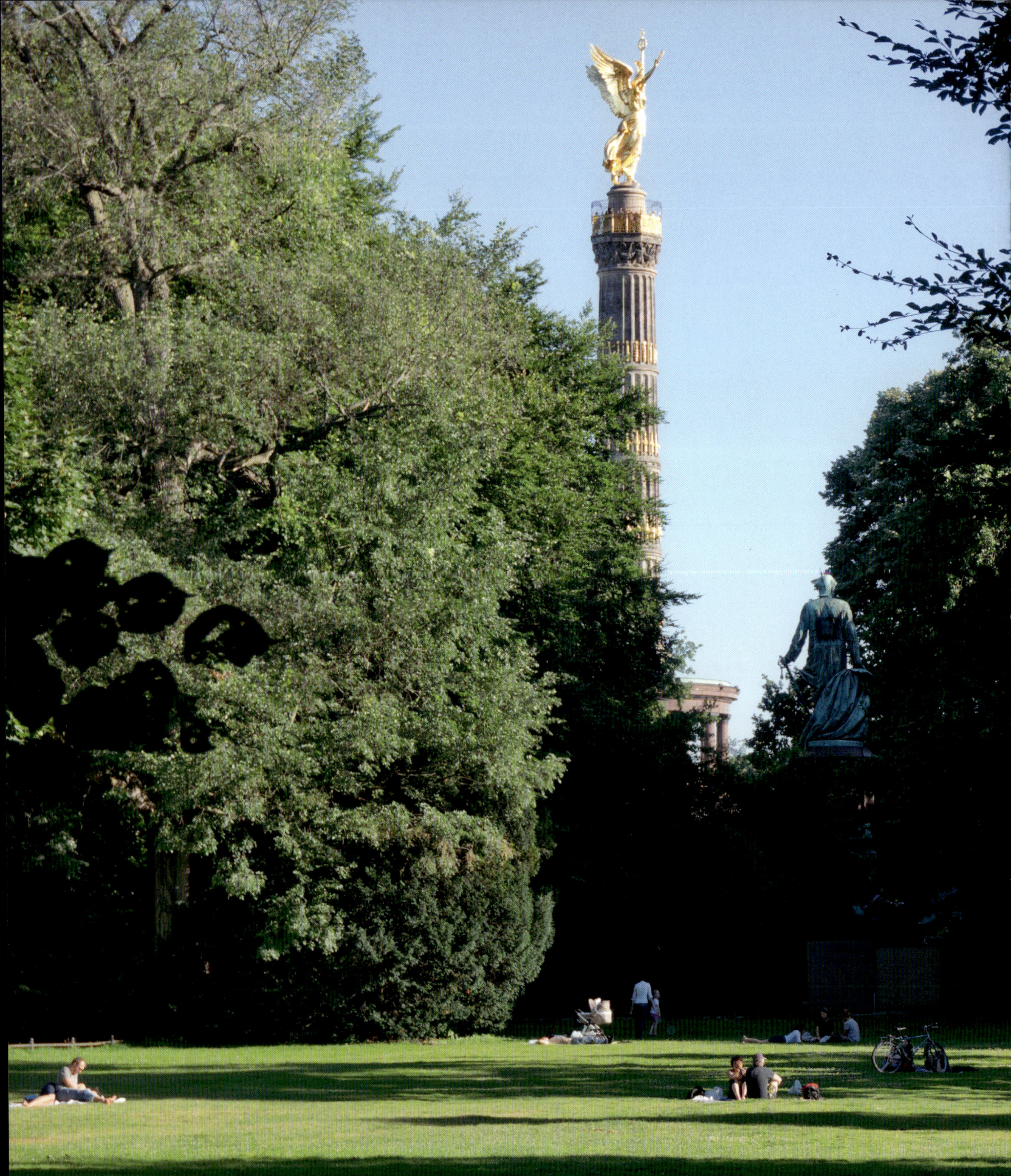

Grünes Berlin

Dass Berlin eine sehr grüne Großstadt ist, ist ein offenes Geheimnis. Aber neben klassischen Parkanlagen, wie dem Großen Tiergarten oder dem Schlosspark Charlottenburg, bietet Berlin auch ungewöhnliche und zum Teil sogar einzigartige grüne Oasen, wie den Natur-Park Südgelände oder das Tempelhofer Feld, die oft aus ungenutzten Flächen entstanden. Falls Sie also bei Ihrer Entdeckungstour durch Berlin irgendwann keinen Beton mehr sehen können, besuchen Sie doch mal einen dieser schönen Flecken Grün.

» **Tiergarten**
   Seite 214

» **Siegessäule**
   Seite 220

» **Tempelhofer Feld**
   Seite 224

» **Natur-Park Südgelände**
   Seite 232

» **Gärten der Welt in Marzahn**
   Seite 242

» **Wannsee**
   Seite 248

» **Exkurs: Streetart**
   Seite 256

Tiergarten

Jagdrevier, königliche Parkanlage, Brennholzvorrat und Gemüsegarten – das grüne Herz Berlins hat eine bewegte und wechselhafte Geschichte hinter sich

MITTE

Wenn Sie nach Berlin kommen, ist ein Besuch des »Großen Tiergartens«, wie der Park offiziell heißt, fast unausweichlich. Das kommt schon allein daher, dass er mitten in der Stadt liegt. Das Brandenburger Tor, das Denkmal für die ermordeten Juden Europas, der Potsdamer Platz, der Hauptbahnhof, das Kanzleramt – sie alle liegen direkt am Rand des Tiergartens. Das Haus der Kulturen der Welt, das Schloss Bellevue und die Siegessäule liegen sogar darin.

Obwohl das der Name nahelegen könnte: Der Tiergarten ist kein Zoo, selbst wenn der Berliner Zoo in seiner Südwestecke angesiedelt ist. Der Name geht – wenig überraschend – auf die Geschichte des Areals zurück, denn ursprünglich war der Tiergarten das Jagdrevier der Kurfürsten von Brandenburg, die das bewaldete Gebiet umzäunen ließen (drumherum gab es schon damals Ackerflächen), darin Wildtiere aussetzten und diese dann jagten. Damals lag das Brandenburger Tor allerdings auch

Was für ein Kontrast zwischen der Stahl-und-Glas-Architektur des Potsdamer Platzes und der Parklandschaft ohne jegliche menschengemachten Objekte. Für mich wirkt der Kontrast so hart, dass man fast denken könnte, die Gebäude seien mit Photoshop hinzugefügt worden. Die beiden jungen Mütter mit Kindern im Vordergrund geben dem Bild mehr Tiefe und etwas Leben.

50 mm | f9 | 1/200 s | ISO 100

noch an der westlichen Stadtgrenze und der Tiergarten vor den Toren der Stadt.

Inzwischen hat sich einiges geändert. Die Zäune und Wildtiere sind seit der Zeit Friedrichs des Großen weg. Stattdessen wurden diverse Brunnen, Plätze und breite Alleen angelegt, die die dichte Bewaldung unterbrechen. Und aus dieser Parklandschaft wurde zwischenzeitlich ein »Gemüsebeet« bevor es dann wieder zur Parklandschaft wurde: Wenn Sie heute durch den grünen, dicht bewaldeten Park wandeln, können Sie sich kaum vorstellen, wie es hier noch vor 60 Jahren aussah. Nachdem der Tiergarten im Zweiten Weltkrieg schwer verwüstet worden war, wurden kurz danach aufgrund von Heizkohlemangel fast alle noch stehenden Bäume abgeholzt und verheizt. Auf den freien Flächen bauten die Berliner Gemüse und Kartoffeln an. Von 1949 bis 1959 wurde der Tiergarten dann mithilfe von 250 000 gespendeten Bäumen aus der Bundesrepublik langsam wieder aufgeforstet; während der Berlin-Blockade wurden Jungbäume sogar per Flugzeug eingeflogen.

GROSSER TIERGARTEN

* Straße des 17. Juni 100, 10557 Berlin
* Der Tiergarten ist riesig (2,1 km²) und aus fast jeder Richtung gut zu erreichen. Einige S- und U-Bahn-Stationen in direkter Parknähe sind (im Uhrzeigersinn): Hauptbahnhof, Bundestag, Brandenburger Tor, Potsdamer Platz, Zoologischer Garten, Tiergarten, Hansaplatz, Bellevue
* Der Park ist rund um die Uhr frei zugänglich und kann fotografiert werden.
* www.berlin.de/orte/sehenswuerdigkeiten/tiergarten

Hier gefiel mir die Linienführung im Bild. Zum einen führt uns der gekurvte Fußweg schön von rechts unten ins Bild hinein und teilt sich dann, was eine Parallele zum Horizont/der Wiese schafft. Ansprechend finde ich auch die Struktur der Äste und des Lichts, das durch das herbstliche Laub fällt.

45 mm | f5,6 | 1/125 s | ISO 320 | −⅓ EV

Und so bietet der Tierpark auch fotografisch grundsätzlich zwei Arten von Motiven: Zum einen sind da die Bilder, die eine scheinbar »unberührte« Natur mit Bäumen, Wiesen und Teichen zeigen. Zum anderen gibt es viele Möglichkeiten, die Natur mit architektonischen oder anderen menschengemachten Elementen zu verbinden und so den Kontrast zwischen Stadt und Natur zu zeigen.

Nicht wirklich ein typisches Berlin-Motiv, aber die Kombination aus der Reflexion des Blätterdaches im Wasser und den Blättern, die auf dem Wasser schwimmen, fand ich reizvoll. Für solche Naturmotive ist der Tiergarten die richtige Adresse.

68 mm | f4 | 1/100 s | ISO 800 | −1 EV

Sowjetische Soldaten in West-Berlin

Das sowjetische Ehrenmal im Tiergarten ist eines dieser faszinierenden Stücke Berlins, die vor dem Hintergrund des Kalten Krieges und der Berliner Mauer fast absurd wirken. Das Ehrenmal wurde bereits im November 1945, also nur wenige Monate nach Kriegsende, errichtet und erinnert an die im Zweiten Weltkrieg gefallenen Rotarmisten, insbesondere an jene, die im Kampf um Berlin starben. Es ist sowohl Denkmal als auch Soldatenfriedhof.

Das Ehrenmal liegt im östlichen Teil des Tiergartens und somit im damaligen britischen Sektor der Stadt. Dadurch entstand eine paradoxe Situation, in der während des Kalten Krieges sowjetische Soldaten mitten in West-Berlin Wache schoben. Das änderte sich erst nach der Wiedervereinigung und dem damit verbundenen Abzug der russischen Truppen 1994. Seitdem wird das Ehrenmal von der Stadt Berlin erhalten.

Das sowjetische Ehrenmal im Tiergarten liegt an der Straße des 17. Juni. Die Ehrenwache ist inzwischen abgezogen, aber das Bauwerk ist noch immer ein schönes Motiv. Die Mischung aus Sonne und Gewitterwolken gibt dem Sowjetsoldaten noch zusätzliche Dramatik.

50 mm | f9 | 1/160 s | ISO 100

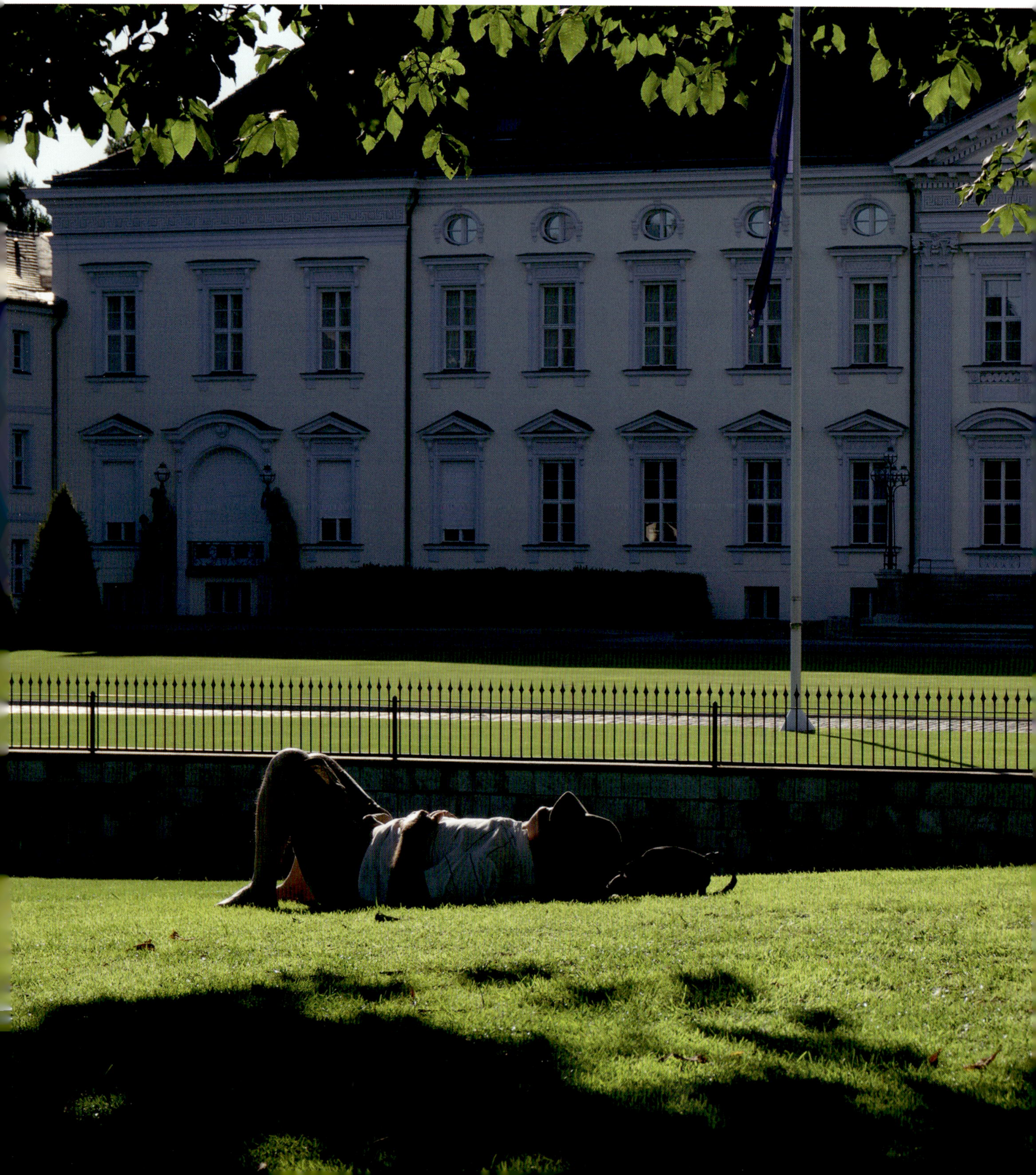

Tipps

Der Tiergarten bietet sowohl scheinbar naturbelassene Motive als auch den Kontrast zwischen Natur und Großstadt. Entdecken Sie beide!

Im Herbst bietet die unterschiedliche Vegetation zum Teil interessante Farbspiele.

Das Schloss Bellevue, der Amtssitz des Bundespräsidenten, liegt im Tiergarten. In diesem Bild gefiel mir die Kombination aus dem hochherrschaftlichen Bauwerk und dem davor entspannt unter einem Baum dösenden Bundesbürger.

72 mm | f9 | 1/640 s | ISO 400 | –⅔ EV

Siegessäule

Dieses markante Bauwerk mitten im Tiergarten musste erst umziehen und sollte dann sogar gesprengt werden. Heute bietet es traumhafte Ausblicke auf den Park und die ganze Stadt

MITTE

Die Siegessäule ist sowohl eine markante Sehenswürdigkeit mitten im Tiergarten als auch ein guter Aussichtspunkt, um den Tiergarten und große Teile Berlins von oben zu sehen. Ursprünglich stand die 67 Meter hohe Säule vor dem Reichstag. Dort war sie aber den Nationalsozialisten im Weg, die aus dem Platz eine riesige Aufmarschfläche machen wollten. Und so wurde sie 1938/39 an ihren heutigen Standort versetzt, wo sie Teil der verbreiterten Ost–West-Achse durch Berlin werden sollte. Ursprünglich erinnerte die Säule an mehrere siegreiche Kriege, unter anderem auch den Deutsch-Französischen Krieg von 1870/71, nach dessen Ende das Deutsche Reich gegründet wurde. In den Kanneluren (Vertiefungen) an der Außenseite der Säule sind vergoldete Kanonen aus Dänemark, Österreich und Frankreich angebracht, die in den Kriegen erbeutet wurden. Das gefiel nicht jedem, und so forderte Frankreich nach Ende des Zweiten Weltkrieges eine Sprengung der Säule; die anderen Alliierten waren aber dagegen, und so bietet sie noch heute einen tollen Ausblick auf die Stadt. Eine kleine Warnung an dieser Stelle: Es sind 285 Stufen bis nach oben, und es gibt keinen Aufzug!

Aufgrund ihrer Höhe ist die Siegessäule mitten im Park von weither sichtbar. Daher lässt sie sich in relativ viele Fotos des Parks »integrieren«, ein bisschen wie der Fernsehturm, der auch seine gesamte Umgebung

Siegessäule und Fernsehturm: zwei Ikonen der Berliner Skyline. Vom westlichen Teil der Straße des 17. Juni aus bekommen Sie beide ins Bild

303 mm | f10 | 1/400 s | ISO 100

deutlich überragt. Wenn Sie einfach die Säule für sich genommen oder einige der Details an ihrer Fassade fotografieren wollen, so lässt sich das vom Großen Stern aus, dem riesigen Kreisverkehr, in dessen Zentrum sie steht, sehr gut bewerkstelligen. Ein echtes Highlight ist natürlich der Blick von oben auf den Tiergarten und die Stadt. Die dichte Bewaldung, die sich rund um die Säule in alle Richtungen erstreckt, bildet einen faszinierenden Kontrast zur dicht bebauten Stadt, die den Park umgibt. Von hier haben Sie einen tollen Blick auf Reichstag, Brandenburger Tor, Fernsehturm, Ernst Reuter Platz, Hansaviertel, Europacenter und vieles mehr.

SIEGESSÄULE

* Großer Stern 1, 10557 Berlin
* **Bus** 100, 106, 187, Großer Stern
* Aktuelle Öffnungszeiten und Eintrittspreise finden Sie unter: www.berlin.de/orte/sehens-wuerdigkeiten/siegesaeule

Großstadt mit viiiel Grün: Von der Siegessäule aus blickt man auf ein Meer aus Bäumen. Dahinter erheben sich die Hochhäuser am Potsdamer Platz.

96 mm | f8 | 1/125 s | ISO 100

Siegessäule mal anders: Auf der Aussichtsplattform der Siegessäule blicken die meisten hinunter auf den Tiergarten, der sie umgibt. Dabei ist die goldene Viktoria-Statue (gerne auch mal despektierlich als »Goldelse« bezeichnet) zum Greifen nah, und ihr goldenes Gewand kontrastiert sehr schön mit dem stahlblauen Himmel darüber.

27 mm | f8 | 1/800 s | ISO 100

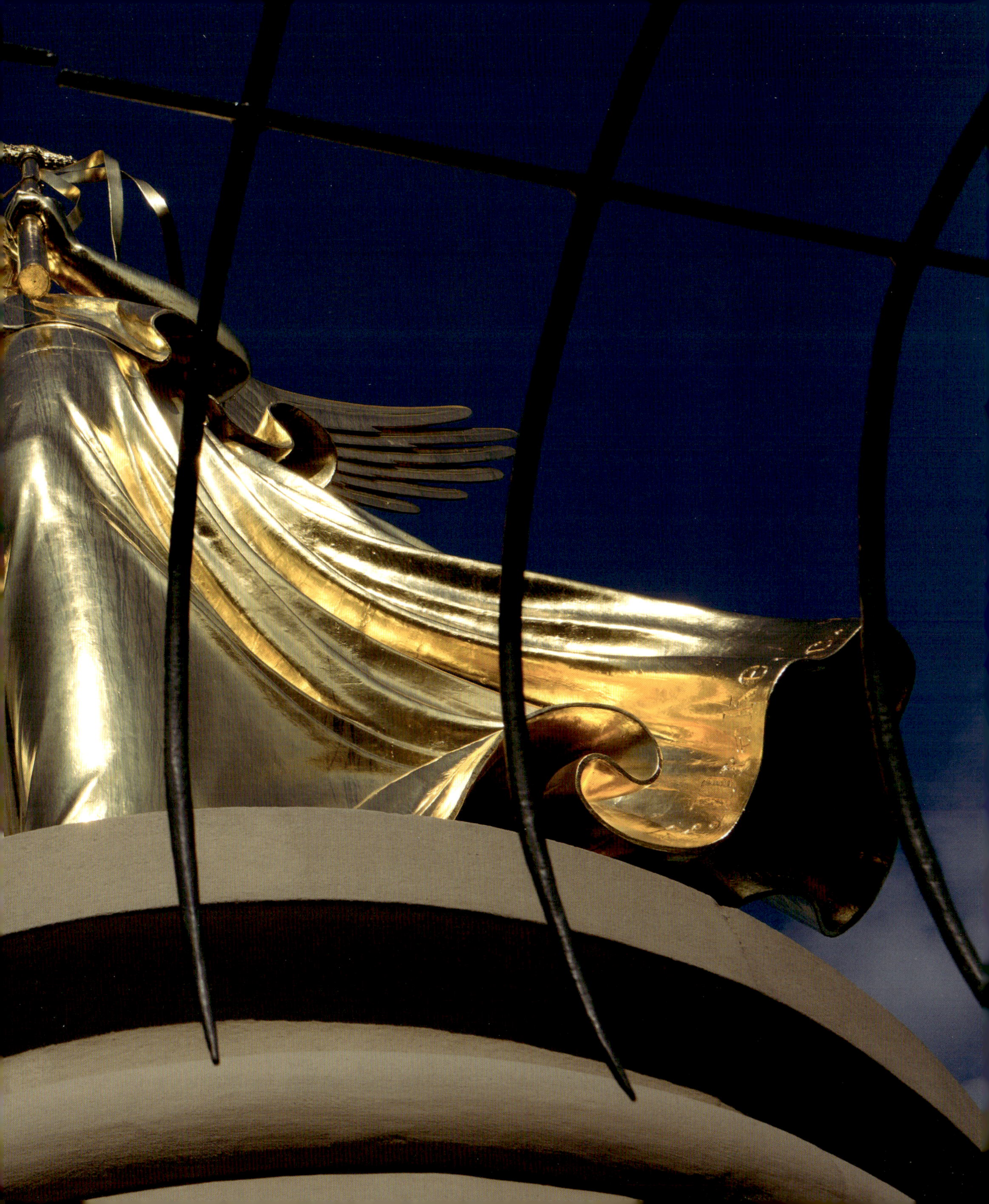

Tempelhofer Feld

Vogelschutzgebiet, Picknickwiese, Platz für Gemeindegärten sowie Spielwiese für Kiteboarder und andere Sportler – das ehemalige Flugfeld mitten in der Stadt bietet jede Menge gute Fotomotive

TEMPELHOF-SCHÖNEBERG

Das Tempelhofer Feld ist ein Ort, der in dieser Form wohl einzigartig ist. Das ehemalige Flugfeld des Tempelhofer Flughafens ist seit dessen Schließung 2008 die größte innerstädtische Grünfläche Berlins. Und während solche Filetgrundstücke in anderen Großstädten umgehend bebaut werden, haben die Berliner in einem Volksentscheid im Mai 2014 (gegen den Willen ihrer Regierung) beschlossen, das Feld nicht zu bebauen oder umzugestalten und es als Freifläche für alle zu erhalten. (Da die Entscheidung aber nicht für alle Zeiten in Stein gemeißelt ist, sollten Sie sich bei Ihrer Berlin-Reise die Zeit für einen Besuch nehmen.)

Mit 355 Hektar Fläche ist das Tempelhofer Feld riesig. Dieser Eindruck wird noch dadurch verstärkt, dass das Feld dank seiner früheren Nutzung als Flugfeld weitgehend eben ist und es kaum Bäume oder andere Erhöhungen gibt. So entsteht ein Gefühl von Weite, das Sie in dieser Form in Städten sonst fast nie erleben können. Das Areal wurde weitgehend so erhalten, wie es zur Zeit der Schließung des Flughafens war.

Von der ehemaligen Flugfeldinfrastruktur, etwa den Schildern oder Anlagen, ist viel erhalten geblieben, was fotografisch reizvoll ist. Zwei breite Start- und Landebahnen ziehen sich in

Eines der vielen Relikte aus der Zeit, als das Feld noch ein Flugfeld war. Solche kleinen und großen Überbleibsel finden Sie überall auf dem Tempelhofer Feld, oftmals begleitet von Infotafeln, die ihre Geschichte erklären.

26 mm | f5,6 | 1/160 s | ISO 100

Der Vorplatz des ehemaligen Flughafengebäudes ist durch einen Zaun vom Tempelhofer Feld getrennt. Der Zaun, der vom Betrachter in die Ferne führt, vermittelt einen starken Eindruck von räumlicher Tiefe und verdeutlicht die beeindruckenden Ausmaße des Gebäudes.

26 mm | f8 | 1/250 s | ISO 800

Ost-West-Richtung über das ansonsten größtenteils mit Gras bewachsene Gelände. Hier tummeln sich Spaziergänger, Radfahrer, Rollerskater und Kiteboarder. Auf den Rollbahnen, die das Feld umrunden, ziehen Jogger und Radler ihre Bahnen. Einige der Freiflächen sind für spezielle Zwecke reserviert: So gibt es eingezäunte Bereiche, in denen Hunde frei laufen dürfen, einige Bereiche sind Vogelschutzgebiete und dürfen nicht betreten werden. Am Ostende des Parks gibt es eine kleine Ansammlung von herrlich improvisiert wirkenden Kleinstgärten, die allen zugänglich sind, und am Nordende wird gegrillt.

Doch selbst wenn auf dem Feld buntes Treiben herrscht, bleibt eine gewisse Ruhe erhalten, denn die »Massen« verlaufen sich einfach in der Endlosigkeit des Areals.

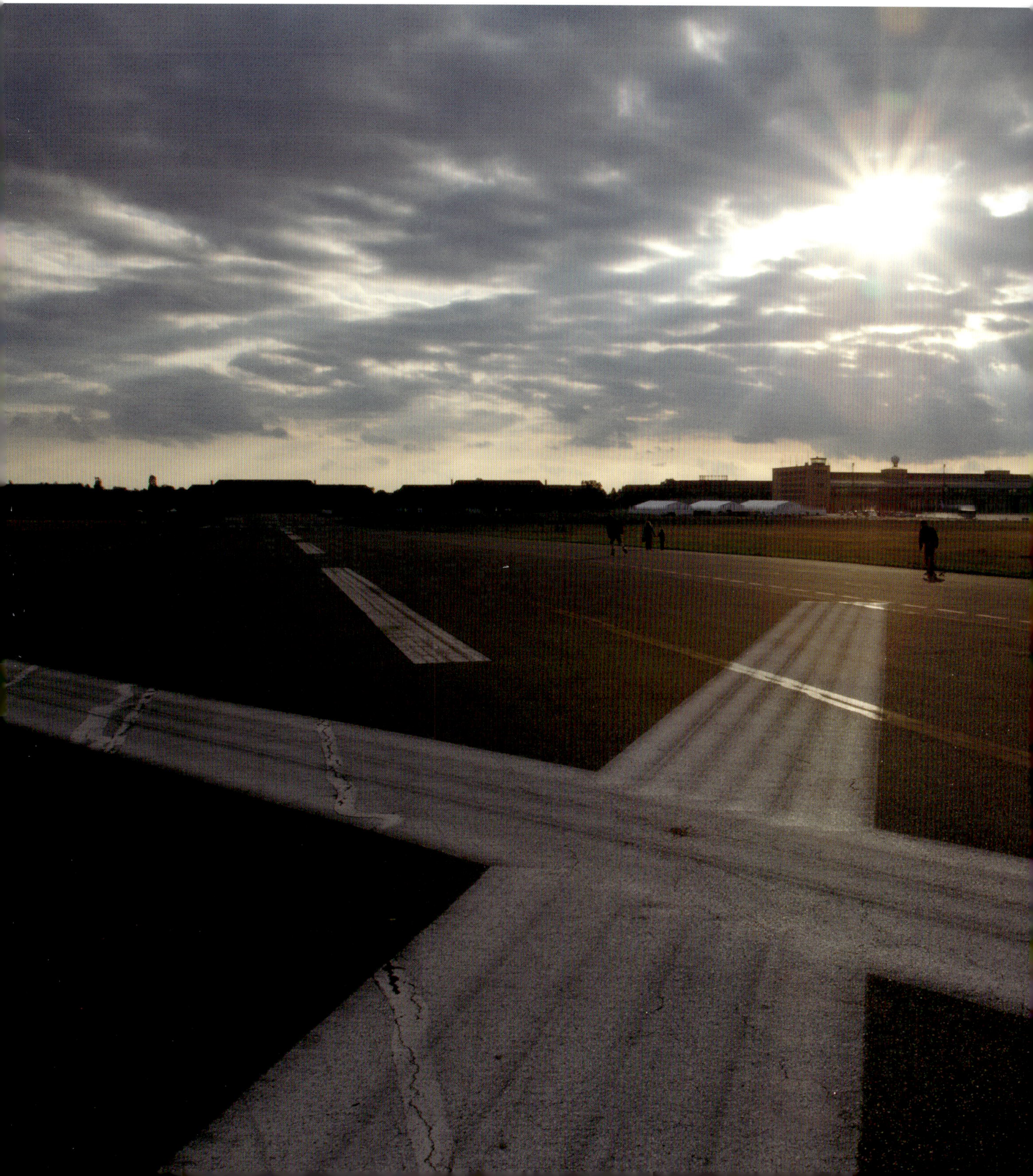

Scheinbar endlose Weiten sind charakteristisch für das Tempelhofer Feld. Hier stand ich auf einer der ehemaligen Start- und Landebahnen des Flughafens mit Blick Richtung Flughafengebäude.

26 mm | f22 | 1/50 s | ISO 200 | –⅓ EV

Das Tempelhofer Feld im Wandel der Jahreszeiten

Der Sommer ist die wohl offensichtlichste Zeit, um auf das Tempelhofer Feld zu gehen. Dann ist viel los, und alles Grün sprießt. Schön sind auch die bunten Wiesen voller Wildgräser und Blumen im Frühling. Einige Teile des Feldes sind Vogelschutzgebiet und dürfen nicht betreten, aber eben auch nicht gemäht werden.

Auch der Winter hat seine interessanten Seiten. Wenn das Feld schneebedeckt ist, kommt seine Weite noch mehr zur Geltung, und manche Formen treten mehr hervor (siehe das Foto auf Seite 230 unten). Allerdings ist der Winter *ohne* Schnee so ziemlich die schlechteste Zeit, um das Tempelhofer Feld zu besuchen, da sich die Rasen- und Grasflächen früher oder später in ein trostloses Braun verwandeln. Und nicht zu vergessen: Da es auf dem Feld fast immer windig ist, kann es dann auch ziemlich ungemütlich kalt werden!

Stadtentwicklung mal anders: Das Allmende-Kontor ist ein Gemeinschaftsgarten der Anwohner, den alle genießen dürfen. Das Ergebnis ist ein wunderschön improvisiertes und kreatives Stück Grün, mitten auf dem Tempelhofer Feld.

28 mm | f9 | 1/400 s | ISO 200

Der Blick auf eines der Vogelschutzgebiete auf dem Areal: Dieses Bild entstand von einem der Hochsitze für Vogelbeobachter. Ich fotografierte bewusst leicht von oben, um das Muster der Gräser in den Vordergrund zu stellen.

26 mm | f10 | 1/500 s | ISO 200 | −2 EV

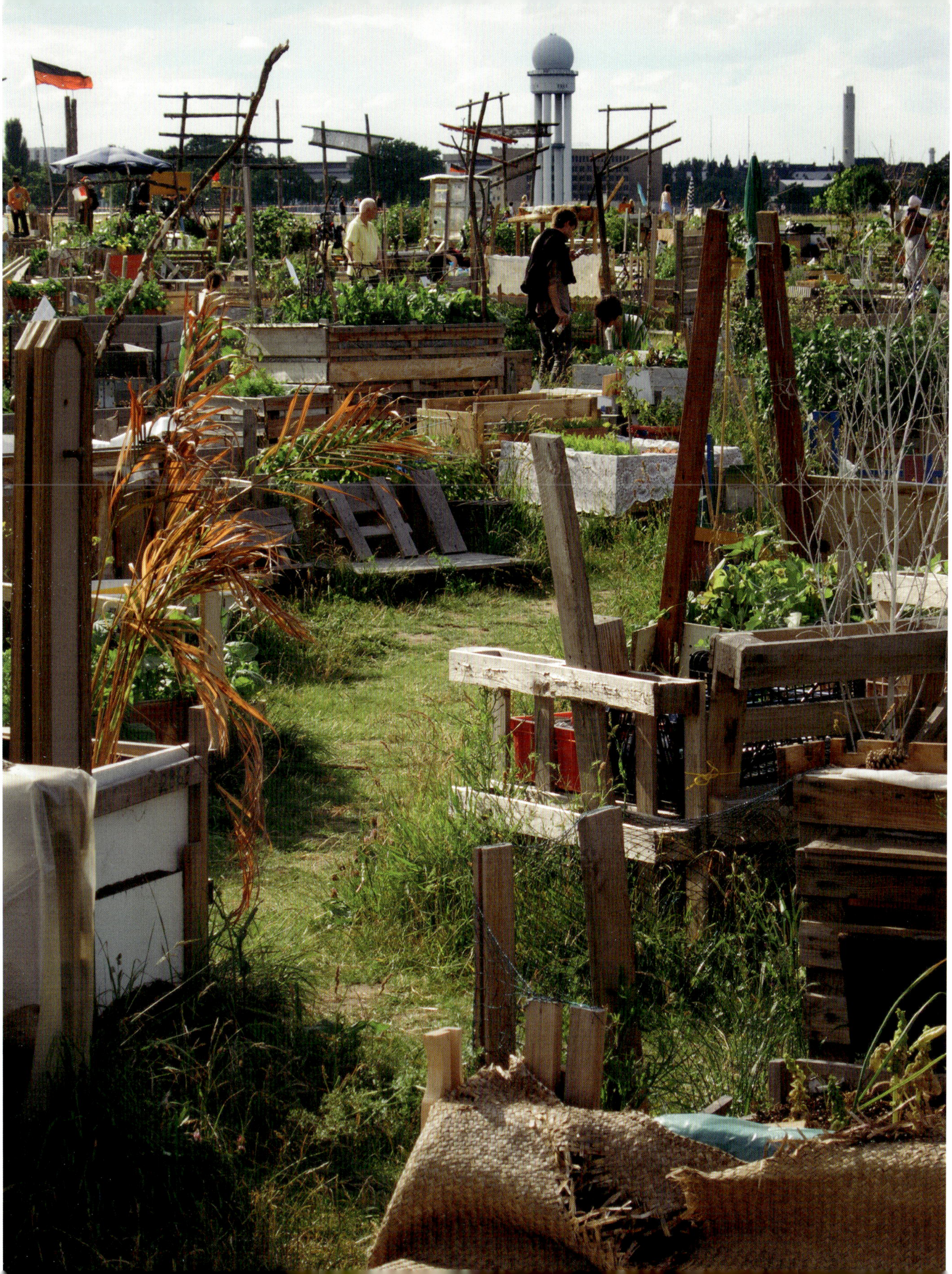

Fotografisch bietet zum einen die endlose Weite interessante Motive. Um diese einzufangen, brauchen Sie aber unbedingt etwas Ansprechendes im Vordergrund, sonst stehen Sie am Ende mit einem Foto da, das in der Mitte eine Linie durchzieht, unter der alles grün und über der alles blau ist. Das wäre nicht sonderlich spannend. Interessante Dinge für den Vordergrund gibt es glücklicherweise reichlich. Da gibt es Freiluftkunstwerke, Teile der alten Flugfeldinfrastruktur, die Gemeinschaftsgärten, aber auch die vielen Menschen und ihre Aktivitäten, die Radler, die Grillmeister, die Kiteboarder, die Hobbygärtner, die Spaziergänger, die Liste ist umfangreich. Bei reinen Landschaftsaufnahmen ist auf dem Tempelhofer Feld das Wetter ganz entscheidend, mehr noch als andernorts, weil der Himmel meist das entscheidende Bildelement ist. Ein dramatischer Wolkenhimmel kommt hier besser zur Geltung als irgendwo sonst in der Stadt. Nutzen Sie diese Chance!

Auch Freilichtkunst finden Sie an einigen Stellen des Feldes.
26 mm | f8 | 1/250 s | ISO 200

Fast das gleiche Motiv noch einmal im Winter: Während im ersten Bild Wolken und Farben im Vordergrund stehen, wirkt das zweite Bild durch die Licht- und Schattenmuster auf dem weißen Schnee reizvoll.
26 mm | f11 | 1/640 s | ISO 160 | –⅓ EV

An schönen Tagen herrscht buntes Treiben auf den Asphaltpisten des ehemaligen Flugfeldes, und neben Spaziergängern und Radlern können Sie auch ausgefallenere Aktivitäten wie Kiteboarding oder Windskaten beobachten und fotografieren.

28 mm | f8 | 1/640 s | ISO 80

TEMPELHOFER FELD

* Platz der Luftbrücke 1, 12101 Berlin
* Das Tempelhofer Feld liegt südlich des Berliner Zentrums. S- und U-Bahn-Stationen in der Nähe sind: Boddinstraße, Leinestraße, Hermannstraße, Tempelhof, Paradestraße und Platz der Luftbrücke. Für einen ersten Besuch würde ich Ihnen empfehlen, von Osten aus (U8 Boddinstraße oder Leinestraße) das Feld zu besuchen, weil Sie dann das Areal von einer Anhöhe aus betreten, so einen schönen Überblick bekommen und in Richtung Flughafengebäude blicken.
* Die Öffnungszeiten des Areals variieren je nach Jahreszeit. Faustregel: Wenn es hell ist, ist das Gelände geöffnet. Genaue Öffnungszeiten finden Sie im Internet. Der Besuch ist immer kostenlos, und das Fotografieren für private Zwecke ist erlaubt.
* www.tempelhoferfreiheit.de

Tipps

Die vielen Sportler auf dem Feld (Kiteboarder, Skater etc.) bieten viele Möglichkeiten für »Action-Fotos«.

Nehmen Sie sich Zeit für einen Spaziergang durch die Gärten des Allmende-Kontors: Es gibt viele schöne und manchmal skurrile Details zu entdecken.

Behalten Sie den Himmel im Auge. Die zum Teil dramatischen Wolken können aus einem simplen Motiv schnell ein spannendes machen.

Bringen Sie unbedingt ein Weitwinkelobjektiv mit, aber setzen Sie es bewusst und gezielt ein. Ohne einen guten Vordergrund haben Sie sonst nachher viele Fotos, auf denen abgesehen von viel Himmel oder viel Gras nichts zu sehen ist.

Natur-Park Südgelände

Mit Eisenbahnrelikten, Gegenwartskunst und viel Natur bietet dieser schmale Streifen Grün überraschend vielseitige Fotomotive

TEMPELHOF-SCHÖNEBERG

Während um das Tempelhofer Feld schon gerungen wurde, noch bevor der Flughafen überhaupt geschlossen war, verdankt der Natur-Park Südgelände seine Existenz der Tatsache, dass das Areal lange in Vergessenheit geriet. Ursprünglich existierte hier ein Rangierbahnhof, der aber schon 1952 geschlossen wurde. In den folgenden Jahren und Jahrzehnten eroberte sich die Natur den langen dünnen Streifen Land Stück für Stück zurück. Es gab mehrfach Pläne, auf dem Gelände einen neuen Güterbahnhof zu bauen, doch nach Widerstand in der Bevölkerung trat die Bahn das inzwischen völlig zugewucherte Gelände 1995 schließlich an die Stadt Berlin ab, die daraus einen öffentlichen Park machte.

Industrieromantik im überwucherten Gleisbett des Natur-Parks Südgelände

45 mm | f4,5 | 1/80 s | ISO 800

Das Gelände hat grob die Form eines sehr schmalen Dreiecks, das sich von Süden nach Norden über fast 2 Kilometer erstreckt, an seiner breitesten Stelle, in der Nähe des Haupteingangs am S-Bahnhof Priesterweg, aber nur knapp 150 Meter breit ist. Nach Norden hin wird es immer schmaler (an der Nordspitze ist es nur noch zwei bis drei Meter breit), bis sich die auf beiden Seiten des Parks verlaufenden Gleise treffen. Meine Empfehlung ist, dass Sie Ihren Besuch am Eingang Priesterweg beginnen und sich dann langsam nach Norden vorarbeiten, denn im südlichen Teil des Parks gibt es die meisten Dinge zu entdecken, während der Park gen Norden immer ruhiger und unberührter wird.

Der Park ist überraschend vielfältig und bietet sehr unterschiedliche Motive, die von Naturfotos und Industrieromantik bis hin zu abstrakter Kunst reichen. Besonders spannend ist die Symbiose von Natur und alten Bahnanlagen, die bei der Schaffung des Parks behutsam erhalten und zum Teil ergänzt wurde. Betreten Sie den Park vom Priesterweg aus, kommen Sie zunächst zu einer kleinen Wiese, hinter der eine orange-gestrichene Betonwand steht. Bei näherer Betrachtung wird klar, dass es sich dabei um die Wand eines ehemaligen Bahntunnels handelt. Den Tunnel gibt es noch, doch heute kann man darin spazieren gehen und natürlich fotografieren. Blicken Sie am Eingang zu dem kurzen Tunnel nach Norden, sehen Sie bereits ein Element, das sich im gesamten Parkbereich immer wieder findet: Gleise über Gleise, die fast alle von Bäumen überwuchert sind. Die andere Wand des Tunnels ist offen arkadenartig gestaltet, wodurch sich ein toller Kontrast zwischen dem kargen Beton des Tunnels und der saftig-grünen Vegetation dahinter ergibt. Dieser Kontrast zwischen industriell-anthropogenen Elementen und der wild wuchernden Vegetation findet sich auf diesem Gelände immer wieder.

Früher rauschten durch diesen Tunnel Züge gen Süden. Die Symbiose aus Natur und Technik im Park bietet viele interessante Motive, wie hier im Südteil des Geländes.

48 mm | f4 | 1/60 s | ISO 200 | –⅓ EV

NATUR-PARK SÜDGELÄNDE

* Prellerweg 47–49, 12157 Berlin

* **S-Bahn** S1, S2, S25, **Bus** 170, 246 u.a., S Priesterweg (Haupteingang); **S-Bahn** S1, S2, S25, S41, S42, S45, S46, **Bus** 106, 184, 204 u.a., S Südkreuz (Nordeingang) Vor dem Haupteingang gibt es auch einen Parkplatz.

* Der Park kostet 1 € Eintritt pro Person und Tickets gibt es an den Kartenautomaten an den Eingängen oder beim Sicherheitsdienst, der im Park patrouilliert. Die Öffnungszeiten variieren je nach Jahreszeit und sind auf der Webseite zu finden. Fotografieren zu privaten Zwecken ist generell erlaubt.

* www.gruen-berlin.de/parks-gaerten/natur-park-suedgelaende

Treten Sie auf der anderen Seite wieder aus dem Tunnel heraus, gelangen Sie zu einem alten Wasserturm, dem inoffiziellen Wahrzeichen des Parks, und einer alten Lokomotivenhalle, in der heute temporäre Kunstausstellungen zu sehen sind und vor der regelmäßig Theateraufführungen stattfinden. Direkt gegenüber liegt ein kleiner, abgegrenzter Hof, in dem verschiedene abstrakte Kunstwerke stehen, die definitiv einen Blick und mehr als ein Foto lohnen. In einem alten Bahngebäude hinter dem Wasserturm ist heute ein gemütliches Café untergebracht. Nur wenige Meter weiter nördlich steht mitten im »Wald« eine riesige alte Dampflokomotive. Ähnlich wie beim Bahntunnel und auch vielen anderen Objekten in diesem Park ist es der Kontrast zwischen diesem Eisen- und Stahlkoloss und der von der Natur dominierten Umgebung, der die Lok und die gesamte Szene zu einem spannenden Fotomotiv macht. Nördlich der Lokomotive wird das Areal dicht bewaldet. Nach einigen Metern auf einem Pfad treffen Sie unvermittelt auf eins der Highlights des Geländes: eine alte, gut erhaltene Eisenbahndrehscheibe. Sie ist an sich schon sehenswert, und durch das viele Grün drumherum wirkt sie wie verwunschen. Hier können Sie aber auch Bildelemente fotografisch gut isolieren, was schöne abstrakte Muster aus Schienen, Backsteinen und Vegetation ergeben kann.

Tipps

Besonders die Mischung aus Technik und Natur bietet viele interessante Motive.

Im Tälchenweg können Sie Graffitikünstlern bei der Arbeit zusehen und ihre Werke fotografieren, auch der Kontrast zwischen Natur und Menschengemachtem ist reizvoll.

Die bewaldeten Teile des Parks lassen sich besonders bei bewölktem Wetter gut fotografieren. Bei Sonne kann der Kontrast zwischen den Stellen, an denen Licht durch das Blätterdach fällt, und denen, die im Schatten liegen, zu extrem sein. Aber machen Sie sich auf lange Belichtungszeiten bzw. hohe ISO-Zahlen gefasst. In den dicht bewaldeten Abschnitten kann es selbst mitten am Tag ziemlich duster sein.

Nehmen Sie sich bei der alten Drehscheibe Zeit, und entdecken Sie die zahlreichen, auch abstrakten Motive.
24 mm | f8 | 1/125 s | ISO 200 | zu Schwarzweiß konvertiert und Kontraste erhöht

Eine alte Lokomotive: für sich genommen nicht sehr spannend, aber in Verbindung mit den Birken und dem Blattwerk interessant. In diesem Bild sind die Farben entscheidend, denn erst sie liefern den nötigen Kontrast.

58 mm | f8 | 1/50 s | ISO 400

Als Teil des neuen Parks wurden erhöhte Gehwege durch das dichte Grün angelegt. Dazu gehört auch dieser L-förmige Tunnel, der so mitten im »Wald« fast surreal wirkt.

32 mm | f4,5 | 1/80 s | ISO 800 | −⅓ EV | zu Schwarzweiß konvertiert

Natur-Park Südgelände

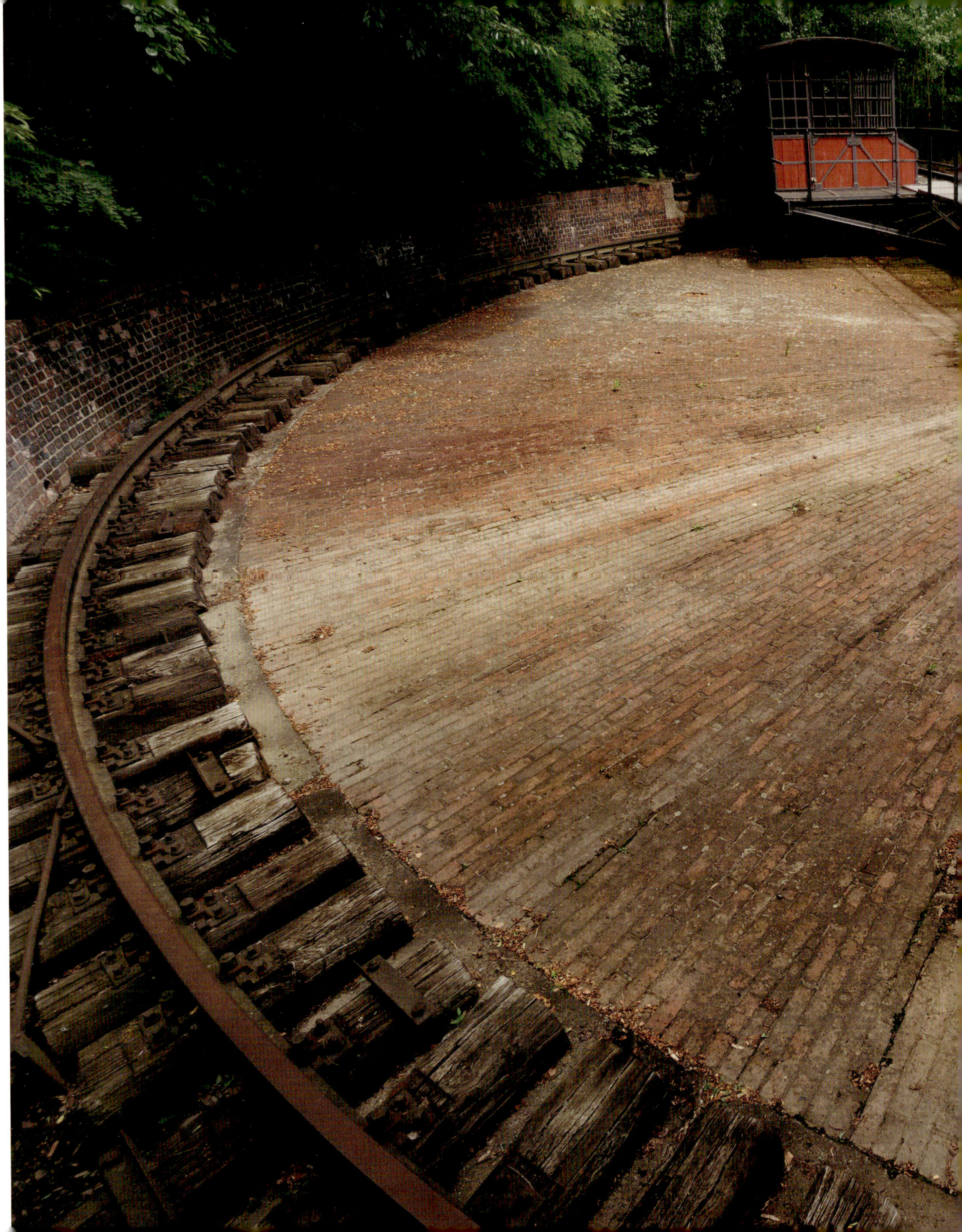

Die Verzerrung durch das extreme Weitwinkel ist bei diesem Foto der alten Drehscheibe sowohl unvermeidbar (zwei Schritte zurück und ich hätte im Wald gestanden) als auch gewollt, denn sie erhöht die Dynamik der geschwungenen Formen noch zusätzlich.

15 mm | f8 | 1/125 s | ISO 200

Wenn Sie mal wieder Ihr Teleobjektiv herausholen möchten, bietet die kleine Schafherde im Park viele Möglichkeiten zum Üben.

216 mm | f8 | 1/50 s | ISO 100 | −2/3 EV

Nördlich von hier wird der Park noch grüner und unberührter. Sie bewegen sich dann auf leicht erhöhten Stegen durch den Park, wodurch Vegetation und Tierwelt weniger gestört werden sollen. Streckenweise werden die Bäume lichter, und mit etwas Glück treffen Sie auf eine kleine Schafherde, die im Park lebt und grast und an der Sie etwas Ihre Fähigkeiten im Bereich Tierfotografie üben können (aber bleiben Sie bitte auf dem Steg). Weiter nördlich weichen die Wildgrasflächen wieder

Die erhöhten Wege im Park dienen in erster Linie dem Schutz der umliegenden Natur (kleinere Tiere können ungehindert darunter hindurchlaufen), aber sie bieten auch interessante Bildelemente und kontrastieren in ihrer strengen Form mit der wild wachsenden Vegetation.

35 mm | f9 | 1/50 s | ISO 800

dichter Bewaldung, bis Sie am nördlichen Ende des Parks plötzlich vor einer kleinen Fußgängerbrücke stehen, die Sie über die S-Bahn-Gleise aus dem Park führt. Wenn Sie den Park an dieser Stelle wieder verlassen, haben Sie allerdings ein Highlight des Parks verpasst: den Tälchenweg. Hier verlief eine weitere Bahntrasse, sie lag jedoch tiefer als das umliegende Gelände und war daher von Stützmauern umgeben und zum Teil auch überdacht. Entlang dieser Wände dürfen sich heute Graffitikünstler nach Herzenslust austoben, und so bildet die Trasse einen kunterbunten Graben voller Gemälde, Tags und Kritzeleien. Wenn Sie am nördlichen Ausgang einfach dem Weg am westlichen Rand des Areals nach Süden folgen, kommen Sie automatisch zum Tälchenweg und in der Verlängerung wieder zum Eingang Priesterweg zurück. Der Spaziergang ist etwas länger, aber glauben Sie mir, er lohnt sich!

Schienen und Schafe – auch hier ist es wieder der Kontrast aus Menschengemachtem und Natur, der das Bild ausmacht.

40 mm | f8 | 1/160 s | ISO 400 | zu Schwarzweiß konvertiert

Graffiti mitten im Wald – im Natur-Park ist das erlaubt, allerdings nur auf dafür ausgewiesenen Wänden.

26 mm | f9 | 1/13 s | ISO 800 | –⅔ EV | Stativ

Entlang des Tälchenwegs ist das Sprayen erlaubt, und so kann man den Graffitikünstlern bei der Arbeit zusehen.

24 mm | f4,5 | 1/100 s | ISO 800 | +⅓ EV

Der Eingang zum kleinen Areal, in dem abstrakte Kunstwerke unter freiem Himmel stehen.

32 mm | f9 | 1/1250 s | ISO 800 | −⅔ EV

Noch mal die Kombination aus Natur und Technik, hier allerdings bewusst als Kunstwerk.

48 mm | f7,1 | 1/100 s | ISO 200

Gärten der Welt in Marzahn

Ein bisschen botanischer Garten, ein bisschen Völkerkunde – hier können Sie mit etwas Fantasie in ein paar Stunden eine kleine Weltreise machen

MARZAHN-HELLERSDORF

Wollten Sie eigentlich Ihren Urlaub in Seoul, Tokyo oder Marrakesch verbringen, aber es hat dann doch »nur« für Berlin gereicht? Dann hätte ich da was für Sie: die Gärten der Welt in Marzahn. Kaum ein Reisender verirrt sich in diesen ungewöhnlichen Park am östlichen Stadtrand Berlins. Unweit der ehemals größten Plattenbausiedlung der DDR befindet sich unverhofft diese exotische Oase, in der man (mit etwas Fantasie) an einem Nachmittag rund um die Welt reisen kann. Auf dem weitläufigen Gelände befinden sich mehrere Gärten, die im jeweils landesüblichen Stil angelegt sind, unter anderen Gärten aus China, Japan, Korea, Bali, Italien und der arabischen Welt. Und das Ganze ist kein verkapptes Disneyland. Im Fall des Chinesischen Gartens beispielsweise lag die gesamte Planung in chinesischer Hand, und alle Gebäudeteile und sogar einige der Steine stammen aus China, ebenso wie die Facharbeiter, die die Anlage bauten. Bei den anderen Gärten war es ähnlich.

Die Spiegelungen im Teich des chinesischen Gartens bieten interessante fotografische Möglichkeiten.

30 mm | f9 | 1/320 s | ISO 400

242 Grünes Berlin

Nutzen Sie beim Chinesischen Garten die Kombination aus Vegetation, Wasser und Architektur für Ihre Fotos.

56 mm | f14 | 1/80 s | ISO 250 | –⅔ EV

Der Koreanische Garten ist architektonisch sehr vielfältig und bietet interessante Sichtachsen, die räumliche Tiefe schaffen.

Rechts oben: 26 mm | f7,1 | 1/200 s | ISO 100
Rechts: 45 mm | f9 | 1/400 s | ISO 100

Garten mal anders: der Japanische Garten. Auch hier gibt es viel Grün, aber der Steingarten ist das wichtigste Element und die Besonderheit dieses Gartens. Der Bildausschnitt ist so gewählt, dass dieser Aspekt im Vordergrund steht.

40 mm | f9 | 1/320 s | ISO 400

Erwartungsgemäß sind die Gärten sehr unterschiedlich. Der Balinesische Garten befindet sich beispielsweise in einem Treibhaus, in dem die landestypischen, tropischen Pflanzen wachsen können – selbst im oft frostigen Berlin. Im Japanischen Garten ist das dominante Element ein traditioneller japanischer Steingarten, im Arabischen Garten ist es hingegen eindeutig das Wasser. Er ist angelegt wie der Innenhof eines arabischen Palastes. Verborgen hinter hohen Mauern gibt es viel Grün, aber auch wunderschön gekachelte Pfade und großzügige Wasserbecken mit Springbrunnen.

Etwas aus der Reihe tanzt bei alldem der Christliche Garten. Er ist der einzige mit einem religiösen Bezug, und auch seine Architektur unterscheidet sich stark von den anderen Gärten. Wo diese versuchen, traditionelle Entwürfe umzusetzen, ist der Christliche Garten sehr modern gehalten. Er ist in der Form eines Kreuzgangs angelegt, die Gänge bestehen aber aus Buchstaben, die zusammen Bibelzitate ergeben. Fotografisch hat mir dieser Garten besonders viel Spaß gemacht, weil man mit Formen, Perspektive, Licht und Schatten sehr schöne Bilder machen kann.

Der Christliche Garten hat die Form eines Kreuzgangs, in dem die Wände aus Bibeltexten bestehen.

26 mm | f13 | 1/160 s | ISO 400

Die Buchstaben der Wände bilden interessante Muster und werfen schöne Schatten, daher kommen Sie am besten hierher, wenn die Sonne scheint und hoch steht.

26 mm | f14 |
1/200 s | ISO 400

Der Orientalische Garten ist eine Hommage an die Gartenanlagen der arabischen Welt. Dieser Garten wirkt viel geordneter und »künstlicher« als die asiatischen Gärten im Park. Um das zu unterstreichen, wählte ich diese Perspektive, die die Symmetrie der Anlage verdeutlicht.

26 mm | f10 | 1/500 s | ISO 250 | −2/3 EV

Die Säulengänge des Orientalischen Gartens bieten viele interessante Muster und Formen.

85 mm | f8 | 1/640 s | ISO 250

GÄRTEN DER WELT

* Eisenacher Str. 99, 10781 Berlin
* **S-Bahn** S7 Marzahn + **Bus** 195 Gärten der Welt
* **U-Bahn** U5 Hellersdorf + **Bus** 195 Gärten der Welt
* Der Park ist kostenpflichtig und ganzjährig geöffnet, die Öffnungszeiten variieren aber je nach Jahreszeit. Fotografieren ist erlaubt.
* www.gruen-berlin.de/parks-gaerten/gaerten-der-welt/ueberblick

Schöne Motive sind allen Gärten gemein, sowohl bei den Pflanzen als auch bei der Architektur. Am besten versuchen Sie, beide zu kombinieren. Hier gibt es jede Menge traditionelle Postkartenmotive, aber mit dem Teleobjektiv können Sie auch sehr schön Details der Architektur isolieren und so zum Beispiel im Orientalischen Garten in den vielen Mustern der Fassaden und Böden spannende abstrakte Motive inszenieren. Lassen Sie sich darauf ein, genießen Sie einfach ein bisschen die exotische Architektur und Vegetation dieses ungewöhnlichen Ortes, und lassen Sie Berlin für ein paar Stunden hinter sich. Gute Reise!

Manchmal hat man Glück, und die anderen Parkbesucher stören nicht im Bild, sondern vervollständigen es, so wie diese junge Frau, die spontan im Brunnen ein Fußbad nahm.

45 mm | f10 | 1/500 s | ISO 250

Tipps

Gehen Sie nicht zu kritisch an den Besuch heran, und lassen Sie sich auf den Ort ein. Versuchen Sie sich vorzustellen, Sie seien für ein paar Stunden im Ausland. Dann können Sie den Park besser genießen und werden sich auch für die Motive mehr begeistern und bessere Fotos machen.

Falls Sie im Balinesischen Garten fotografieren wollen und sich im Gewächshaus um Ihre Kamera oder das Beschlagen des Objektivs sorgen (kalte Kamera in warmer Umgebung lässt das Objektiv beschlagen): Packen Sie Ihre Kamera in eine Plastiktüte, bevor Sie hineingehen, und warten Sie dann, bis sich die Kamera etwa auf die Umgebungstemperatur erwärmt hat. Wenn Sie sie dann herausholen, sollte nichts beschlagen.

Der Park ist ganzjährig geöffnet, doch sollten Sie je nach Jahreszeit mit realistischen Vorstellungen an Ihren Besuch herangehen. Im November wird nicht viel blühen, aber stattdessen können Schnee oder Herbstfarben ungewöhnliche Motive bieten.

Wannsee

Villen und Segelboote, aber auch bewaldete Ufer und abgeschiedene, ruhige Fleckchen – der berühmteste See Berlins hat viel zu bieten

STEGLITZ-ZEHLENDORF

Ich lebte bereits seit fast 6 Jahren in Berlin, als ich endlich zum ersten Mal am Ufer des Großen Wannsees stand. Und ich bereute sofort, dass ich nicht schon viel früher gekommen war. Mein erster Besuch war auch gleich buchstäblich ein Sprung ins mehr oder weniger kalte Wasser, denn ich hatte mir einen Kajak ausgeliehen und wollte paddeln gehen und dabei fotografieren. Und was für ein wundervoller Ort für beides ist der Wannsee!

Auch eine Art, einen schönen Sommertag zu genießen: Dieser Mann saß mit seinem Klappstuhl auf der Nordseite der dicht bewaldeten Insel Wannsee. Er musste ihn ziemlich weit geschleppt haben, und ich war dankbar für das interessante Bildelement im Vordergrund, das er mir lieferte.

60 mm | f9 | 1/200 s | ISO 100

Ja, es kann geschäftig zugehen auf dem Wannsee. Als ich hier mit dem Kajak lospaddelte, fragte ich mich plötzlich zum ersten Mal (und ich bin schon viel gepaddelt in meinem Leben), was auf Seen und Flüssen eigentlich für Vorfahrtsregeln gelten. Durch die Wahl einer Brennweite von umgerechnet 315 mm wirken die Boote im Hintergrund noch gedrängter. Dann brauchte ich nur noch ein einzelnes Boot im Vordergrund, das mir dann auch prompt ins Bild segelte. Die weiße Struktur auf dem Hügel im Hintergrund ist übrigens die alte Abhörstation auf dem Teufelsberg (siehe Seite 190).

315 mm | f8 | 1/500 s | ISO 100

Der Große Wannsee liegt im äußersten Südwesten Berlins und ist eigentlich eine große Bucht der Havel. Er zieht sich von Spandau im Norden bis nach Potsdam im Süden, und an seinen Ufern finden Sie zum Teil beeindruckende Villen, ebenso wie Schilflandschaften und dichte Bewaldung. Entsprechend vielfältig sind auch die Ausblicke auf den See und vom See aus.

Es ist etwas schwer zu sagen, wo man genau hinfahren sollte, denn der Große Wannsee ist, wie der Name schon sagt, ziemlich groß. Eine Möglichkeit ist, mit dem Fahrrad in die S-Bahn zu steigen und bis Bahnhof »Wannsee« zu fahren und von dort zu radeln. Das Fahrrad ist wahrscheinlich das ideale Fortbewegungsmittel für eine Erkundung der Gegend, weil man die zum Teil recht großen Strecken damit schneller bewältigen kann als zu Fuß, aber im Gegensatz zum Auto fast immer in direkter Ufernähe bleiben kann.

Eine mögliche Route wäre, von der S-Bahn-Station aus hinüber zur Insel Wannsee zu fahren, dort dann die erste Straße wieder rechts abzubiegen in die Straße »Am Großen Wannsee« und ihr zu folgen. Hier fahren Sie zunächst an vielen prächtigen Villen vorbei und stoßen irgendwann auch rechts auf das Haus der Wannseekonferenz,

GROSSER WANNSEE

* Offensichtlich ist der Wannsee riesig, aber der Kronprinzessinnenweg 1 bzw. die S-Bahn-Station Wannsee sind ein guter Ausgangspunkt, um den See zu entdecken. Von hier zu den Bootsfähren sind es nur wenige Meter. Alternativ dazu fährt von hier auch der Bus 218 zur Pfaueninsel, oder Sie starten von hier aus zu einer Fahrradtour entlang des Seeufers.

* www.seen.de/grosser-wannsee/

Die Wirkung von Himmel und Wasser am Wannsee ist je nach Wolken und Wetter immer wieder völlig anders. Hier habe ich übrigens keine Filter verwendet. Ich fand das »echte« Licht in dieser Situation, wie so oft, faszinierend genug.

15 mm | f8 | 1/125 s | ISO 400

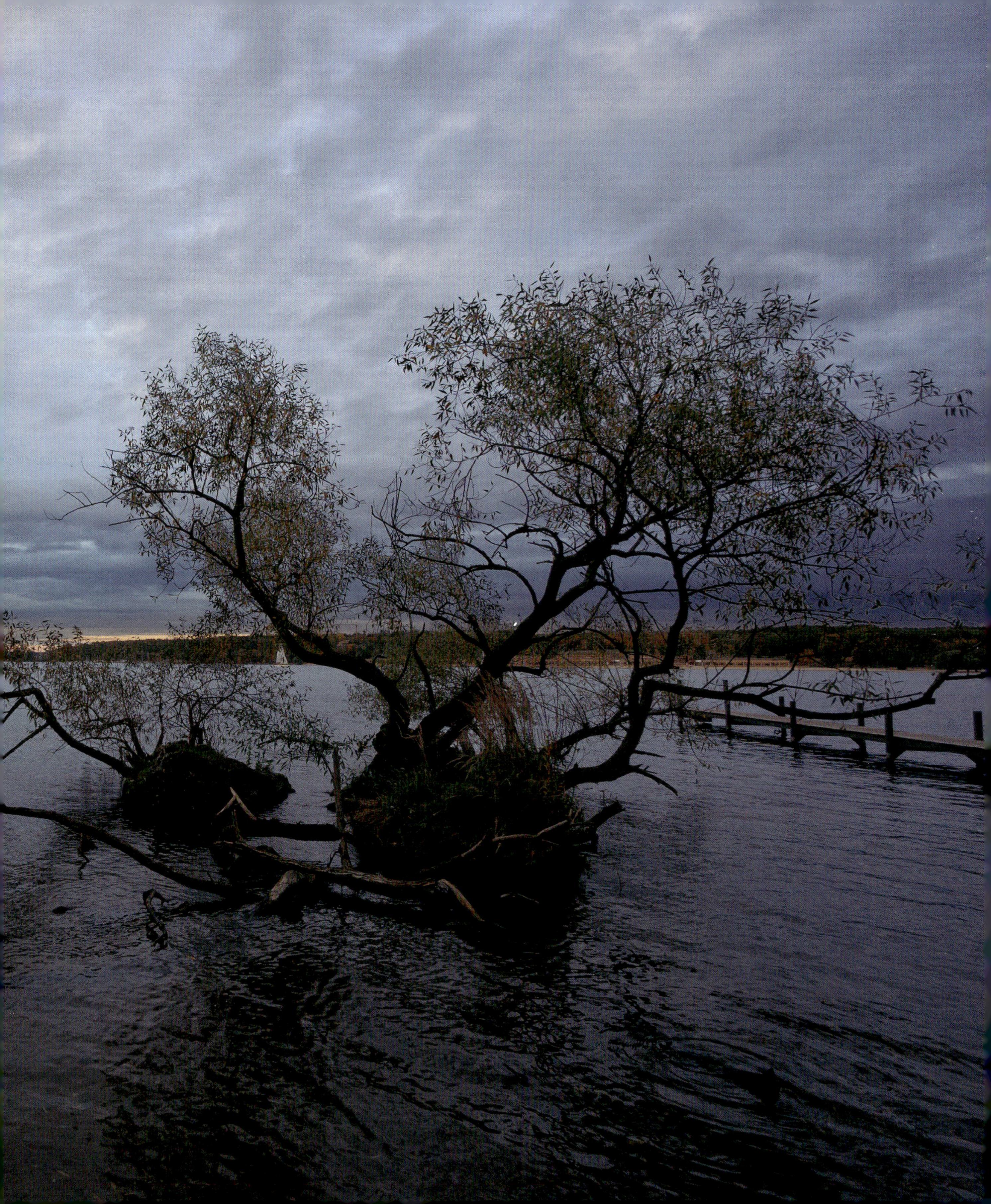

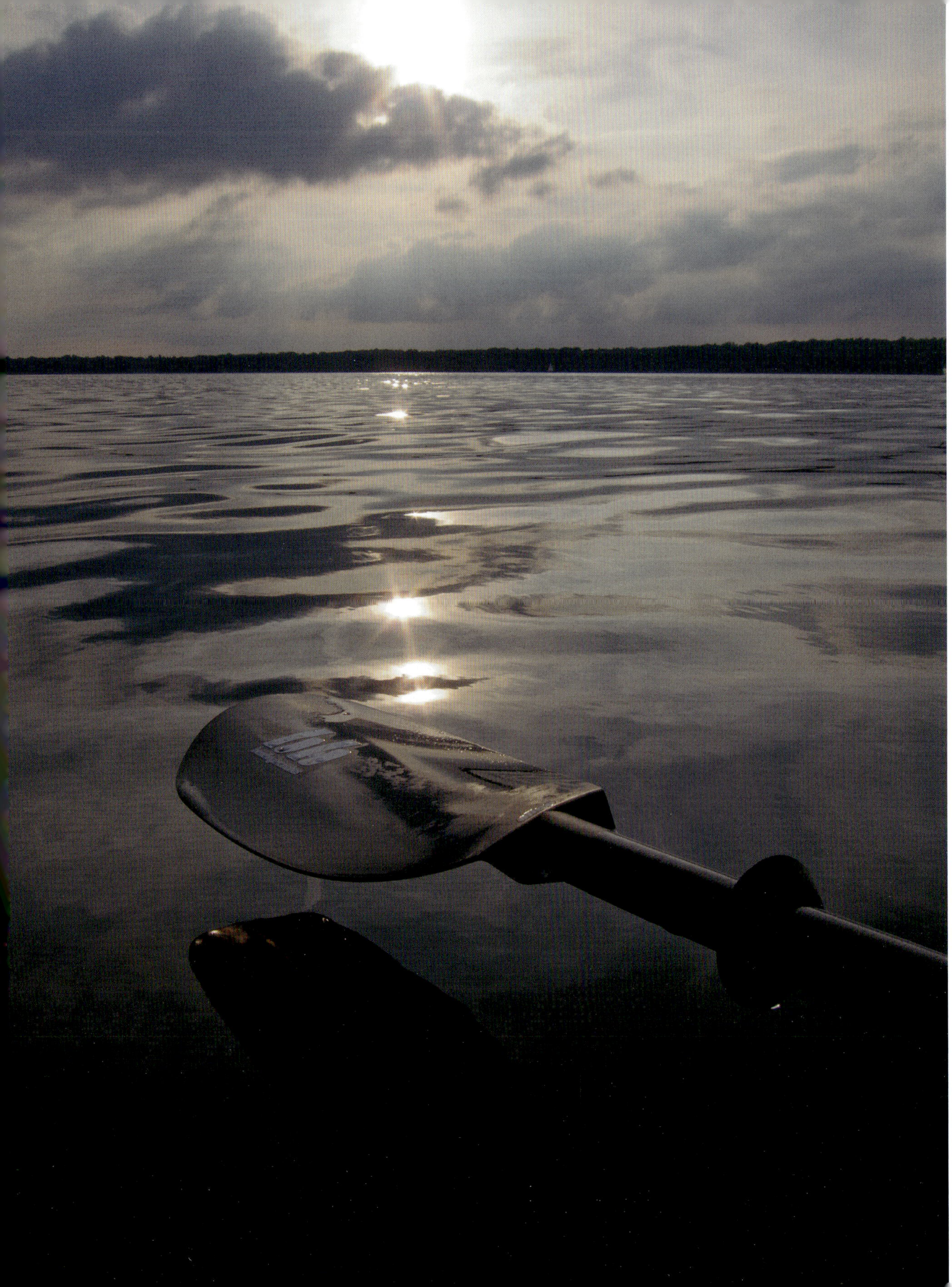

in dem die Nationalsozialisten 1942 den Holocaust an den Juden planten und organisierten. Die Villa ist heute eine Gedenkstätte und ein Museum. Kurz danach zweigt der Uferweg rechts ab. Wenn Sie ihm folgen, können Sie fern von Verkehr und Lärm direkt am Wasser um die halbe Insel radeln und wunderschöne Ausblicke genießen. Auf halber Strecke kommen Sie auch an der Anlegestelle der Fähre zur Pfaueninsel vorbei. Die Überfahrt ist sehr kurz (die Insel ist nur wenige Meter entfernt), und die Insel ist ein Traum für Spaziergänge, da es weder Autos noch Fahrräder noch Geschäfte gibt, nur jede Menge Natur und noch mehr Ausblicke auf den Wannsee.

Apropos Fähre: Auf dem Wannsee verkehren viele Fähren, von denen wiederum viele auch gleich wenige Meter von der S-Bahn-Haltestelle entfernt ablegen. Auch sie sind eine gute Möglichkeit, den See zu entdecken und zu fotografieren. Wenn Sie dem Ufer der Insel weiter folgen, gelangen Sie irgendwann zum Schloss Glienicke (auch sehenswert) und zur Glienicker Brücke, an der während des Kalten Krieges Spione zwischen Ost und West ausgetauscht wurden. Ja, hier auf der Insel Wannsee endet Berlin, damals West-Berlin, und auf der anderen Seite der Brücke liegt das damals zur DDR gehörende Potsdam. Sie können also im Prinzip Ihre Erkundungstour gleich auf der anderen Seite fortsetzen.

Meine Kajaktour war übrigens wunderschön, ich bin nicht ins Wasser gefallen, die Kamera blieb unbeschadet, und mein Paddel im Bildvordergrund lieferte sogar ein schönes Motiv.

Hier bildete das Paddel meines Kajaks einen guten Vordergrund. Schön fand ich auch den Schatten, den es auf die Spiegelung des Himmels im Wasser wirft. Die Tatsache, dass das Paddel diagonal durch das Bild verläuft, gibt dem ansonsten sehr ruhigen Motiv etwas Spannung.

28 mm | f7,1 | 1/500 s | ISO 80 | −1 EV

Die Äste im Vordergrund schaffen eine interessante zusätzliche Ebene. Ohne sie wäre das Bild trotz der schönen Stimmung langweilig.

35 mm | f4 | 1/250 s | ISO 80 | −1/3 EV

Der Wannsee ist übrigens zu jeder Jahreszeit einen Besuch wert. Im Sommer bietet das Wasser Abkühlung, im Frühling locken die Blumen, insbesondere auf der Pfaueninsel, im Herbst das rote und gelbgoldene Laub der Wälder, die den See umgeben. Und wenn der See im Winter teilweise zufriert, können Sie nochmal eine völlig neue Seite entdecken. Das ist übrigens gar nicht so selten der Fall, denn der See ist trotz seiner Größe mit einer Maximaltiefe von 9 Metern sehr flach.

Tipps

Vom Ufer aus lässt sich der Wannsee am besten per Fahrrad entdecken, aber auch eine Fahrt mit einer der vielen Fähren verschafft schöne Aus- und Einblicke.

Es bietet sich an, das volle Spektrum an Objektiven mitzubringen. Für die Landschaftsaufnahmen ist ein gutes Weitwinkelobjektiv unerlässlich, für Tieraufnahmen wiederum brauchen Sie unbedingt ein ordentliches Teleobjektiv

Der Wannsee bietet zu allen Jahreszeiten tolle Motive. Neben Frühlingsblüten und Herbstfarben ist auch der Winter spannend, insbesondere wenn der See zufriert, was er (zumindest in Teilen) recht oft tut, da er nicht sehr tief ist.

Oben: Auch der Winter bietet faszinierende Motive, insbesondere wenn der große See zufriert.
24 mm | f9 | 1/1000 s | ISO 200

Unten: Ein Stück Eis auf der zugefrorenen Oberfläche des Sees: Wie so oft, sollten Sie auch hier die kleinen Details beim Anblick der Szenerie nicht übersehen.
75 mm | f9 | 1/400 s | ISO 200

Shades of Green

Wie Sie unschwer sehen können, ist Berlin nicht nur ungewöhnlich grün für eine Stadt seiner Größe, die grünen Ecken der Stadt sind auch ungewöhnlich vielfältig. Mal herrschaftlich, mal improvisiert, mal mit morbidem Charme ist in Berlin für jeden etwas dabei. Und eine erfrischende Abwechslung vom Trubel der Stadt bieten alle Orte in diesem Kapitel. Wenn Sie also in Berlin sind, fahren Sie doch mal raus ins Grüne, ohne wirklich raus ins Grüne zu fahren. Es lohnt sich!

Diese Motive haben es nicht ins Buch geschafft. Warum?

In diesem Kapitel haben es mehrere Themen aus rechtlichen Gründen nicht ins Buch geschafft. Zum einen ist da der **Spreepark Plänterwald** zu nennen. Dieser ehemalige Vergnügungspark bietet tolle Fotomotive, ist aber seit einem Brand auf dem Gelände nicht mehr für die Öffentlichkeit zugänglich, und wir konnten keine Erlaubnis bekommen, um die Fotos, die ich vor der Schließung dort gemacht hatte, zu veröffentlichen. Auch die **Pfaueninsel** hätte ich gerne noch detaillierter vorgestellt, allerdings erhebt die Stiftung Preußische Schlösser und Gärten Berlin-Brandenburg hohe Gebühren für die Erlaubnis, Fotos von ihren Anlagen zu veröffentlichen, so dass ich von der Veröffentlichung leider absehen musste. Gleiches gilt für den **Park Glienicke** und den **Schlossgarten Charlottenburg**.

Ein Schwarm Graureiher steht auf dem zugefrorenen Kleinen Wannsee. Dieses Bild »funktioniert«, weil die drei Vögel links im Bild quasi eine Reihe bilden, die vom Vogel im Vordergrund in einer leichten Kurve nach links oben verläuft. Zusammengenommen bilden sie ein Gegengewicht zur Nachmittagssonne oben rechts im Bild, wodurch das Bild insgesamt sehr ausgewogen ist, ohne langweilig zu wirken. Der Vogel rechts im Hintergrund lockert die ansonsten sehr gleichmäßige, helle Fläche auf dem Eis etwas auf und stört doch die Ordnung des Bildes nicht.

125 mm | f11 | 1/320 s | ISO 100

Streetart

Oft ein Ärgernis, gelegentlich große Kunst im Kleinen: Graffiti, Werke aus Kronkorken, temporäre Kunst und andere Schätze

Gefangen im virtuellen Dornbusch. Dieses Gemälde auf einer Häuserwand in Kreuzberg ist Verzierung, bietet aber gleichzeitig auch etwas Schutz vor weniger schönen Graffitis.

61 mm | f11 | 1/320 s | ISO 100

»Ist das Kunst oder kann das weg?« Dieser oft zitierte Satz geht sicher vielen Berlin-Besuchern durch den Kopf, wenn sie durch die Straßen schlendern. Besprühte Wände, Aufkleber und (vielfach überklebte) Poster sind insbesondere in Berlins quirligeren, jüngeren Vierteln allgegenwärtig. Vieles ist einfach nur Geschmiere, wie in jeder Großstadt, aber oft finden Sie beim näheren Hinsehen wirklich originelle Sprüche und Ideen und vielerorts richtige Gemälde und Skulpturen, die definitiv einen zweiten Blick wert sind.

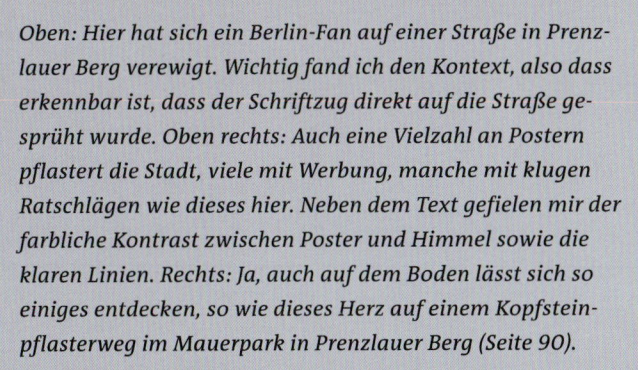

Oben: Hier hat sich ein Berlin-Fan auf einer Straße in Prenzlauer Berg verewigt. Wichtig fand ich den Kontext, also dass erkennbar ist, dass der Schriftzug direkt auf die Straße gesprüht wurde. Oben rechts: Auch eine Vielzahl an Postern pflastert die Stadt, viele mit Werbung, manche mit klugen Ratschlägen wie dieses hier. Neben dem Text gefielen mir der farbliche Kontrast zwischen Poster und Himmel sowie die klaren Linien. Rechts: Ja, auch auf dem Boden lässt sich so einiges entdecken, so wie dieses Herz auf einem Kopfsteinpflasterweg im Mauerpark in Prenzlauer Berg (Seite 90).

Oben: 34 mm | f10 | 1/80 s | ISO 200
Oben rechts: 31 mm | f11 | 1/320 s | ISO 200
Rechts: 47 mm | f2,4 | 1/950 s | ISO 50

Streetart

Ein Künstler bei der Arbeit. Der Mann malte bunte Muster auf die Pflastersteine an der Admiralbrücke in Kreuzberg. Nach dem nächsten Regen war sein ganzes Werk wieder verschwunden.

31 mm | f6,3 | 1/500 s | ISO 100 | 1 ⅔ EV

Geballte Bilder

Es gibt einige Orte in Berlin, an denen das Malen, Sprayen von Graffitis oder Anbringen andersartiger Kunstwerke explizit erlaubt ist oder wenigstens geduldet wird – ideale Bedingungen also, um interessante Streetartfotos zu machen. Darunter sind:

» die Mauer im Mauerpark (siehe Seite 90)
» der Tälchenweg im Natur-Park Südgelände (siehe Seite 232)
» die alte Abhörstation auf dem Teufelsberg (siehe Seite 190)
» die East Side Gallery (siehe Seite 72) – hier ist das Sprayen eigentlich verboten, wird aber trotzdem intensiv betrieben, leider auch auf den Kunstwerken auf der Nordseite der Mauer.

Wenn diverse Leute um die verfügbare Arbeitsfläche konkurrieren, entstehen solche unfreiwilligen Kollagen, in diesem Fall eine Mischung aus Graffiti, Aufklebern, Gekritzel und einem zerzausten Poster. Dieses Detail fand ich auf einem ehemaligen Stück der Berliner Mauer an der East Side Gallery (Seite 72).

57 mm | f9 | 1/320 s | ISO 200

258 Streetart

Vielleicht ist das Schwierigste am Fotografieren von Streetart, diese zu finden, denn die Kunstwerke stehen in keinem Stadtführer oder Stadtmagazin. Und was würde das auch nützen? Oftmals sind sie vergänglich und nach wenigen Tagen oder Wochen schon wieder verschwunden. Bei manchen ist das Absicht, andere halten den Elementen nicht stand und wieder andere werden übermalt oder entfernt.

Was also tun? Beginnen könnten Sie Ihre Suche an den Orten in der Stadt, wo legal gesprayt, gemalt oder geklebt werden darf oder wo dies wenigstens geduldet wird (siehe Kasten).

Und selbst wenn Sie im allgemeinen Stadtbild Ihr Glück versuchen wollen, werden Sie mancherorts sicher eher fündig als anderswo. Am besten versuchen Sie es in einem Stadtteil, in dem es besonders viele Menschen gibt, die sich auf den Straßen und Wänden künstlerisch austoben, und gleichzeitig ein Umfeld, das sich daran nicht stört oder es sogar noch unterstützt. So werden Grafitis oder Poster in Grunewald oder am Kurfürstendamm eher zügig wieder entfernt, während sie in Kreuzberg, Friedrichshain, Neukölln oder Wedding stellenweise eher dadurch verschwinden, dass sie von anderen Straßenkünstlern auf der Suche nach einer »Leinwand« übermalt oder überklebt werden.

Eine prinzipielle Frage gilt es beim Fotografieren von Streetart immer zu klären: Ist der Kontext, in dem sich das Kunstwerk befindet, wichtig für ein gelungenes Foto, oder lenkt er nur vom Motiv ab? Bei dem Foto links unten hätte ein weiterer Ausschnitt beispielsweise von der komplexen Mischung aus kleinen Details sicherlich abgelenkt.

Ein spannender Kontrast zwischen dem jungen Pärchen an einer Wand der Oberbaumbrücke und den Frauen mit Kopftuch, insbesondere weil es mit seiner Mischung aus urbanen Kreativen und Menschen mit Migrationshintergrund ein Spiegelbild von Kreuzberg ist.

24 mm | f6,3 | 1/160 s | ISO 800 | –1/3 EV

Streetart

Ob das Kunst ist, darüber lässt sich sicher streiten. Vergänglich ist es auf jeden Fall – und sehr leicht zu übersehen. Es sind kleine Details wie dieses, die Spaß machen.

34 mm | f8 | 1/125 s | ISO 100

Bei dem Foto der Kronkorken am Wegesrand war die Straßenszene im Hintergrund hingegen entscheidend. Das Motiv wird dadurch spannend, dass sich jemand die Mühe gemacht hat, Kronkorken an einem Ort bewusst zu platzieren, ja geradezu zu präsentieren, an den sie sonst nur achtlos gemeinsam mit Zigarettenstummeln und anderem unerwünschten Müll gefegt werden. Dass es hier anders ist, macht das Bild aus. Ohne den Kontext wären es einfach nur Kronkorken im Sand.

Aber prinzipiell können Sie überall interessante Motive finden. Ein eindeutiges Rezept gibt es nicht und kann es auch nicht geben, denn das macht Streetart aus. Also versuchen Sie nicht, die Motive auf diesen Seiten zu finden und noch einmal zu fotografieren. Sie finden sicher viel bessere, wenn Sie einfach mit offenen Augen durch die Stadt gehen!

Dieses Mosaik im Görlitzer Park in Kreuzberg besteht komplett aus Kronkorken. Da sie einbetoniert sind, ist dieses bunte Kunstwerk vielleicht sogar noch da, wenn Sie in Berlin auf Fotosafari gehen.

25 mm | f11 | 1/400 s | ISO 200

Bei diesem Motiv war mir wichtig, nicht nur das Bild der jungen Frau, sondern auch »ihr« Umfeld mit ins Bild zu nehmen. »Sie« sitzt fast versteckt zwischen den Pflanzen, die aus dem Bürgersteig sprießen, und die Mischung aus der sehr alltäglichen Umgebung und der künstlerischen Frauenfigur sprach mich an.

49 mm | f9 | 1/160 s | ISO 200 | +⅓ EV

Streetart 261

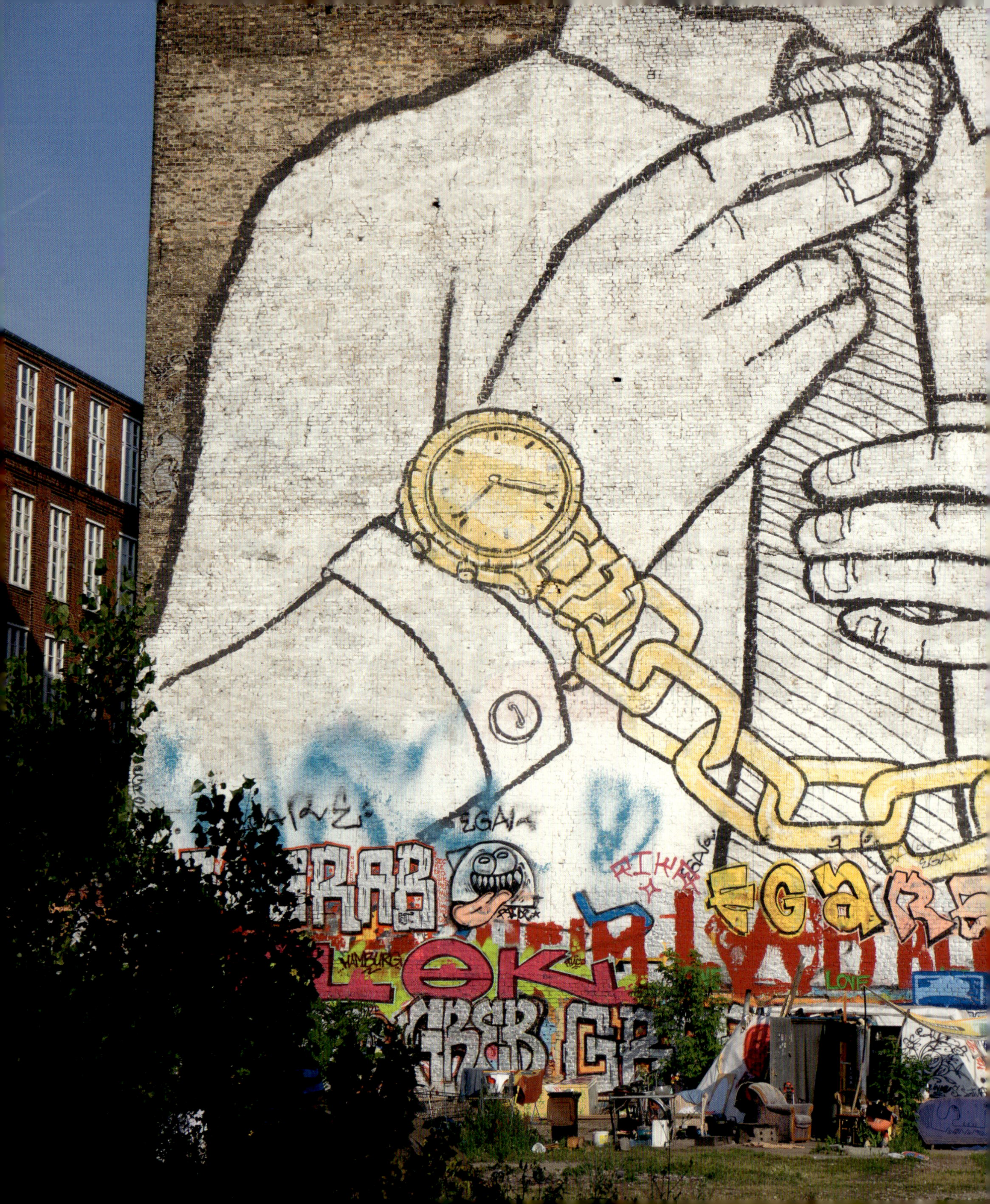

Manche Kunstwerke sind geradezu monumental, wie diese Kapitalismuskritik, die eine gesamte Häuserwand in Kreuzberg ziert. Bezeichnend ist auch das Zeltlager auf dem verwilderten Grundstück darunter.

61 mm | f9 | 1/1000 s | ISO 200

Dieses Motiv braucht Kontext, um seine Größe erkennen zu lassen. Daher habe ich die geparkten Autos darunter ganz bewusst mit ins Bild genommen. Dieses Bild fand ich an einer Hauswand in Berlin-Mitte nahe der Jannowitzbrücke.

30 mm | f6,3 | 1/100 s | ISO 200

Dieses Gemälde befindet sich auf einer Wand der alten Abhörstation auf dem Teufelsberg (Seite 190). An Orten wie diesem findet sich eine große Vielfalt an Bildern verschiedenster Stile.

42 mm | f9 | 1/100 s | ISO 100

Dieser Raumfahrer an einer Hauswand in der Mariannenstraße in Kreuzberg ist schwer zu übersehen. Hätte ich allerdings einen kleineren Ausschnitt gewählt, auf dem die Fassade mit den Fenstern nicht zu sehen wäre, wüsste man das nicht. Durch die Hinzunahme der Fassade werden die Größenverhältnisse klar.

64 mm | f9 | 1/250 s | ISO 100

Streetart

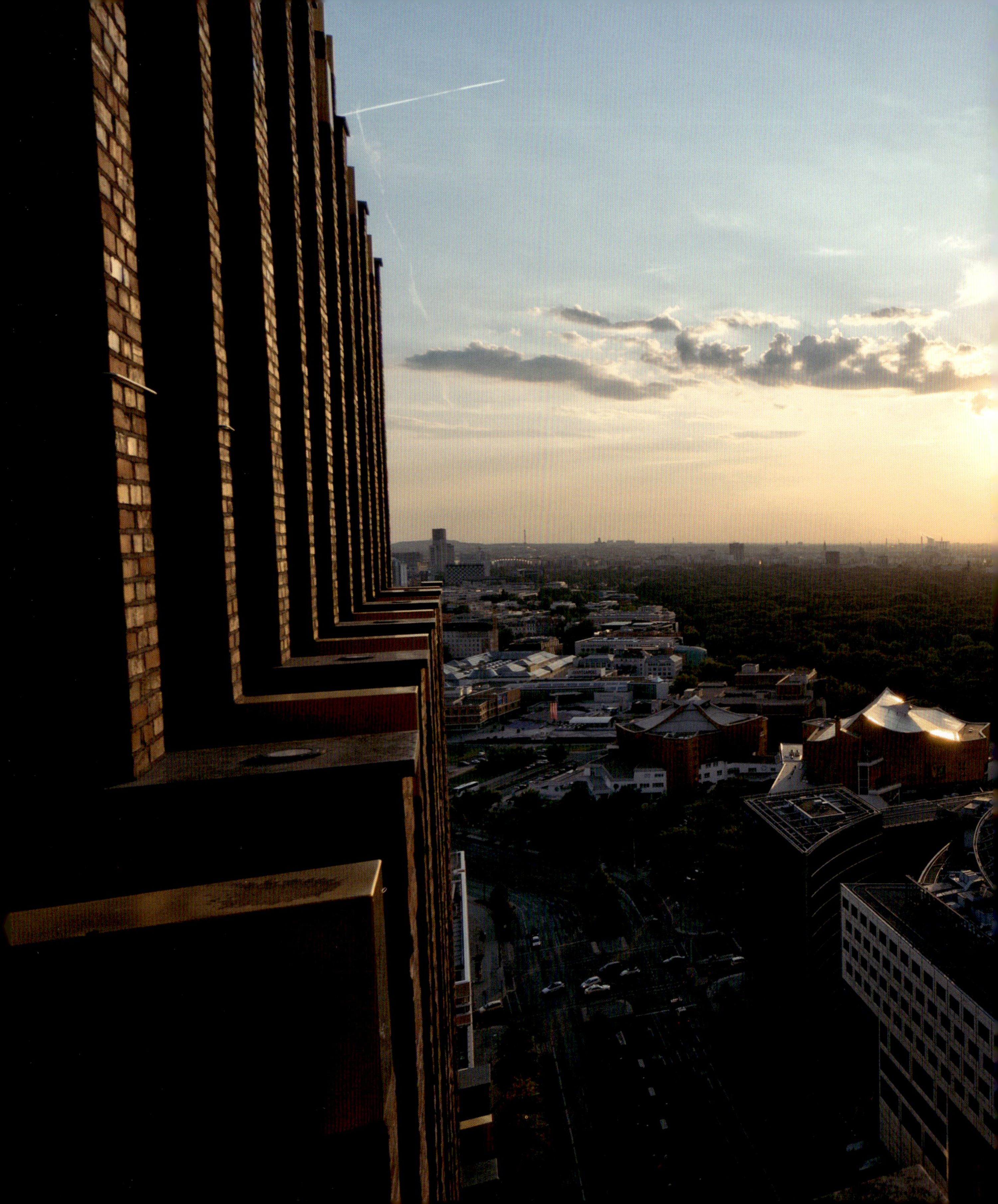

Das neue Berlin

Der Mauerbau hatte große Flächen mitten in der Stadt quasi zu Brachland gemacht, und so begann, dort und an vielen Orten in Ost-Berlin, nach dem Mauerfall und der folgenden Vereinigung beider deutscher Staaten ein wahrer Bauboom. Prominentestes Beispiel ist sicher das Areal um den Potsdamer Platz, das komplett neu erbaut wurde. Für Fotografen bietet das viele Möglichkeiten, interessante, innovative Architekturmotive und zum Teil ungewöhnliche Orte zu entdecken und abzulichten.

» **Potsdamer Platz**
Seite 268

» **Forum des Sony Centers**
Seite 278

» **Das Denkmal für die ermordeten Juden Europas**
Seite 280

» **Berlin Hauptbahnhof**
Seite 286

» **DHM – Ausstellungshalle von I. M. Pei**
Seite 294

» **Exkurs: Museen, Ausstellungen und Events**
Seite 300

Potsdamer Platz

Die ehemals größte innerstädtische Baustelle Europas bietet dem Fotografen viel moderne Architektur und tolle Ausblicke über die Stadt

MITTE

Wohl kein anderer Ort steht so sinnbildlich für das neue, wiedervereinigte Berlin, wie das Areal um den Potsdamer Platz. Einstmals direkt vor den Toren der Stadt gelegen, entwickelte sich dieser Ort schon im 18. Jahrhundert zu einem Verkehrsknotenpunkt, da hier die Straßen aus dem Süden und dem Westen des Reichs zusammentrafen. Hinzu kam später der Potsdamer Fernbahnhof und Anfang des 20. Jahrhunderts die westliche Endstation der ersten Berliner U-Bahn-Linie. Vor diesem Hintergrund ist es wenig verwunderlich, dass hier auch Berlins erste Verkehrsampel stand. Neben regem Verkehr gab es aber auch luxuriöse Hotels, Gastronomie, Varieté-Theater und jede Menge Möglichkeiten, sich zu vergnügen, nicht alle davon jugendfrei.

Alt trifft Neu: Auf dem Potsdamer Platz mit seinen modernen Bauten erinnern mehrere historische Betonstücke daran, dass hier einmal die Berliner Mauer verlief.

26 mm | f10 | 1/400 s | ISO 200

Auch im Winter ein schönes Motiv: der Blick vom Potsdamer Platz in Richtung Spielbank Berlin. Die unterschiedliche Farbgebung der beiden Hochhäuser trägt entscheidend zur Bildwirkung bei.

24 mm | f9 | 1/500 s | ISO 200

Das »Quartier Potsdamer Platz« (hier vom Panoramapunkt aus gesehen) ist quasi eine eigene Stadt in der Stadt.

24 mm | f8 | 1/125 s | ISO 100

POTSDAMER PLATZ

* Potsdamer Platz 1, 10785 Berlin
* S-Bahn S1, S2, S25, U-Bahn U2, Bus 200, M41 u.a., S+U Potsdamer Platz
* Das Areal ist frei zugänglich, aber große Teile sind rechtlich gesehen Privatgelände. Bevor Sie Bilder veröffentlichen, sollten Sie daher unbedingt eine Genehmigung einholen.
* http://potsdamerplatz.de

Nach dem Zweiten Weltkrieg war von alledem fast nichts mehr übrig. Der Platz und seine Umgebung waren größtenteils zerstört. Hinzu kam, dass er auf dem »Dreiländereck« zwischen dem britischen, amerikanischen und sowjetischen Sektor der Stadt lag und spätestens mit dem Mauerbau das Leben hier fast gänzlich zum Erliegen kam. Zwischenzeitlich war sogar geplant, an diesem Ort eine Autobahntrasse entlangzuziehen, die aber glücklicherweise nie gebaut wurde. Nach dem Mauerfall hinterließ der Grenzstreifen, der hier besonders breit gewesen war, zusammen mit der weitgehend brachliegenden Fläche auf der

Panoramapunkt

Wie es sich für eine Ansammlung von Hochhäusern gehört, bietet auch der Potsdamer Platz eine Aussichtsplattform, von der aus Sie das Areal überblicken können. In diesem Fall den »Panoramapunkt« auf dem Dach des Kollhoff-Towers. Das Gebäude ist ideal als Aussichtspunkt, weil es sich den Titel des höchsten Gebäudes am Platz mit dem Bahntower teilt (103 Meter) und gleichzeitig mitten »im Geschehen« steht (der Atrium Tower ist zwar höher, steht aber etwas abgelegen am Landwehrkanal). Vom Panoramapunkt aus haben Sie einen Blick auf das direkt angrenzende Piano-Hochhaus und den gegenüberliegenden Bahntower sowie das Dach des Sony Centers, nordwestlich davon liegt der Tiergarten, nördlich der Reichstag und das Brandenburger Tor, gen Osten ... Ach, was soll das, man sieht eigentlich die ganze Stadt von hier oben aus. Das Schöne daran ist aber, dass es in der direkten Umgebung viel zu sehen gibt und man nicht so extrem weit über die Stadt erhoben ist, wie beispielsweise auf dem Fernsehturm. Dadurch behält man den Bezug zur Umgebung, sieht auch noch viele kleine Details und bekommt nicht das Gefühl, dass man auf eine Landkarte guckt. Und für Ihre Fotos haben Sie hier (wenn Sie wollen) auch noch einen geeigneten Vordergrund, wodurch es eher gelingt, Fotos zu gestalten, die nicht flach wirken. Sehr gut lässt sich das bei dem ersten Foto dieses Kapitels (auf Seite 266–267) erkennen, das auch vom Panoramapunkt aus entstanden ist.
Weitere Information unter:
www.panoramapunkt.de

West-Berliner Seite der Mauer ein riesiges, fast völlig unbebautes Areal – ein innerstädtischer Luxus, aus dem in den 1990er Jahren die größte innerstädtische Baustelle Europas wurde und am Ende quasi ein komplett neues Stadtviertel. Allein das von Daimler entwickelte »Quartier Potsdamer Platz«, das nur einen Teil der Fläche ausmacht, umfasst zehn Straßen und 19 Gebäude auf 68 000 Quadratmetern Fläche, darunter Büros, Hotels, Wohnungen, Parkflächen, ein Kino, drei Theater, eine Spielbank und ein Shoppingcenter.

Das Dach des nördlichen Eingangs zum riesigen S-Bahnhof Potsdamer Platz mit dem Beisheim-Center im Hintergrund

52 mm | f9 | 1/200 s | ISO 100

Der Bahntower vom Panoramapunkt, der Aussichtsplattform des gegenüberliegenden Gebäudes, aus gesehen. Hier gefiel mir die schier endlose Zahl kleiner Details des in seiner Grundform ansonsten sehr einfach aufgebauten Fotos.

40 mm | f4 | 1/60 s | ISO 100

Entsprechend viel gibt es hier auch zu sehen und zu entdecken. Das Areal wird durch moderne Architektur dominiert, ist aber überraschend vielfältig. Es gibt großflächige Glasfassaden, rotbraunen Backstein, offene Stahlträger, ein Feuchtbiotop, hügelige Wiesen, helle Muschelkalkfassaden und ein Forum unter einem gigantischen Zeltdach.

Ein guter Einstieg ist der Potsdamer Platz selbst, an der Kreuzung Potsdamer Straße/Potsdamer Platz, an der auch der unterirdische S-Bahnhof Potsdamer Platz liegt. Von hier haben Sie einen beeindruckenden Blick auf die drei Hochhäuser, die den Platz dominieren: Helmut Jahns Bahntower mit seiner gerundeten Glasfassade, den in rotbraunen Backstein gehüllten Kollhoff-Tower und links davon das Piano-Hochhaus mit seiner markanten, spitz zulaufenden Glasfassade, alle westlich des Platzes gelegen. Nördlich grenzt das Beisheim-Center an den Platz, ein Gebäudekomplex mit Fassaden aus hellem Muschelkalk und vergleichsweise kleinen Fenstern, der ein wenig an die Architektur New Yorks aus den 1930er Jahren erinnert.

Dieser romantische Teich liegt direkt über einer vierspurigen Bundesstraße, die hier durch einen Tunnel unter dem Tiergarten zum Hauptbahnhof donnert.

24 mm | f8 | 1/640 s | ISO 200 | –⅔ EV

Tipps

Für die »Außenaufnahmen« am Potsdamer Platz sollten Sie etwas Sonne mitbringen. Das Forum im Sony Center (siehe Seite 278) hingegen können Sie auch bei schlechtem Wetter gut fotografieren und am besten nachts, wenn es bunt beleuchtet ist.

Ein gutes Weitwinkelobjektiv ist ratsam, da doch alles etwas größer geraten ist. Aber werden Sie auch nicht faul, und »reißen« Sie das Zoom nicht immer voll bis zum Anschlag auf. Oft ist es besser, *nicht* alles ins Bild zu packen.

Große Teile des Potsdamer Platzes sind Privatgelände, selbst wenn sie nicht so aussehen. Fragen Sie daher unbedingt beim jeweiligen Hausherrn an, bevor Sie Bilder des Areals veröffentlichen!

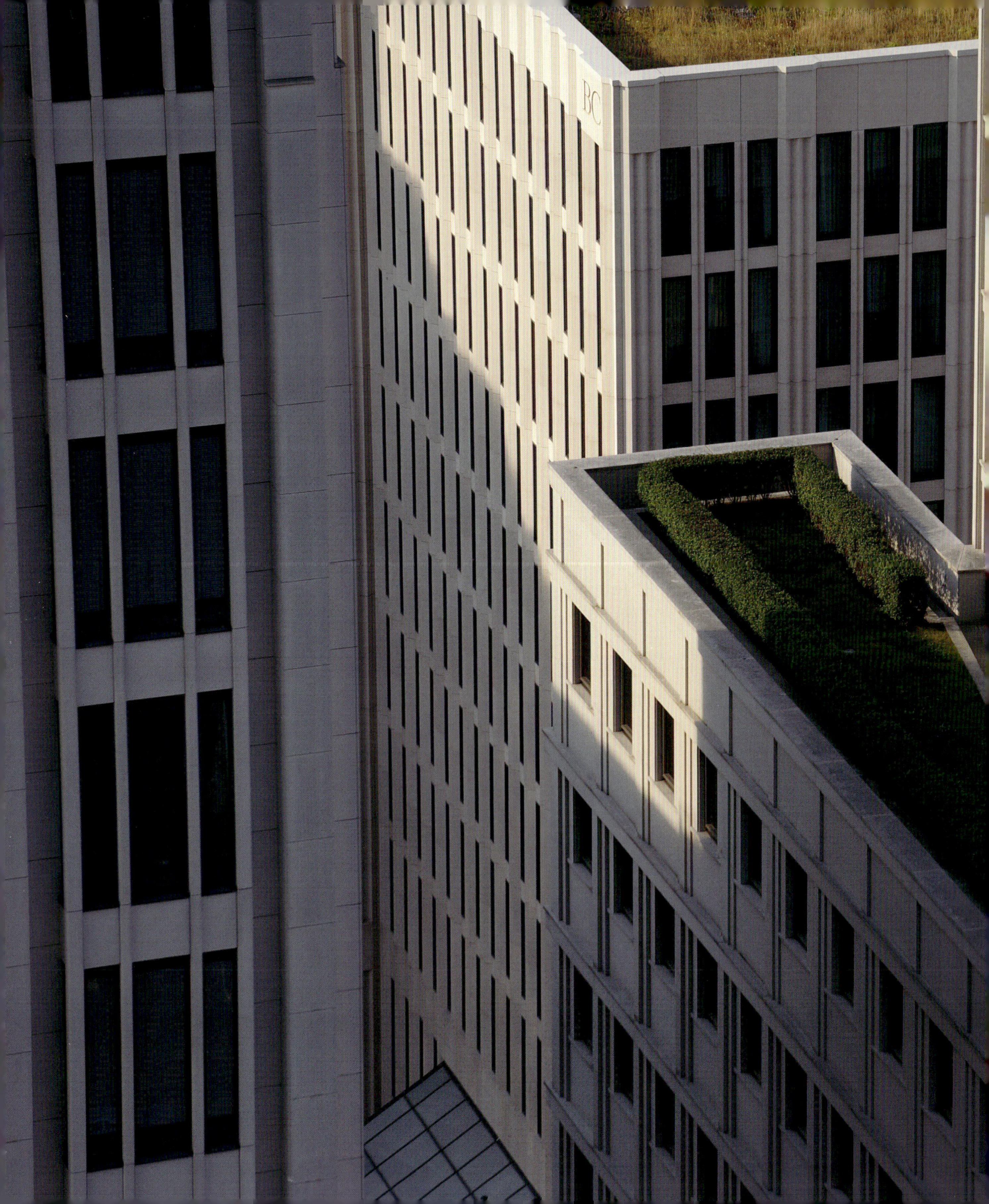
BC

Der Blick vom Panoramapunkt aus auf den Gebäudekomplex des Beisheim Centers. Durch die lange Brennweite sieht man nur Fragmente der verschiedenen Gebäude, wodurch sie fast auf abstrakte Formen reduziert werden. Das kleine Stückchen Grün in all dem »Grau« kombiniert mit der Abendsonne, die durch die Häuserschlucht fällt, machte diesen Blick für mich zu einem lohnenden Motiv.

170 mm | f6,3 | 1/250 s | ISO 100 | –⅓ EV

Bei all den Hochhäusern übersieht man fast die beiden großen Eingangshallen zum unterirdischen S-Bahnhof Potsdamer Platz, die zu beiden Seiten der Ost-West-Achse aus dem Boden ragen. Auch das Innere der modernen, großzügig angelegten Station ist definitiv einen Blick wert.

Gen Süden bietet sich ein völlig anderes Bild. Hier bildet der Tilla-Durieux-Park eine grüne Hügelkette, die sich weit nach Süden zieht und die an sonnigen Tagen von Anwohnern und Touristen gleichermaßen gerne zum Entspannen und Sonnenbaden genutzt wird. Richtung Osten blicken

Sie auf den angrenzenden, achteckigen Leipziger Platz. Neben seiner Form ist das vielleicht interessanteste Element dieses Platzes die *Mall of Berlin*, eine der schöneren der zahlreichen Einkaufspassagen Berlins – und eine der größeren.

Fotografisch bieten sich am Potsdamer Platz viele Möglichkeiten: Das Hochhaus-Ensemble als Ganzes, eventuell aus der Froschperspektive mit extremem Weitwinkel? Die Spiegelung der Sonne auf der Glasfassade des Bahntowers? Die Häuserschluchten? Oder Details der Fassaden mit ihren abstrakten Mustern?

Die beiden S-Bahn-Eingänge lassen sich fotografisch mit den umliegenden Hochhäusern kombinieren, was ebenfalls interessante Motive bietet. So kontrastiert das schwarze Stahlgerüst des Daches beispielsweise schön mit der hellen Fassade des Beisheim-Centers. Auf der Südseite der Potsdamer Straße steht übrigens auch ein Nachbau der bereits erwähnten ersten Berliner Ampelanlage (des »Verkehrsturms«) von 1924. Nicht unbedingt ein preisverdächtiges Motiv, aber wenn Sie schon mal da sind, halten Sie doch mal Ausschau nach dem grünen Türmchen mit den Uhren.

Wenn Sie an diesem Ort alles ausgeschöpft haben oder einen Blickwechsel benötigen, empfehle ich einen Abstecher in das Forum des wenige Meter entfernten Sony Centers (hinter dem Bahntower) und eventuell einen kleinen Spaziergang von dort über die Ludwig-Beck-Straße und die Alte Potsdamer Straße zur Spielbank Berlin. Einige Meter südlich, direkt neben dem Atrium Tower, befindet sich ein kleines Feuchtbiotop, das ein überraschendes, schönes Stück Grün zwischen all den Hochhäusern bildet. Hier tummeln sich Fische im Schilf, während ein paar Meter unter ihnen der Verkehr über die vierspurige Bundesstraße 96 durch den Tunnel Tiergarten Spreebogen donnert. Aber Sie müssen sich auch nicht unbedingt an diese Route halten. Wandern Sie einfach ein bisschen kreuz und quer durch das Viertel, und Sie werden noch viele andere große und kleine Überraschungen erleben.

Die grüne Hügellandschaft des Tilla-Durieux-Parks ist eine willkommene Abwechslung auf dem ansonsten dichtbebauten Areal.

68 mm | f9 | 1/400 s | ISO 200 | –⅓ EV

Forum des Sony Centers

Das Forum des Sony Centers ist Teil des Areals um den Potsdamer Platz, entführt Sie aber noch einmal in ganz andere Welten

MITTE

Zwischen den engen Schluchten der Stahl- und Glas-Türme des Sony Centers liegt eines der Highlights des Areals um den Potsdamer Platz, das Forum des Sony Centers. Der Platz zwischen den Gebäuden wird von einem ovalen, zeltartigen Dach überspannt, das in der Hauptachse ca. 100 Meter breit ist und so hoch hängt, dass man das Gefühl hat, unter freiem Himmel zu stehen, aber praktischerweise trotzdem keinen Regen abbekommt. Hinzu kommt, dass die 920 Tonnen schwere Dachkonstruktion nachts in wechselnden Farben angeleuchtet wird, was nicht nur eine schöne Stimmung schafft, sondern auch sehr schöne Fotomotive bietet. Das Farbenspiel mischt sich mit dem Strahlen diverser anderer bunter Lichtquellen im und um das Forum und mit dem Leuchten der Fassaden der umliegenden Gebäude, die man zum Teil durch die hohen, breiten Eingänge zum

Warum von so weit weg?

Das vielleicht berühmteste Zitat über Fotografie stammt vom legendären Kriegsfotografen Robert Capa und besagt: »Wenn deine Bilder nicht gut genug sind, warst du nicht nah genug dran.« Im Fall des Sony Center war ich deutlich näher dran, als das hier gezeigte Foto vermuten lässt, und ich habe auch viel spannendere Fotos gemacht, als dieses hier. Aber leider haben die Hausherren des Sony Center trotz emsiger, monatelanger Bemühungen nie auf unsere Anfragen zwecks einer Erlaubnis zur Veröffentlichung der Fotos reagiert. Um rechtliche Probleme zu vermeiden, die bei diesem Motiv nahezu unvermeidlich sind, sehen Sie daher hier nur ein Foto, das ich von der Straße außerhalb des Sony Center fotografiert habe. Es deutet nur leidlich an, wie fotografierenswert das Sony Center eigentlich ist. Das heißt übrigens nicht, dass Sie im Sony Center nicht privat fotografieren dürfen, aber bei einer Veröffentlichung sollten Sie vorsichtig sein!

Forum sehen kann. Von der Seite betrachtet, erinnert das Zeltdach übrigens an einen Vulkankegel, was wohl kein Zufall ist. Es soll angeblich an den Vulkan Fuji, den höchsten Berg Japans, erinnern.

Zur Weihnachtszeit hängt im Atrium der vielleicht ungewöhnlichste Weihnachtsbaum Berlins. Ich sage hängt, denn es handelt sich um einen Kegel aus Lichtern, der von der Decke herabhängt und über dem Boden schwebt. Dass das spannende Bildmotive bietet, ist wohl naheliegend.

Ebenfalls sehenswert ist der Kaisersaal des ehemaligen Grandhotels Esplanade. Das Hotel war im Krieg fast völlig zerstört worden, aber dieser Saal hatte überlebt und wurde im Rahmen des Baus des Sony Centers 1996 mit viel Aufwand um 75 Meter versetzt und in den neuen Gebäudekomplex integriert. Heute kann man durch eine Glasfassade von außen in den prunkvollen Saal blicken. Auf dem Weg vom Potsdamer Platz zum Forum gehen Sie fast automatisch an ihm vorbei.

Hier ist das »Zeltdach« des Sony Centers nachts blau erleuchtet. Das Foto entstand aus einiger Entfernung vom südöstlichen Rand des Potsdamer Platzes aus. Ich wählte hier trotz des spärlichen verfügbaren Lichts eine relativ kleine Blende, um wenigstens noch etwas Schärfentiefe zu erhalten. Daher auch die ungewöhnliche Kombination aus ISO 800 und Stativ bei einem statischen Motiv. Trotzdem ist das Sony Center nur schemenhaft zu sehen, was es insbesondere in Kombination mit den deutlich erkennbaren Büros im Vordergrund etwas surreal erscheinen lässt.

178 mm | f9 | 1/6 s | ISO 800 | Stativ

Das Denkmal für die ermordeten Juden Europas

Lassen Sie diesen ungewöhnlichen Ort auf sich wirken, und übersetzen Sie das in Bilder

MITTE

Gedenkstätten als Fotomotive zu empfehlen hat immer einen gewissen Beigeschmack, denn sie sind ja nicht als Attraktionen gedacht, sie sollen erinnern und mahnen. Das gilt wohl nirgends mehr als beim Denkmal für die ermordeten Juden Europas, meist kurz Holocaust-Denkmal genannt. Während die sowjetischen Ehrenmale im Tiergarten und in Treptow (Seite 217 und Seite 146) dem Besucher in Bild und Schrift erläutern, wofür sie stehen, ist der Besucher des Holocaust-Denkmals zunächst auf sich allein gestellt: keine Schilder, keine Bilder, keine Erläuterungen. Hinzu kommt, dass sein Schöpfer, der New Yorker Architekt Peter Eisenman, es den Besuchern auch nicht leichter macht. Er hat das Mahnmal selbst einmal als »the place of no meaning« bezeichnet. Entsprechend

Das scheinbar endlose Stelenfeld des Holocaust-Denkmals liegt mitten in der Stadt. Wenn Sie nicht wollen, dass die umliegenden Gebäude vom Motiv ablenken, dann fotografieren Sie am besten Richtung Westen zum Tiergarten hin.

15 mm | f9 | 1/100 s | ISO 100

280 Das neue Berlin

unschlüssig stand auch ich beim ersten Besuch vor dem riesigen Areal. Auf der etwa 19 000 Quadratmeter großen Fläche stehen 2711 große Betonstelen verschiedener Höhe. Warum es genau 2711 Stück sind, ist unklar. Viel interessanter ist aber, was erst auf den zweiten Blick deutlich wird: Nicht nur die Stelen haben verschiedene Höhen, auch der Boden ist nicht flach, sondern wellenförmig, und so steht man am Rand des Geländes neben Quadern, die zum Teil nur einige Zentimeter hoch sind. Gehen Sie jedoch in das Stelenfeld hinein, finden Sie sich irgendwann umgeben von über 2 Meter hohen Stelen, die den Besucher fast wie ein Irrgarten einzuschließen scheinen.

Für diesen Ort sollten Sie Zeit mitbringen. Zeit, um die trubelige Umgebung von Brandenburger Tor und Potsdamer Platz hinter sich zu lassen und sich auf das Stelenfeld einzulassen. Wandeln Sie hinein, vielleicht nicht unbedingt in einer großen Gruppe, lassen Sie vielleicht auch zunächst die Kamera unten, und streifen Sie einfach umher. Für mich entwickelte der Ort erst dadurch seine volle Wirkung. Und wenn Sie sich selbst ausgiebig ein Bild von dem Ort gemacht haben, können Sie anfangen, über Fotos nachzudenken.

HOLOCAUST-DENKMAL

* Cora-Berliner-Straße 1, 10117 Berlin
* **S-Bahn** S1, S2, S25, **U-Bahn** U55, **Bus** 100, 200, TXL, S+U Brandenburger Tor
* **S-Bahn** S1, S2, S25, **U-Bahn** U2, **Bus** 200, M41 u.a., S+U Potsdamer Platz
* Das Denkmal ist rund um die Uhr frei zugänglich. Trotzdem ist es Privatgelände, und wenn Sie Fotos von hier veröffentlichen wollen, sollten Sie vorher die Stiftung Denkmal für die ermordeten Juden Europas um Erlaubnis bitten.
* www.stiftung-denkmal.de

Der Blick durch das Stelenfeld aus der Froschperspektive – hier habe ich in der Bildbearbeitung nachträglich den Vordergrund etwas aufgehellt sowie mithilfe eines Filters die Kontraste verstärkt und etwas nachgeschärft, um die Oberflächenstruktur der Stelen noch etwas hervorzuheben.

28 mm | f2,8 | 1/1000 s | ISO 100 | bearbeitet mit Perfect Effects 8, Filter GRUNGE GODDESS

Von oben werden die großflächigen Muster der Stelenreihen noch deutlicher.

24 mm | f9 | 1/250 s | ISO 200

Fotografisch bietet das Holocaust Denkmal einige interessante Motive. »Spielen« Sie beispielsweise mit den Mustern der ähnlichen, aber doch immer leicht unterschiedlichen Stelen, den »Säulengängen« und den Effekten von Licht und Schatten auf den Steinen und Durchgängen. Dabei können Sie zum einen mit dem Weitwinkelobjektiv versuchen, das Gelände als Ganzes und die großflächigen Muster einzufangen. Benutzen Sie mal das Display Ihrer Kamera als Sucher, und halten Sie die Kamera hoch, um einen besseren Blickwinkel zu bekommen. Zum anderen können Sie mit dem Teleobjektiv die unzähligen Stelen zu einem Muster aus Strichen verschmelzen zu lassen.

Ort der Information unter dem Stelenfeld

Viele Besucher erreichen das Mahnmal von der Westseite, also der Parkseite, aus und laufen in Nord-Süd-Richtung einmal quer über das Gelände und wieder hinaus. Dabei übersieht man leicht den Eingang zum sogenannten »Ort der Information unter dem Stelenfeld«, einem Museum, das sich, wie der Name suggeriert, unter dem Mahnmal befindet (der Eingang ist eine unscheinbare Treppe nach unten auf der Ostseite des Areals). Falls Sie sich von dem Mahnmal mehr Informationen über die Judenverfolgung in der NS-Zeit und den Holocaust erhofft hatten, sind Sie hier genau richtig. Auf beeindruckende Weise zeigen die Ausstellungsräume den Verlauf, individuelle Schicksale und die unglaublichen Ausmaße der Schoah.

Auch so kann man das Mahnmal auf sich wirken lassen. Durch die Verwendung eines Teleobjektivs werden die Stelen auf ein Wirrwarr aus Linien reduziert, die junge Frau belebt das Bild und lässt uns fragen, was wohl in ihr vorgeht.

315 mm | f6,3 | 1/60 s | ISO 200

Schneebedeckt wirkt das Stelenfeld wieder ganz anders.
45 mm | f9 | 1/160 s | ISO 200

Der andere interessante Aspekt der Anlage ist die schon erwähnte Wirkung auf die Besucher. Jeder nimmt sie anders war. Viele empfinden sie als bedrückend, werden nachdenklich und traurig, andere behandeln das Areal mehr oder weniger wie einen Erlebnispark, eine Mischung aus Irrgarten und Turnanlage. Letzteren sollten Sie aus Respekt vielleicht nicht unbedingt nacheifern, aber diese »Nutzung« liefert trotzdem zum Teil interessante Motive.

Tipps

Machen Sie Übersichtsaufnahmen des Stelenfeldes lieber von Osten aus. Dann haben Sie den Tiergarten als Hintergrund, also eine Wand aus Grün. Wenn Sie von Westen auf das Feld fotografieren, haben Sie im Hintergrund die angrenzenden Wohnhäuser, was vom Hauptmotiv und dessen Schlichtheit ablenkt.

Bitte bedenken Sie, dass Sie hier eine Gedenkstätte besuchen und verhalten Sie sich entsprechend. Die Hausordnung verbietet es, auf die Stelen zu klettern (was leider oft ignoriert wird, wie Sie hier ja auch sehen). Darüberhinaus sind »Lärmen, Rauchen und der Genuss alkoholischer Getränke« untersagt.

Boys will be boys – mir gefiel der Kontrast zwischen der kühlen, abstrakten Szenerie und dem Teenager mit seinem Handy, der normaler nicht hätte sein können.
26 mm | f7 | 1/250 s | ISO 200

Das Denkmal für die ermordeten Juden Europas

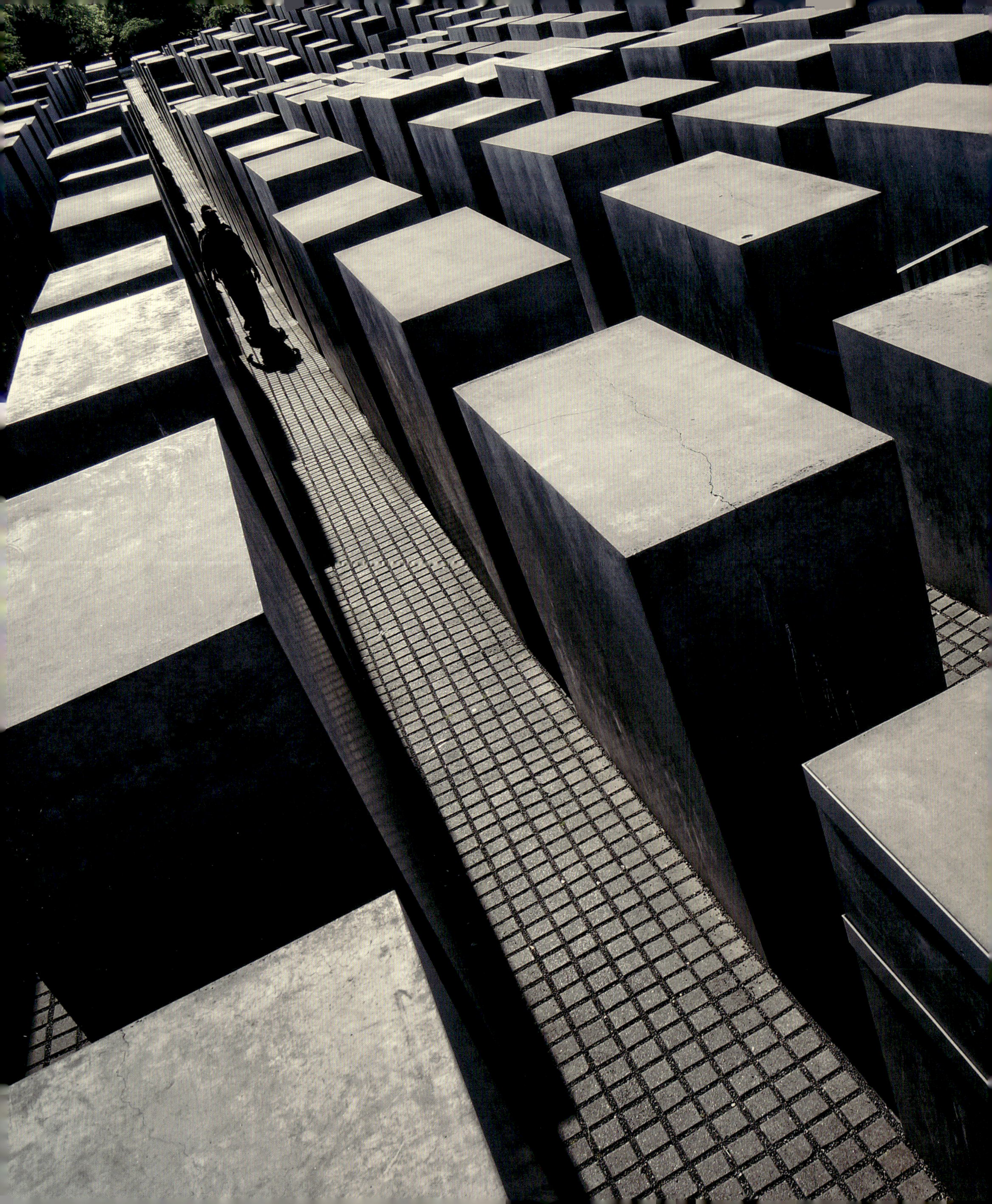

Die gekippte Perspektive gab dem Muster der Stelen noch eine zusätzliche, ungewöhnliche Dynamik. Der in der Nachbearbeitung erhöhte Kontrast hebt dabei die Struktur des Betons noch etwas stärker hervor.
24 mm | f9 | 1/250 s | ISO 200 | bearbeitet mit Perfect Effects 8, Filter MAGIC CITY

Berlin Hauptbahnhof

Was den eiligen Reisenden in den Wahnsinn treibt, lädt den Fotografen zum Spielen ein: ein Wirrwarr aus Ebenen und Formen

MITTE

Falls Sie seit der Fußball-WM 2006 schon einmal mit der Bahn nach Berlin gekommen sind, brauchen Sie diesen Tipp wahrscheinlich gar nicht, aber trotzdem: Fotografieren Sie mal den Berliner Hauptbahnhof! Ich glaube, jeder Fotograf, der hier zum ersten Mal aussteigt, denkt: »Hierher muss ich noch mal zum Fotografieren kommen« – wenn er nicht gleich die Kamera zückt und loslegt. Mir ging es auf jeden Fall so, und für dieses Buch habe ich mich dann auch endlich mal aufgemacht, Europas größten Turmbahnhof ganz bewusst abzulichten. Womit wir auch schon bei einem der spannendsten Aspekte dieses Gebäudes wären, der Tatsache, dass es ein Turmbahnhof ist. Der von Meinhard Gerkan entworfene Berliner Hauptbahnhof besteht nämlich streng genommen aus zwei übereinanderliegenden Bahnhöfen, einem sichtbaren in Ost–West-Richtung und einem unterirdischen in Nord–Süd-Ausrichtung. Das kann verwirrend sein, wenn man 10 Meter über Straßenniveau aus der Bahn steigt und für den Anschlusszug 25 Meter nach unten in den Keller fahren muss. Fotografisch macht das den Bahnhof aber endlos spannend, denn er ist so offen gestal-

Der Berliner Hauptbahnhof, vom Paul-Löbe-Haus des Bundestages aus gesehen: Die beiden Bürogebäude überspannen die oberen Gleise. Dabei kontrastiert ihre eckige Form mit dem gerundeten Glasdach der Bahnhofshalle.

45 mm | f10 | 1/400 s | ISO 200

Das »Glasrohr« eines der Aufzüge, die die verschiedenen Bahnhofsebenen verbinden. Ganz unten blicken Sie auf einen Bahnsteig des Tunnelbahnhofs.

24 mm | f4 | 1/20 s | ISO 1000 | Tischstativ

tet, dass man von dieser obersten Ebene an vielen Stellen über drei Zwischenebenen mit Geschäften direkt bis runter auf den Tunnelbahnhof blicken kann. Gleichzeitig verbinden mehrere Rolltreppen und Glasröhren mit Aufzügen die Ebenen, was zu einem bunten Formengemisch führt. Der Blick von oben ermöglicht auch ungewöhnliche Perspektiven, wie der Blick auf eine Rolltreppe aus der Vogelperspektive, den man sonst eher selten bekommt.

BERLIN-HAUPTBAHNHOF

* Europaplatz 1, 10557 Berlin
* S-Bahn S1, S2, S25, U-Bahn U55, Bus 100, 200, TXL, S+U Berlin Hauptbahnhof
* Der Bahnhof ist frei zugänglich und fotografieren wird geduldet, aber Achtung: Sie sind auf dem Privatgelände der Deutschen Bahn. Es gelten grundsätzlich die von der Bahn herausgegebenen »Informationen für Hobbyfotografen und -filmer«.

Die obere Ebene des Hauptbahnhofs liegt unter einer gigantischen Glaskuppel.
15 mm | f9 | 1/200 s | ISO 100

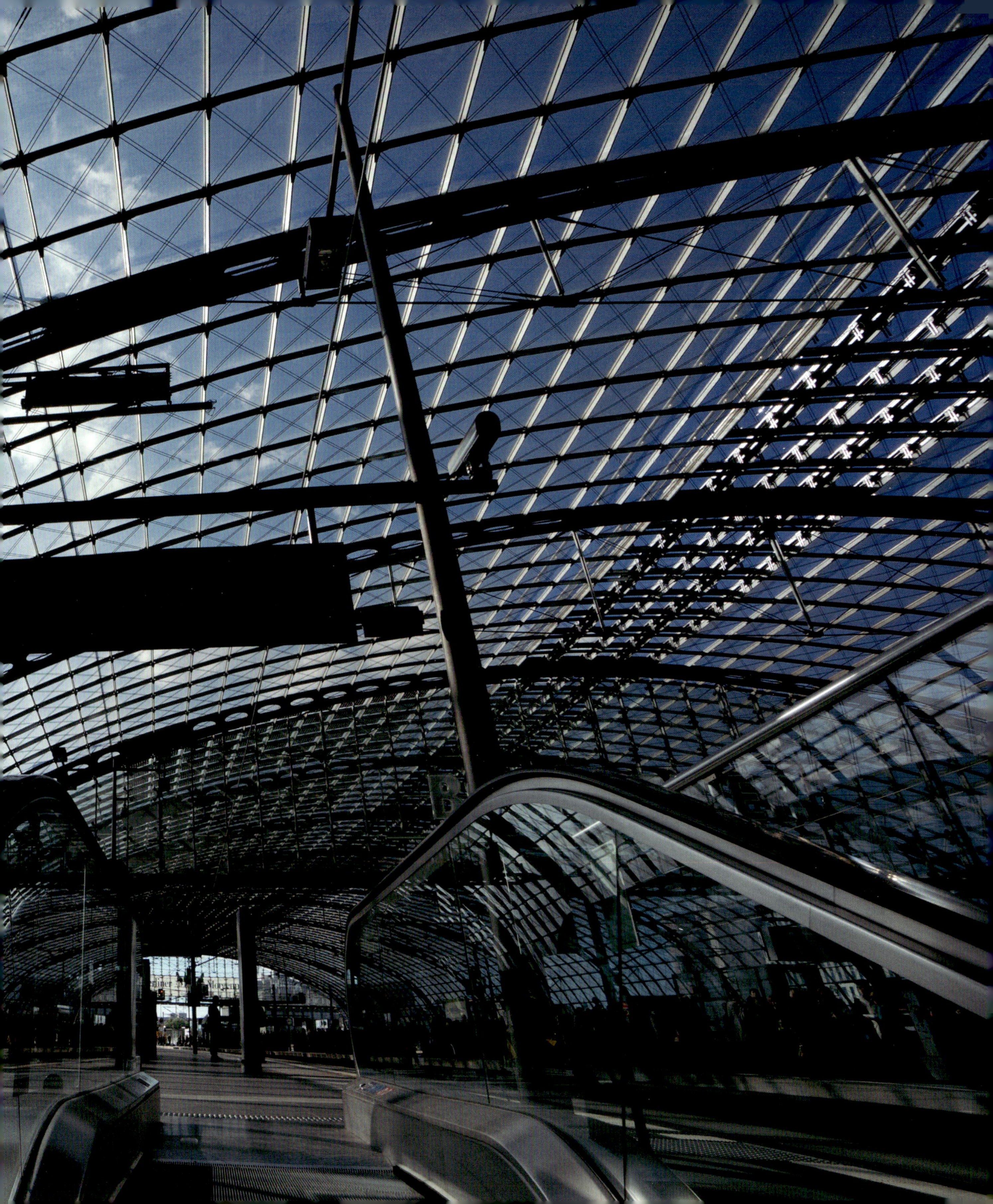

Die wiedervereinigte Infrastruktur

Nach dem Mauerfall bauten nicht nur private Investoren kräftig, auch der Staat mischte ordentlich mit, denn die gesamte Infrastruktur der Stadt, die während der Mauerzeit aufwendig getrennt worden war, musste wieder verbunden werden. Diese Trennung lässt sich noch heute an vielen kleinen Details wie den berühmten Ampelmännchen erkennen, die im Osten allgegenwärtig sind, die man in Teilen des alten Westens aber vergeblich sucht. Doch auch im sehr großen Maßstab sieht man die Unterschiede noch immer, zum Beispiel bei der Straßenbeleuchtung. Die Straßenlaternen haben nämlich bis heute im Westteil der Stadt eine andere Farbtemperatur als im Osten (West-Berlin leuchtet eher grünlich, Ost-Berlin gelblich), wodurch man den ehemaligen Mauerverlauf nachts aus dem Weltraum wie auf einer Landkarte verfolgen kann.

Aber die Wiedervereinigung der Infrastruktur hat auch signifikante Fortschritte gemacht. Nicht nur ist der S-Bahn-Ring inzwischen wieder geschlossen, viele der Bahnhöfe, insbesondere an großen Knotenpunkten wie dem Südkreuz, Ostbahnhof, Gesundbrunnen oder Ostkreuz, sind kaum wiederzuerkennen. Das vielleicht prominenteste Beispiel hierfür ist sicher der neue Hauptbahnhof, der während der Zeit der Teilung als S-Bahnhof Lehrter Stadtbahnhof ein Schattendasein fristete. Der ursprüngliche Lehrter Bahnhof, der Berlin mit Hannover verband, war bereits 1951 stillgelegt und später abgetragen worden. Als Hauptbahnhof nutzte West-Berlin damals den Bahnhof Zoo und Ost-Berlin den heutigen Ostbahnhof.

»Berlin at night«, Foto: ESA/NASA

Aber auch für sich genommen bietet die oberste Ebene viele interessante Motive. Zum einen ist da das gigantische Glasdach mit den unzähligen Mustern, die seine Träger bilden. Bei Sonnenschein werfen diese Träger zusätzlich spannende Schattenmuster auf die Bahnsteige. Diese »Gitterstruktur«, kombiniert mit dem gekrümmten Dach, das an den Seiten bis auf Gleishöhe heruntereicht, bietet viele schöne Linienverläufe. Hinzu kommt ein optischer Effekt: Analog zum

Der Blick von ganz oben nach ganz unten: Die vielen offenen Ebenen des Bahnhofs bieten ein faszinierendes Wirrwarr.

24 mm | f4 | 1/30 s | ISO 800 | Tischstativ

Tipps

Fotos der oberen Ebene des Bahnhofs machen Sie am besten tagsüber und bei Sonne, weil durch den Lichteinfall interessante Schattenbilder entstehen. Gleichzeitig sehen Sie so die Dachstruktur gut.

Für Fotos der unteren Ebenen bzw. von der obersten Ebene hinunter auf die tiefer gelegenen Ebenen sollten Sie lieber nachts oder bei bedecktem Himmel kommen. Hier kommt das direkte Tageslicht nur punktuell an, und die entstehenden hellen Lichtflecken lenken meist nur von den interessanten Formen ab (es gibt natürlich auch Ausnahmen).

Ein anderer Vorteil beim Fotografieren nachts ist, dass es ruhiger ist. So können Sie eher auch mal an einer der engen Stellen der Bahnsteige verweilen, ohne ständig umgerannt zu werden oder Bahnreisende zu behindern. (Solche Stellen gibt es auf der oberen Ebene leider einige, insbesondere dort, wo sich interessante Perspektiven ergeben.) Mit weniger Menschen im Bild tritt auch die Architektur noch mehr in den Vordergrund.

Vorsicht: Die Bahnsteige sind leicht abschüssig. Dadurch kann zum Beispiel Regenwasser gut ablaufen, aber falls Sie einen Fotokoffer auf vier Rollen haben sollten, ziehen Sie lieber die Bremse an, bevor Sie Ihre Aufmerksamkeit völlig auf Belichtungszeiten und Brennweiten richten, sonst landet Ihre schöne Ausrüstung vielleicht im Gleisbett!

Die Krümmung des Daches, kombiniert mit der Kurve im Schienenverlauf, erweckt den Eindruck einer Spirale. Durch die Reduzierung auf Schwarzweiß wird dieser Effekt noch deutlicher.

24 mm | f9 | 1/160 s | ISO 100 | zu Schwarzweiß konvertiert

Verlauf der S-Bahn-Gleise, die bereits vor dem Bau des neuen Bahnhofs hier verliefen und deren Verlauf auch die Fernzuggleise heute folgen, ist der oberirdische Bahnhof leicht gekrümmt. Diese Kurve mitten unter dem Glasdach, kombiniert mit der Krümmung des Glasdaches, erweckt, aus dem richtigen Winkel fotografiert, den Eindruck einer Spirale. Sie sehen schon, hier gibt es viel zu fotografieren!

Eine Rolltreppe aus der Vogelperspektive. Die Chance, aus diesem Blickwinkel zu fotografieren, bekommt man selten.

48 mm | f4 | 1/30 s | ISO 800 | Tischstativ

DHM – Ausstellungshalle von I. M. Pei

Die Pyramide des Louvre kennt jeder, aber auch in Berlin hat der Stararchitekt I. M. Pei Alt und Neu gelungen kombiniert. Beim Deutschen Historischen Museum trifft Barock auf Postmoderne

MITTE

Alt trifft Neu. Dafür gibt es einige Beispiele in Berlin, aber das Deutsche Historische Museum ist ein besonderes Exemplar. Eigentlich ist es im barocken Zeughaus untergebracht, dem ältesten Gebäude auf der Straße Unter den Linden, aber es hat auch einen topmodernen und wirklich sehenswerten Anbau – die Ausstellungshalle von I. M. Pei.

Durch Zufall stolpern Sie eher nicht über die Ausstellungshalle, denn sie liegt hinter dem Hauptgebäude des Museums an einer ruhigen Nebenstraße (»Hinter dem Gießhaus«). Mir persönlich war lange gar nicht bewusst, dass die beiden Gebäude zusammengehören, denn sie sind nur unterirdisch miteinander verbunden. Der Architekt der Ausstellungshalle ist der legendäre I. M. Pei, der auch die Glaspyramide des Louvre entwarf. Ähnlich wie in Paris trifft auch bei diesem Bau in Berlin barocke Architektur auf eine reduzierte Gestaltung aus Stahl und Glas, was im-

In Schwarzweiß kommen die Wolken in diesem Bild noch mehr zur Geltung. Auch der Kontrast zwischen der schlichten Formensprache von I. M. Pei und dem barocken Zeughaus tritt noch mehr hervor.

24 mm | f9 | 1/250 s | ISO 400 | +⅔ EV| zu Schwarzweiß konvertiert

Bögen, Ecken, Kanten: Hinter jeder Ecke im Foyer der Ausstellungshalle eröffnen sich neue interessante Blickwinkel. – Hier musste ich leider im Hintergrund mit Photoshop ein Gemälde von der Wand entfernen, sonst hätte ich das Foto aus urheberrechtlichen Gründen nicht zeigen dürfen. Dem Motiv tut das aber keinen Abbruch, denke ich.

21 mm | f4 | 1/60 s | ISO 100 | mit Photoshop ein Gemälde entfernt

mer wieder interessante Motive liefert. Aber auch ohne diesen Kontrast, für sich allein genommen, ist die Architektur Peis beeindruckend. Das beginnt mit dem gewundenen Turm am Eingang, der je nach Blickwinkel den Himmel oder die umliegenden historischen Gebäude spiegelt und schon allein durch seine Spiralform fasziniert.

Im Innern eröffnet sich ein mehrstöckiges Glasfoyer, das an einen Bau aus sandfarbenem, französischem Kalkstein grenzt. Das Gebäude selbst ist fast dreieckig, und das Glasfoyer zieht sich bogenförmig an seiner Südseite entlang. Diese Formen, verbunden mit diversen Pfeilern, Brücken und Gängen im Gebäude, bilden faszinierende Winkel, Linien und Kurven und damit

DEUTSCHES HISTORISCHES MUSEUM

* Unter den Linden 2, 10117 Berlin
* **S-Bahn** S1, S2, S25, S5, S7, S75, **U-Bahn** U6, **Tram** 12, M1, **Bus** 147, S+U Friedrichstraße
* **S-Bahn** S5, S7, S75, **Tram** M1, M4, M5, M6, S Hackescher Markt
* Die Innenräume sind während der Öffnungszeiten des Museums zugänglich und dürfen fotografiert werden (nur der Eingangsbereich, nicht die Ausstellungsräume!).
* www.dhm.de

Das Glasfoyer, von der unteren Ebene aus gesehen: Hier sehen Sie gut die geschwungene Form des Glasdaches und wie sie an das eckige Gebäude anschließt.

15 mm | f11 | 1/200 s | ISO 200

spannende Fotomotive. Hinzu kommt, dass die Streben des großen Glasdaches bei Sonne interessante Muster auf die Kalksteinwände werfen. Das bietet auch viele Motive für Schwarzweißfotografie. Auch beim Blick nach oben finden sich immer wieder schöne Kontraste zwischen dem Gelb des Kalksteins und dem blauen Himmel.

Warum nicht mal direkt nach oben fotografieren? Der Eindruck der Räumlichkeit geht in diesem Bild fast völlig verloren, und es wirkt ein wenig, als hätte sich jemand mit Geodreieck und Zirkel ausgetobt.

15 mm | f9 | 1/100 s | ISO 100 | zu Schwarzweiß konvertiert

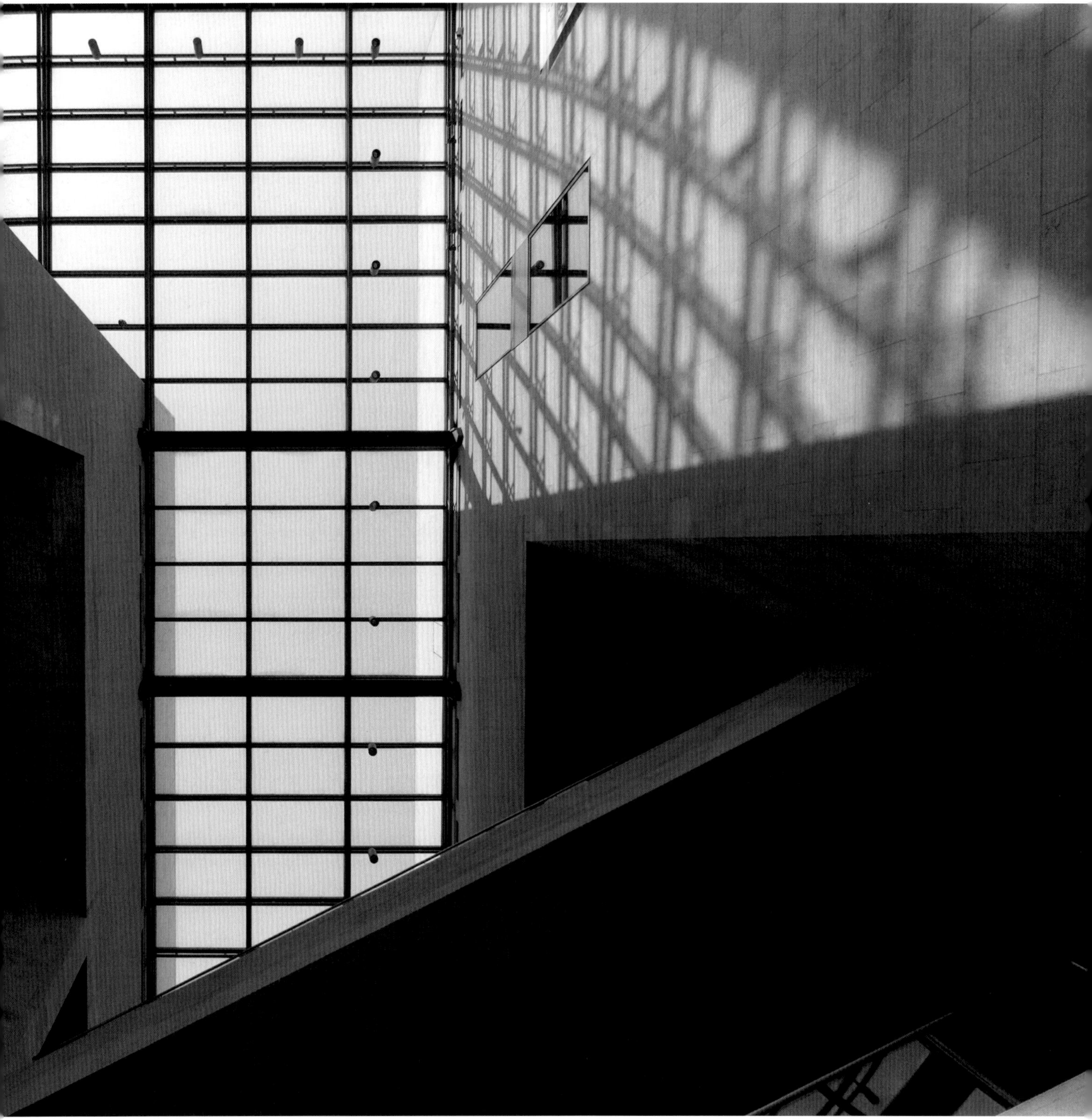

Tipps

Die vielen Strukturen und die Schattenmuster sind ideal für Schwarzweißfotos.

Kommen Sie bei Sonnenschein, um die Schattenmuster der Dachkonstruktion auf den Steinwänden einzufangen.

Blicken Sie auch mal direkt nach oben, sonst könnten Ihnen interessante Motive entgehen.

Vorsicht bei Kunstwerken: Veröffentlichen Sie nicht unerlaubt Fotos, auf denen ausgestellte Kunstwerke zu sehen sind! Auch dann nicht, wenn sie in der Eingangshalle ausgestellt werden oder wenn sie nur klein zu sehen sind!

Selbst die Treppen in diesem Gebäude bieten Fotomotive. Das dominierende Element in Peis Bau ist das Dreieck, was auch hier wieder deutlich wird.

14 mm | f4,5 | 1/80 s | ISO 100

Der Blick in eine Spirale wirkt auf den Betrachter immer fast hypnotisch und sehr anziehend, daher bot sich diese Perspektive einfach an.

16 mm | f11 | 1/160 s | ISO 200

Spielwiese der Architekten

Als die Mauer vor mehr als 25 Jahren fiel, gab es in Berlin viel zu tun. Investoren und der Staat renovierten, restaurierten, rissen ab und bauten fleißig neu. In wohl kaum einer anderen Stadt Europas konnten sich Architekten seitdem so austoben wie in Berlin. Dabei entstand viel Langweiliges und einiges, das die meisten Berliner am liebsten direkt wieder abreißen lassen würden. Aber hier und da entstanden auch echte architektonische Meisterwerke, die einen Besuch mit und ohne Kamera absolut wert sind.

Diese Motive haben es nicht ins Buch geschafft. Warum?

Ein Gebäude, das ich unbedingt in diesem Buch vorstellen wollte, war das **Reichstagsgebäude** und insbesondere dessen Kuppel von Sir Norman Foster. Ich hatte Fotos und Text bereits fertig, aber leider scheiterte die Veröffentlichung daran, dass Fotografieren für kommerzielle Zwecke im Reichstag kategorisch verboten ist. Selbst eine Anfrage beim Bundestagspräsidenten persönlich half nichts, der Abschnitt musste raus. Trotzdem: Die Kuppel ist ein absolutes Highlight und definitiv einen Besuch wert!

Ein Gebäude, an dem ich immer wieder gerne vorbeifahre, ist das **Trias** am Nordufer der Spree, unweit der Jannowitzbrücke. Der Gebäudekomplex beherbergt die Berliner Verkehrsbetriebe und ist mit seinen drei gerundeten Bürotürmen ein echter Hingucker. Allerdings fiel es mir schwer, hier genug interessante Motive zu finden, um das Gebäude explizit als Besuchsziel zu empfehlen. Wenn Sie aber sowieso in der Nähe sind. Entlang der **Rudi-Dutschke-Straße** in Mitte gibt es ebenfalls ein paar interessante Gebäude zu entdecken. Unweit des ehemaligen Mauerstreifens entstanden auch hier einige spannende neue Bürogebäude, die aber einzeln für sich genommen auch wiederum kein eigenes Kapitel füllen würden. Aber falls Sie sowieso am Checkpoint Charlie sind, gehen Sie doch einfach mal kurz vorbei.

Museen, Ausstellungen und Events

Berlin bietet nicht nur eine Fülle an guten Fotomotiven, sondern ist auch eine Stadt, in der es zahllose Museen, Galerien und Veranstaltungen gibt, die sich der Fotografie widmen

Fotografieren macht verdammt viel Spaß, insbesondere in einer Stadt wie Berlin, die visuell viel zu bieten hat. Aber vielleicht packen Sie zwischendurch die Kamera auch mal in die Tasche, um sich von den Arbeiten anderer inspirieren zu lassen. Frische Bilder, unbekannte Techniken und Tricks – hier sind einige Tipps, wo und wann Sie in Berlin fündig werden ...

Ausstellungen

Sehenswerte Ausstellungen gibt es in Berlin eigentlich immer. Und neben der intellektuellen und künstlerischen Bereicherung haben Sie beim Ausstellungsbesuch den Vorteil, drinnen zu sein. Fotos zu betrachten, statt sie selbst zu machen, ist somit insbesondere dann eine gute Alternative, wenn sich Berlin (mal wieder) von seiner grauen Seite zeigt.

Museum für Fotografie, Helmut Newton Stiftung Im prachtvollen ehemaligen Kasino des »Offizierscorps der Landwehr-Inspektion Berlin e. V.«, direkt neben dem Bahnhof Zoo, residiert seit 2004 das Museum für Fotografie/Helmut Newton Stiftung. Der sperrige Name des Museums kommt nicht von ungefähr, denn hier teilen sich eigentlich zwei Fotomuseen ein Gebäude. Zum einen ist da die Helmut Newton Stiftung. Sie zeigt im Erdgeschoss in der Dauerausstellung »Helmut Newton's

Das neoklassizistische ehemalige Kasino beherbergt heute das Museum für Fotografie. Und falls Sie angesichts der Bilddaten ins Grübeln kommen: Der hohe ISO-Wert hier und beim nächsten Foto war keine Absicht, ich hatte einfach vergessen, ihn neu einzustellen.
24 mm | f9 | 1/1250 s | ISO 1600 | +1 EV

Private Property« neben den Kameras der Legende der Modefotografie auch Plakate, Bücher und Zeitschriften mit seinen Bildern sowie private Gegenstände, eine Rekonstruktion seines Büros in Monaco und einen Dokumentarfilm über Newtons Arbeitsweise. Im ersten Stock zeigen wechselnde Ausstellungen die Arbeiten Newtons zu verschiedenen Themen. Auch die wechselnden Werke anderer Fotografen sind zu sehen. Im Kaisersaal zeigt die Sammlung Fotografie der Kunstbibliothek verschiedene Ausstellungen zur Fotografiegeschichte und teilweise auch die Arbeiten von Fotografen der Gegenwart. Darüber hinaus gibt es Führungen, Vorträge und Symposien.

Museum für Fotografie mit der Sammlung Fotografie der Kunstbibliothek und der Helmut Newton Foundation, Jebensstraße 2, 10623 Berlin-Charlottenburg, S+U Zoologischer Garten

www.smb.museum/museen-und-einrichtungen/museum-fuer-fotografie/home

Das ehemalige Amerika Haus wurde liebevoll renoviert und beherbergt jetzt das C/O Berlin mit 2300 m² Ausstellungsfläche, einem Café und einem Buchladen.

27 mm | f9 | 1/1000 s | ISO 1600 | +1 EV | zu Schwarzweiß konvertiert

C/O Berlin Nur wenige Meter vom Museum für Fotografie entfernt, hat das C/O Berlin 2014 im ehemaligen Amerika Haus eine neue Bleibe gefunden. Dabei gab es das C/O schon lange vor dem Museum für Fotografie. Es entstand im Jahr 2000, ursprünglich als eine sehr erfolgreiche temporäre Ausstellung im ehemaligen Postfuhramt in Berlin-Mitte. In den folgenden Jahren zog das C/O Berlin mehrfach um und zeigte die Werke vieler bekannter Fotografen wie Annie Leibovitz, Sebastião Salgado, Martin Parr oder Nan Goldin. Im komplett sanierten Amerika Haus bieten inzwischen 2300 Quadratmeter viel Platz für Fotoausstellungen. Darüber hinaus veranstaltet das C/O regelmäßig Vorträge und jedes Jahr einen Wettbewerb für junge Fotografen. Und falls bei Ihnen mal der Lerneifer versiegen sollte, gibt es im Eingangsbereich des Amerika Hauses auch ein wunderschönes Café, das zum Verweilen einlädt.

C/O Berlin, Hardenbergstraße 22–24, 10623 Berlin-Charlottenburg, S+U Zoologischer Garten

www.co-berlin.org

Martin-Gropius-Bau Neben Kunst und Archäologie ist Fotografie ein Schwerpunkt des Martin-Gropius-Baus. Neben so unterschiedlichen Themen wie der Kultur der Wikinger und den Gemälden von Frida Kahlo findet man hier daher fast immer auch sehr interessante Fotoausstellungen, oftmals die Arbeiten von Fotolegenden wie Margaret Bourke-White, Walker Evans, Diane Arbus, Richard Avedon oder Henri Cartier-Bresson. Aber auch bekannte Fotografen der Gegenwart oder vielmehr ihre Werke sind im Martin-Gropius-Bau zu sehen.

Martin-Gropius-Bau, Niederkirchnerstraße 7, 10963 Berlin-Kreuzberg, S+U Potsdamer Platz, S Anhalter Bahnhof

www.gropiusbau.de

Deutsches Technikmuseum Berlin Beim Deutschen Technikmuseum Berlin denkt man sicherlich nicht als Erstes an Fotografie. Immerhin hängt ein lebensgroßer »Rosinenbomber« über der Besucherterrasse, und das Museum präsentiert jede Menge originale Flugzeuge, Schiffe und Eisenbahnen (echte, keine Modelle). Doch es gibt auch eine Dauerausstellung zum Thema Fotografie. Der Schwerpunkt liegt erwartungsgemäß eher im Bereich Technik und Technikgeschichte der Fotografie. Hier lassen sich wunderschöne Kameras aus verschiedenen Epochen bestaunen, was das Herz der Technikliebhaber höher schlagen lassen sollte. Man lernt aber auch einiges über die Fototechnik, was in der Ära der Digitalfotografie und der ubiquitären Kameras mit Autofunktionen oft zu kurz kommt. Darüber hinaus gibt es wechselnde Foto-Sonderausstellungen.

Deutsches Technikmuseum Berlin, Trebbiner Straße 9, 10963 Berlin-Kreuzberg, U1/U2 Gleisdreieck oder U1/U7 Möckernbrücke
www.sdtb.de

Fotoevents

Veranstaltungen sind ständig im Wandel. Veranstaltungstermine ändern sich, Inhalte auch, daher besuchen Sie bitte unbedingt die angegebenen Webseiten für weitere Informationen, bevor Sie mit der Reiseplanung beginnen, damit Sie nicht unerwartet vor verschlossenen Türen stehen.

Europäischer Monat der Fotografie Berlin (MDF Berlin) In Sachen Veranstaltungen zum Thema Fotografie übertrifft der Europäische Monat der Fotografie Berlin sie alle. Am größten Fotofestival Deutschlands waren 2014 beispielsweise über 500 Fotografen beteiligt. Es gab Ausstellungen, Sym-

Das Deutsche Technikmuseum Berlin mit dem unverwechselbaren »Rosinenbomber« auf dem Dach, einer Douglas C-47 »Skytrain«.
24 mm | f5,6 | 1/4000 s | ISO 1000 | +2/3 EV

posien, Vorträge, Diskussionsrunden, Portfolio Reviews und sogar einen Tag des offenen Labors, bei dem Interessierte einen Blick hinter die Kulissen in neun Berliner Fotolabors werfen konnten. Insgesamt gab es 250 Veranstaltungen an 125 Orten in Berlin. Sehen Sie also unbedingt mal nach, ob Ihr Besuch in den Monat der Fotografie fällt, oder planen Sie Ihren Besuch entsprechend. Und dann informieren Sie sich frühzeitig, denn es gibt viel zu entdecken!

www.mdf-berlin.de

Alpha Festival Das Alpha Festival (in Anlehnung an Sonys Alpha Kamera System) ist ein privat organisiertes, von Sony unterstütztes kleines Fotofestival im relativ familiären Rahmen, das immer im Herbst stattfindet. Neben Fotoworkshops, Vorträgen und (unaufdringlichen) Produktpräsentationen gibt es auch geführte Fotosafaris durch Berlin. Während des Festivals können Sie Sony-Kameras testen, und Teilnehmer bekommen im Sony Store im Sony Center vergünstigt Fotoausrüstung zu kaufen. Aber das Ganze ist keine Kaffeefahrt. Die Kurse und Fotosafaris sind nicht nur für Sony-Nutzer interessant, und niemand wird Sie schief ansehen, wenn Sie Ihre Canon oder Nikon zur kostenlosen Sensorreinigung abgeben (ich habe es ausprobiert).

www.alpha-festival.com

EyeEm Photography Festival & Awards Um eine ganz andere Art der Fotografie geht es beim EyeEm Festival & Awards. Der Veranstalter, EyeEm, ist eine Online-Foto-Community, die auf Handy-Fotografie spezialisiert ist. Entsprechend steht bei dieser Veranstaltung auch ein eher unkonventioneller Fotografiebegriff im Vordergrund. Hier trifft sich eine recht junge Gruppe von Menschen und hört Vorträge und Diskussionen über Themen wie Social Media, Porträtfotografie mit dem Handy oder die Kamera der Zukunft. Statt über neue Objektive von Canon oder Olympus tauscht man sich über daumengroße Fisheye- oder Teleobjektive aus, die man auf die Handykamera stecken kann. Für Traditionalisten sicher etwas gewöhnungsbedürftig, aber einen Blick wert für diejenigen, die wissen wollen, wo die Reise, wohl oder übel, hingeht. Ach ja, der Event wird komplett auf Englisch abgehalten.

http://festival.eyeem.com

Photo Summit Berlin Bei der eintägigen Veranstaltung Photo Summit Berlin werden Workshops, Show-Shootings und Vorträge geboten, und neben Fotografie geht es schwerpunktmäßig auch um Bildbearbeitung. Und für diejenigen, die mit Fotografie Geld verdienen wollen, gibt es auch Workshops zu Themen wie Akquise, Marketing sowie Ideenfindung und Konzeption.

http://photo-summit-berlin.com

Eventtage von Fotoläden In Berlin gibt es einige größere Fotoläden, und einige von ihnen veranstalten regelmäßig Workshops und von Zeit zu Zeit sogar kleine »Hausmessen« mit Produktpräsentationen und Workshops. Vielleicht kennen Sie das auch aus Ihrer Stadt, aber falls nicht, können diese Veranstaltungen eine gute Möglichkeit sein, sich neue Ausrüstung ausgiebig vorführen zu lassen und hier und da in einem Vortrag noch mehr zu diversen Fotothemen zu erfahren. Die Vorträge im Rahmen der Messen sind für gewöhnlich kostenlos. Das sind einige der Fotohändler, die von Zeit zu Zeit solche Veranstaltungen abhalten:

Calumet Photographic, www.calumetphoto.de
Foto Meyer, www.fotomeyer.de
Foto-Video Hess, www.foto-hess.de

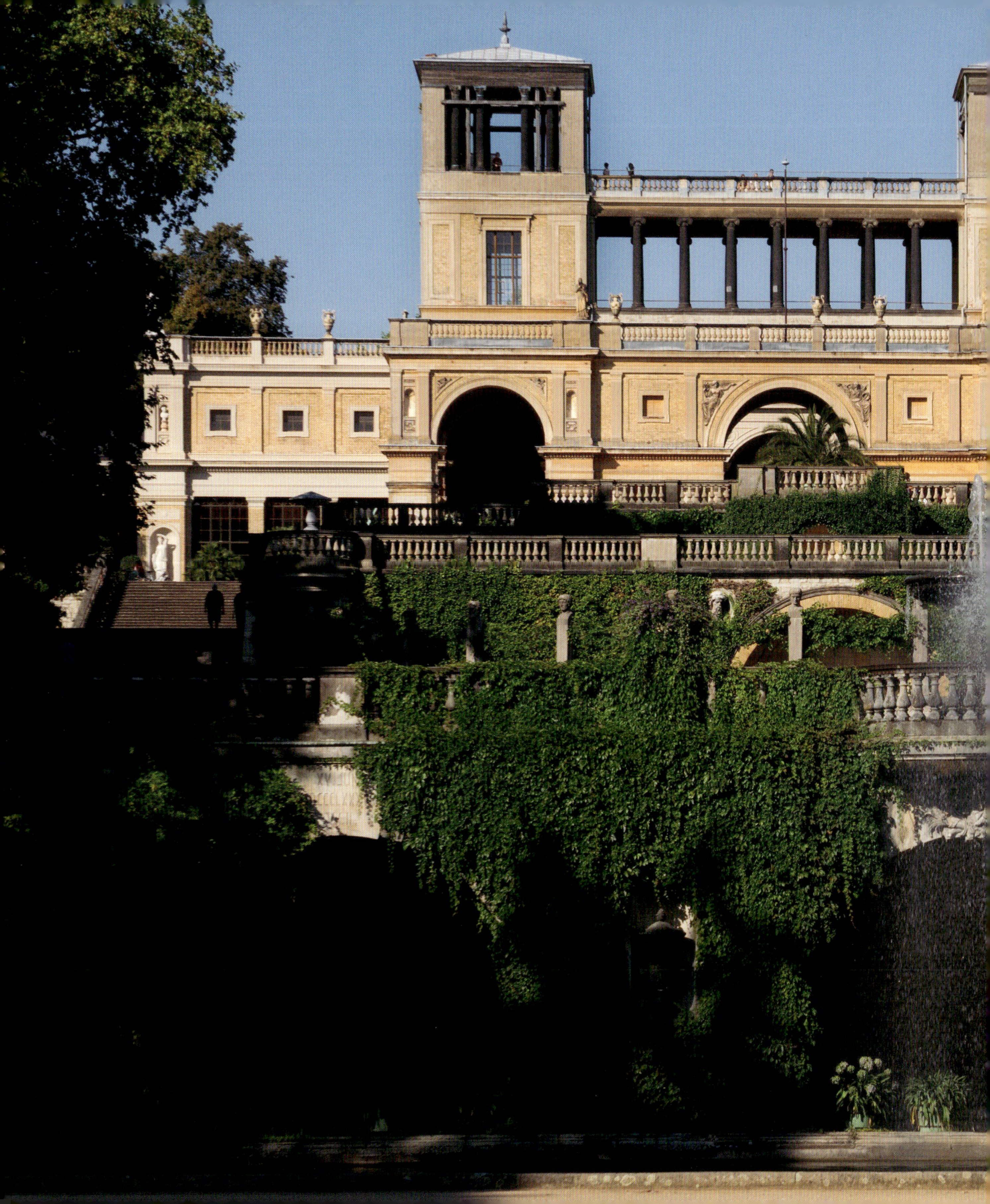

Potsdam

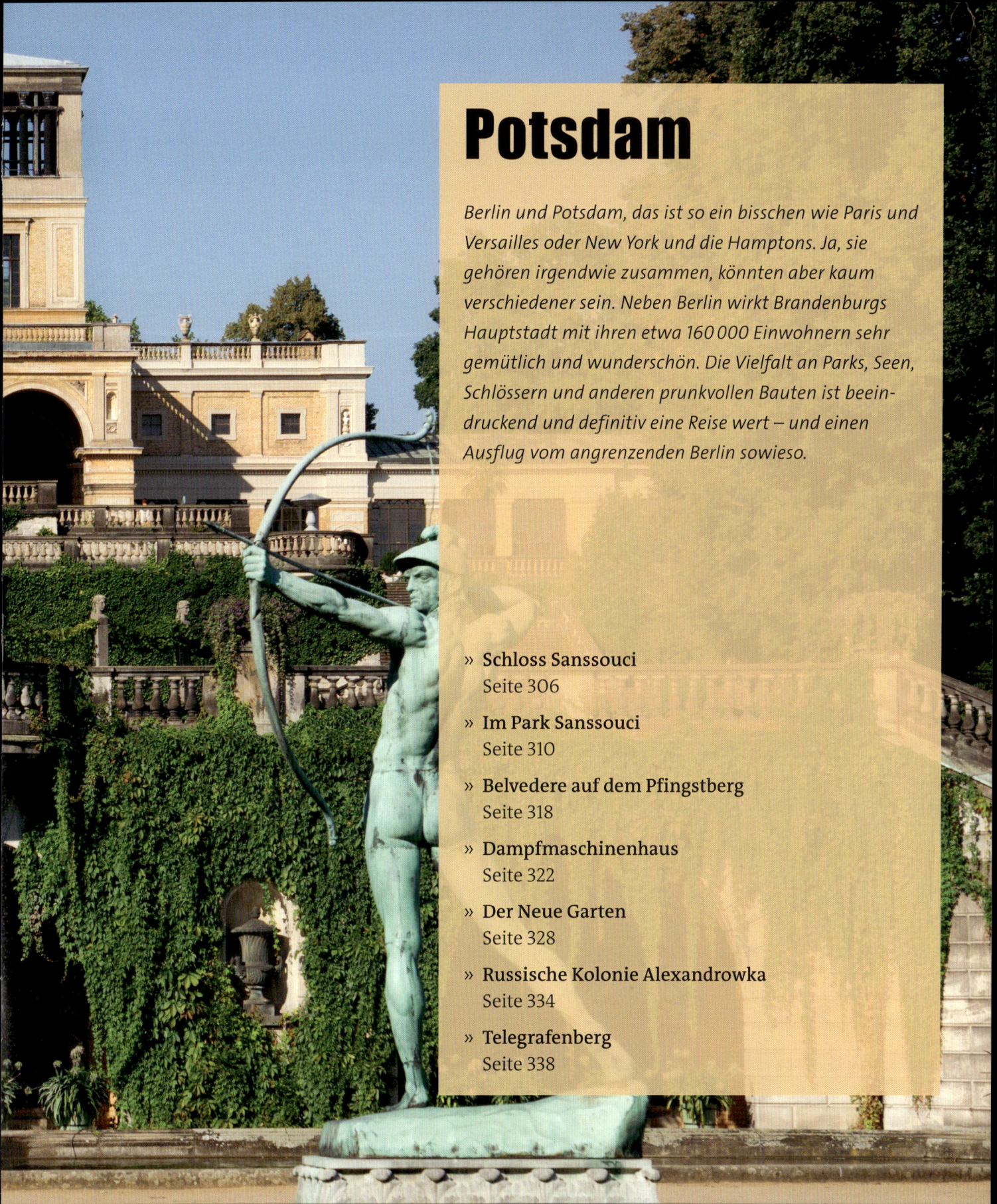

Berlin und Potsdam, das ist so ein bisschen wie Paris und Versailles oder New York und die Hamptons. Ja, sie gehören irgendwie zusammen, könnten aber kaum verschiedener sein. Neben Berlin wirkt Brandenburgs Hauptstadt mit ihren etwa 160 000 Einwohnern sehr gemütlich und wunderschön. Die Vielfalt an Parks, Seen, Schlössern und anderen prunkvollen Bauten ist beeindruckend und definitiv eine Reise wert – und einen Ausflug vom angrenzenden Berlin sowieso.

» **Schloss Sanssouci**
  Seite 306

» **Im Park Sanssouci**
  Seite 310

» **Belvedere auf dem Pfingstberg**
  Seite 318

» **Dampfmaschinenhaus**
  Seite 322

» **Der Neue Garten**
  Seite 328

» **Russische Kolonie Alexandrowka**
  Seite 334

» **Telegrafenberg**
  Seite 338

Schloss Sanssouci

Das »Ferienhäuschen« von Friedrich II. ist seit 1990 Welterbe der UNESCO und das wohl bekannteste Bauwerk Potsdams

An Sanssouci führt bei einem Potsdam-Besuch fast kein Weg vorbei. Das kleine Schlösschen auf dem Hügel ist für Potsdam sozusagen das Brandenburger Tor und der Fernsehturm in einem. Friedrich der Große ließ es 1745–47 nach eigenen Entwürfen im Stil des Rokokos bauen. Es war als Lustschloss gedacht, also nicht als offizielle Residenz, in der Hofzeremoniell und Staatsgeschäfte dominierten, sondern ein Rückzugsort für den Monarchen, wo er sich dem Vergnügen widmen konnte. Entsprechend ist Sanssouci viel kleiner als das nahe gelegene Neue Palais oder das Berliner Stadtschloss. Wirklich sehenswert wird Sanssouci (meiner Meinung nach) durch seine Umgebung. Es liegt auf einer Anhöhe, auf der ursprünglich Eichen standen, die der eher pragmatische Vater

Das Schloss Sanssouci mit den Weinterrassen, vom Brunnenbecken (»Große Fontäne«) aus gesehen

103 mm | f11 | 1/250 s | ISO 200

Friedrichs fällen ließ, um damit den sumpfigen Boden Potsdams zu befestigen. Unterhalb des Schlosses ließ Friedrich bogenförmige Terrassen anlegen und mit Wein bepflanzen. Am Fuß des Hügels gehen diese Weinterrassen in einen Park mit Rasenflächen und einem großen Springbrunnen über, der von großen Skulpturen gesäumt wird. Die Kombination aus den begrünten Terrassen, den Skulpturen, dem großen Brunnen und dem Schloss selbst bietet schöne Motive. Manche haben Sie schon hundertmal gesehen, aber nehmen Sie das als Ansporn, noch etwas Neues zu entdecken. Ach ja, und nirgendwo in Potsdam werden Sie eine buntere Mischung von Touristen finden als hier. Auch dadurch können sich einige interessante Motive ergeben.

Durch die etwas längere Brennweite von fast 170 mm rücken Schloss und Garten stark zusammen und wirken fast flach. Das war in diesem Fall meine Absicht, da es die Formen und Strukturen noch mehr zur Geltung bringt.

166 mm | f7,1 | 1/250 s | ISO 100 | +⅔ EV

»Ich war da« – in manchen Dingen sind wir wohl über alle kulturellen Grenzen hinweg gleich.

54 mm | f9 | 1/200 s | ISO 100 | +⅔ EV

SCHLOSS SANSSOUCI

* Maulbeerallee, 14469 Potsdam. Auf diesem Weg kommen Sie allerdings von oben und hinten zum Schloss, was weit weniger spektakulär ist, als über die Hauptallee des Parks Sanssouci das Schloss zu erreichen. Auf die Hauptallee gelangen Sie entweder durch den Eingang am Grünen Gitter an der Ecke Schopenhauerstraße (**Bus** 614 oder 650 bis zur Haltestelle »Friedenskirche«) oder vom Neuen Palais (**Bus** 605, 606, 695 u.a.).

* Der Park ist ganzjährig von 8 Uhr bis Sonnenuntergang geöffnet und kostenlos zugänglich.

* www.spsg.de/schloesser-gaerten/objekt/schloss-sanssouci

Hier gefiel mir, wie sich die komplexe, unregelmäßige Form der Statue von dem relativ regelmäßigen Muster der Weinterrassen abhebt.

315 mm | f6,3 | 1/400 s | ISO 200

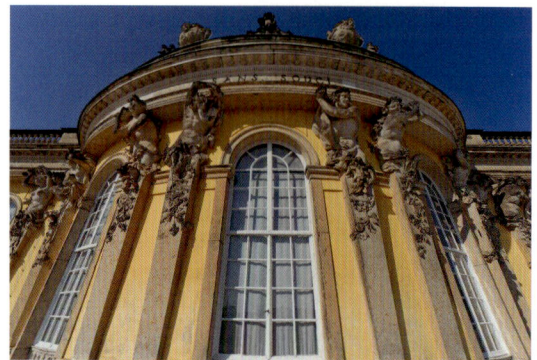

Die Fassade des Schlosses wirkt aus unmittelbarer Nähe auch schön, aber nicht so spektakulär wie im Zusammenhang mit dem Garten.

15 mm | f11 | 1/500 s | ISO 100

ES FÜHREN EINIGE WEGE NACH POTSDAM

* **Mit der Bahn**
  Von der Berliner Innenstadt kommen Sie sowohl mit der S-Bahn (S7) als auch mit diversen Regionalzügen (RE1, RB21, RB22) problemlos und schnell nach Potsdam Hauptbahnhof. Die Fahrtzeit beträgt, je nachdem wo Sie losfahren, zwischen 30 Minuten und einer Stunde. Für die ganz Eiligen gibt es sogar einen Regionalbahnhof Park Sanssouci, an dem z.B. die RE1 ebenfalls hält. So können Sie direkt bis zum Schlosspark durchfahren, falls Sie es gar nicht abwarten können.

* **Mit dem Auto**
  Über die Stadtautobahn fahren Sie zum Dreieck Messeturm und dort auf die A115 Richtung Leipzig bis zur Abfahrt Potsdam-Babelsberg/Potsdam-Zentrum.

* **Alternative Glienicker Brücke**
  Falls Sie schon im Südwesten Berlins unterwegs sind, können Sie auch über die B1 nach Potsdam gelangen. Sie verläuft unter anderem durch Steglitz und Zehlendorf und führt dann über die Insel Wannsee (ab der S-Bahn-Station »Wannsee« fährt hier auch der Bus 316) bis zur Glienicker Brücke. Hier beginnt die sogenannte »Berliner Vorstadt« in Potsdam, und Sie sind schon gleich unweit des Neuen Gartens (Seite 328), des Pfingstbergs (Seite 334) und der Kolonie Alexandrowka (Seite 318).

Tipps

Schloss Sanssouci ist aus meiner Sicht viel spannender, wenn man nicht zu nah herangeht. Kombinieren Sie das Schloss im Foto mit seiner Umgebung.

Auch die Besucher können interessante Motive bieten, aber wahren Sie natürlich das Recht am eigenen Bild und die Persönlichkeitsrechte.

Achtung: Der Park und das Schloss werden von der Stiftung Preußische Schlösser und Gärten Berlin-Brandenburg verwaltet, und wenn Sie am Brunnen stehen, sind Sie im Park und damit *nicht* auf öffentlichem Gelände. Also holen Sie erst eine Genehmigung ein, falls Sie Bilder veröffentlichen wollen.

Fahrräder in Potsdam

Das ideale Fortbewegungsmittel für Potsdam ist ohne Zweifel das Fahrrad. Mit dem Auto sind Sie ständig auf Parkplatzsuche und Parken ist zum Teil ziemlich teuer. Zudem lohnen sich die Strecken eigentlich nicht für Auto, Bus oder Straßenbahn. Dennoch können die Wege zu Fuß recht lang werden, insbesondere wenn Sie den ganzen Tag in Potsdam unterwegs sind. Also lieber zwischendurch ein Stückchen radeln. Und mit dem Drahtesel können Sie nahezu immer anhalten und spontan ein paar Fotos schießen. Und zu mieten gibt es Fahrräder auch fast überall.

Warum nicht mal richtig weit weggehen? So, aus der Entfernung, bieten sich neue, interessante Perspektiven, und das Schloss bleibt immer noch klar erkennbar. Da der Park Sanssouci planvoll angelegt wurde, bieten sich in der Umgebung jede Menge Sichtachsen zum Schloss.

75 mm | f7,1 | 1/125 s | ISO 200 | −1 EV

Im Park Sanssouci

Orangerie, Chinesisches Haus, Friedenskirche, Belvedere – im Schlosspark verbergen sich viele sehenswerte Bauten

Das Schloss Sanssouci ist mit Sicherheit das bekannteste Bauwerk im Park Sanssouci sein, aber es ist bei Weitem nicht das einzige, das einen Besuch verdient. Hinter fast jeder Ecke des fast 290 Hektar großen Areals entdeckt man neue, zum Teil prachtvolle, zum Teil skurrile Bauten. Begleiten Sie mich zu Orangerieschloss, Chinesischem Haus, Friedenskirche und Belvedere auf dem Klausberg.

Das Orangerieschloss unweit von Sanssouci ist weniger bekannt, aber ebenfalls ausgesprochen sehenswert.
18 mm | f11 | 1/200 s | ISO 100

Orangerieschloss

Eines der schönsten Bauwerke im Schlosspark ist das Orangerieschloss, das einige hundert Meter westlich von Sanssouci ebenfalls auf einer Anhöhe über dem Park liegt (siehe auch Titelbild dieses Kapitels). Es ist im Stil der italienischen Renaissance gebaut, entstand aber erst Mitte des 19. Jahrhunderts. Neben seiner namensgebenden Funktion als Orangerie für exotische Kübelpflan-

Eine Bronzestatue auf dem »Neuen Stück«, der Rasenfläche unterhalb des Orangerieschlosses

42 mm | f9 | 1/160 s | ISO 100

PARK SANSSOUCI

* Der Park ist riesig, und es gibt viele Zugänge. Am besten starten Sie Ihre Tour wahrscheinlich über die Hauptallee. Vielleicht am besten kommt man über die Hauptallee hinein, entweder am Grünen Gitter an der Ecke Schopenhauerstraße (**Bus** 614 oder 650 bis Friedenskirche) oder vom Neuen Palais (**Bus** 605, 606, 695, N14, X5).

* Der Park ist ganzjährig von 8 Uhr bis Sonnenuntergang geöffnet und kostenlos zugänglich.

* www.spsg.de/schloesser-gaerten/objekt/park-sanssouci

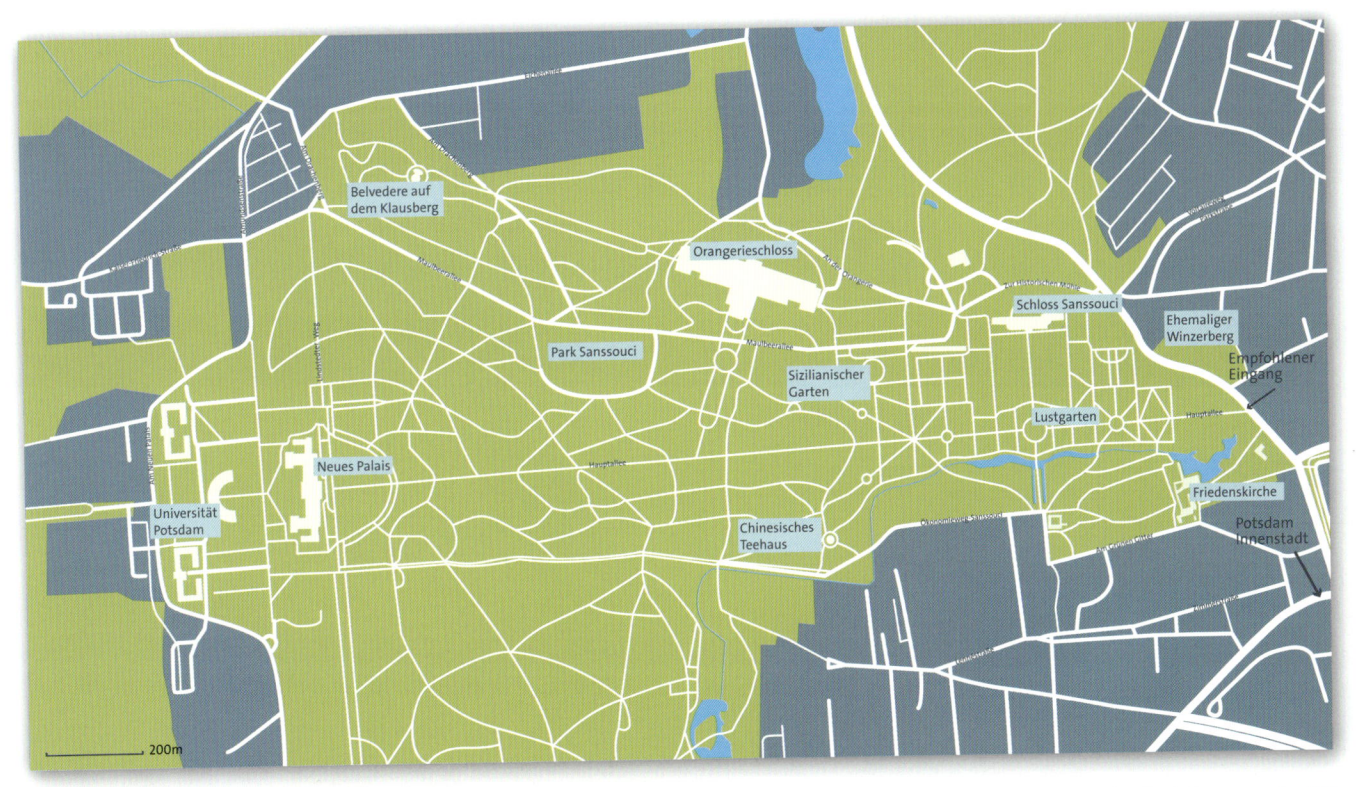

zen beherbergte es auch einen Gemäldesaal sowie Gäste- und Bediensetenwohnungen. Die Gesamtanlage erstreckt sich über mehrere Terrassen, die jeweils mit zwei außen liegenden großen Freitreppen verbunden sind. Von oben bietet sich auch ein sehr schöner Blick.

Der Blick vom Säulenhof des Mittelbaus des Orangerieschlosses in Richtung Schlosspark

15 mm | f11 | 1/160 s | ISO 100

Potsdamer Schlössernacht

Jedes Jahr im Sommer bleibt der Park Sanssouci an einem Abend auch nach Sonnenuntergang geöffnet. Im Rahmen der Potsdamer Schlössernacht werden gut ein Dutzend Gebäude im Park nachts erleuchtet, und im ganzen Park können Sie dann Schauspiel, Tanz, Lesungen und Musik genießen.
Weitere Informationen: *www.potsdamer-schloessernacht.de*

Chinesisches Haus

Südwestlich von Sanssouci, etwas abgelegen am südlichen Rand des Parks, steht das Chinesische Haus (auch Chinesisches Teehaus genannt). Das aus heutiger Sicht etwas sonderbare Gebäude entsprang einer Mode der damaligen Zeit, der »Chinoiserie«. Durch den holländischen Überseehandel kamen seit Ende des 17. Jahrhunderts ostasiatische Luxusgüter wie Porzellan und Seide nach Europa, und bald danach, vor allem dann im 18 Jahrhundert, war alles Chinesische »total in«. So richtig chinesisch wurde der kleine Pavillon am Ende aber doch nicht. Die Gestaltung wurde eine Mischung aus Rokoko mit einigen asiatischen Einflüssen oder dem, was man damals dafür hielt. Besonders auffällig sind die vielen vergoldeten architektonischen Elemente und Statuen. Die Gesichtszüge der goldenen Chinesen sind dabei so gar nicht asiatisch, was wohl auch daran liegen dürfte, dass sowohl die Bildhauer als auch deren Modelle aus der Region Berlin-Potsdam stammten.

Das prunkvoll vergoldete Chinesische Haus wirkt ein wenig eigenwillig im Park Sanssouci.

24 mm | f9 | 1/200 s | ISO 200

Eine der vergoldeten Figuren, die den Pavillon zieren – ihre Gesichtszüge sind nicht sehr asiatisch, da Menschen aus der Region für die Statuen Modell standen.

39 mm | f9 | 1/160 s | ISO 200

Friedenskirche

Einer meiner persönlichen Favoriten unter den Bauten Potsdams ist die Friedenskirche, die direkt am Haupteingang des Parks liegt und an der man daher, von der Potsdamer Innenstadt kommend, fast unweigerlich vorbeikommt. Sie wurde 1854 fertiggestellt und ist von der frühchristlichen Basilika San Clemente in Rom inspiriert. Mir persönlich gefällt insbesondere der Innenhof mit dem Arkadengang und der Christusstatue, aber auch die Kirche selbst ist sehenswert. Und es lohnt sich, sie einmal weitläufig zu umkreisen, denn es ergeben sich viele schöne Aussichten auf das Ensemble, nicht zuletzt über den angrenzenden Teich.

Der Kreuzgang mit den vielen Arkaden und der schönen Jesusstatue in der Mitte des Innenhofs gefiel mir hier besonders gut.

27 mm | f9 | 1/250 s | ISO 200

Das Belvedere auf dem Klausberg, von Norden aus gesehen
15 mm | f9 | 1/100 s | ISO 100

Belvedere auf dem Klausberg

Wenn Sie sich von der Innenstadt aus durch den gesamten Park Sanssouci gekämpft haben und immer noch Energie für weitere Entdeckungen haben, hätte ich noch eine letzte, kleine Empfehlung: das Belvedere auf dem Klausberg. Ein Belvedere (»schöne Aussicht«) ist ganz allgemein ein Gebäude, das in erster Linie dafür gedacht ist, dem Besucher eine schöne Aussicht zu bieten. Daher ist es auch nicht verwunderlich, dass es in Potsdam gleich mehrere Belvederes gibt (siehe auch Belvedere auf dem Pfingstberg, Seite 318). Das Belvedere auf dem Klausberg wurde noch von Friedrich dem Großen in Auftrag gegeben und sollte die Umgebung des kurz zuvor fertiggestellten Neuen Palais verschönern. Das gelang auch ziemlich gut. Architektonisch orientierte sich das Gebäude an der Antike, wurde allerdings später mehrfach umgebaut.

Da das Belvedere etwa so weit vom Haupteingang des Parks entfernt ist, wie es überhaupt nur möglich ist, und gleichzeitig noch abseits der Hauptachse des Parks (der Hauptallee) auf einem Hügel liegt, verirrt sich kaum ein Besucher hierher, und das macht vielleicht gerade den besonderen Reiz des Gebäudes aus. Wie so oft bei solchen Bauten in geplanten Parkanlagen bieten Bäume und Topografie viele schöne Ausblicke auf das Belvedere, die ein Foto wert sind.

Tipps

Verlassen Sie bei Ihrem Spaziergang mal die Hauptallee, die Haupteingang, Sanssouci und Neues Palais verbindet, denn viele der Bauten des Parks sind von dort aus gar nicht zu sehen. Und so entkommen Sie auch schlagartig den Touristenmassen.

Fahrradfahren ist im Park Sanssouci leider nur auf einem einzigen Weg am südlichen Rand des Parks erlaubt (sozusagen als kleine Durchgangsstraße für Fahrräder), daher müssen Sie wohl oder übel laufen. Also ziehen Sie sich bequeme Schuhe an, und bringen Sie sich etwas zu trinken mit. Sie werden eine Weile unterwegs sein.

Direkt unterhalb des Belvederes liegen Weinberge (rechts zu sehen).

15 mm | f9 | 1/100 s | ISO 100

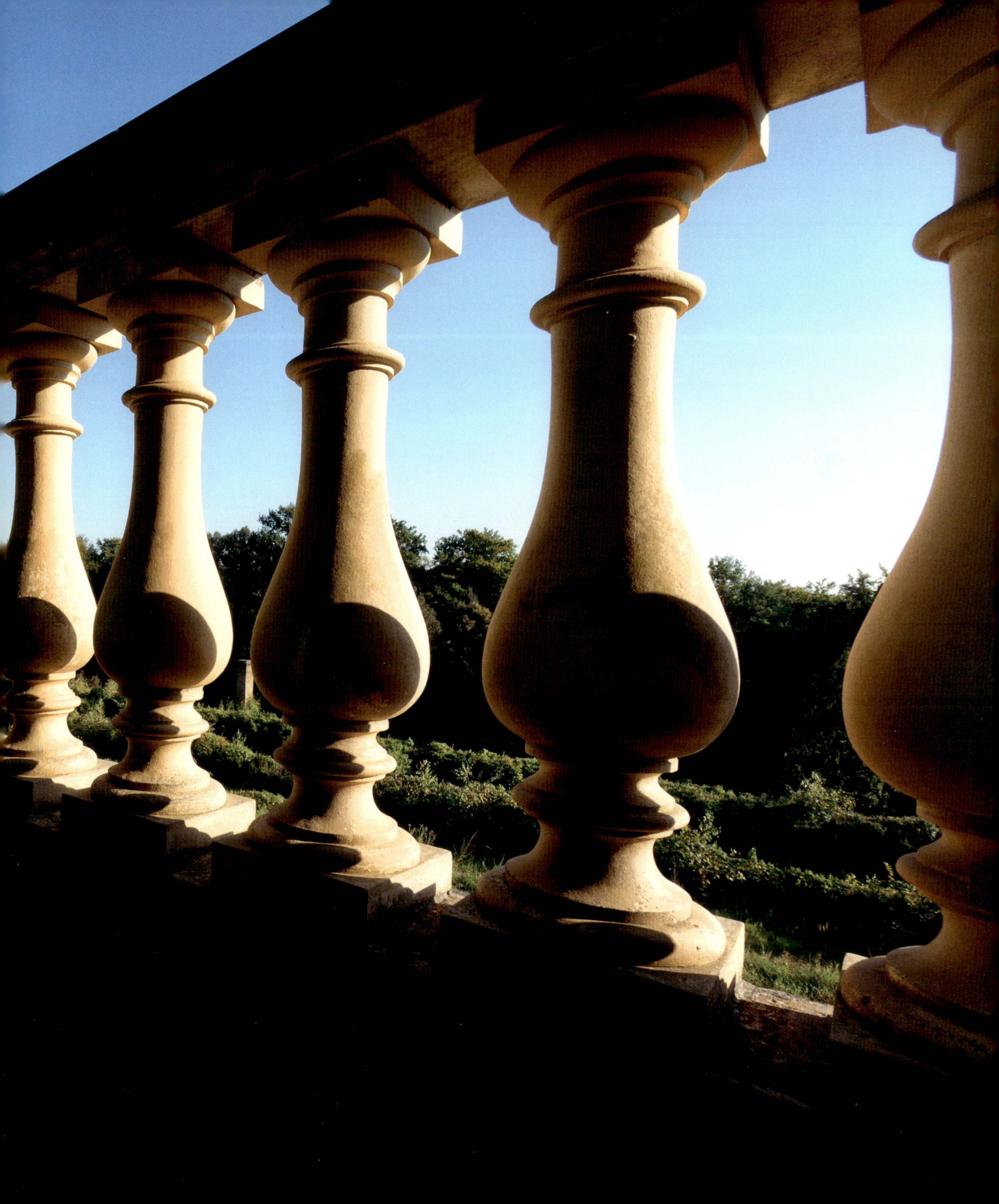

Belvedere auf dem Pfingstberg

Herrschaftliche Freitreppen, Säulengänge und die vielleicht schönste Aussicht von ganz Potsdam: Das Belvedere auf dem Pfingstberg bietet fotografische Motive ohne Ende

POTSDAM

Das Belvedere auf dem Pfingstberg ist wieder mal so ein Gebäude, auf das ich bei meiner Erkundung von Potsdam durch Zufall gestoßen bin. Und wie sich später herausstellte, hatten auch viele meiner Berliner Freunde noch nie davon gehört. Obwohl es ein beachtlicher Bau ist, liegt es fast ein wenig versteckt auf dem dicht bewaldeten Pfingstberg im Norden der Stadt. Umso überraschter war ich, als ich von einem schmalen Waldweg plötzlich auf eine Lichtung trat und vor einer hohen, breiten Steinmauer stand.

Wie bereits erwähnt, gibt es in Potsdam gleich mehrere Belvederes. Im Vergleich zu seinem Gegenstück im Park Sanssouci (Seite 315) ist das Belvedere auf dem Pfingstberg jünger und deutlich größer. Eigentlich sollte das von der italienischen Renaissance inspirierte Bauwerk noch viel größer werden, aber andere finanzielle Prioritäten und später der Tod des preußischen Königs Friedrich Wilhelm IV. führten dazu, dass dessen Sohn bis 1863 nur die bereits begonnenen Arbeiten vollendete. Trotzdem ist es ein beeindruckender Bau, der den vielleicht besten Blick über Potsdam und in Richtung Berlin bietet. An klaren Tagen können Sie sogar den mehr als 25 Kilometer entfernten Fernsehturm und große Teile der Berliner Innenstadt gut erkennen. Dieser gute Blick wurde dem Belvedere fast zum Verhängnis, denn von hier oben hatte man auch einen guten Blick auf die Grenzanlagen der DDR und nach West-Berlin,

Auch in Schwarzweiß ist das Belvedere auf dem Pfingstberg mit seinen vielen Bögen und Säulen ein beeindruckendes Motiv.

25,6 mm | f8 | 1/250 s | ISO 200 | –⅓ EV | zu Schwarzweiß konvertiert

weshalb der Zugang zum Gelände nach dem Mauerbau verboten wurde. Die Anlage, die bereits massive Schäden aufwies, verfiel zunehmend, konnte aber nach der Wende mit Spendengeldern wieder restauriert werden und gehört heute zum UNESCO Weltkulturerbe.

Das Wasserreservoir im Innenhof bietet interessante fotografische Möglichkeiten.

15 mm | f11 | 1/160 s | ISO 200 | −⅔ EV

BELVEDERE AUF DEM PFINGSTBERG

* Pfingstberg, 14469 Potsdam
* Bus 638, 639, Am Pfingstberg oder Bus 603, Höhenstraße
* Straßenbahn 92, 96, Puschkinallee
* Kann von außen jederzeit fotografiert werden. Fotografieren auf dem Gelände ist für private Zwecke ebenfalls erlaubt. Für Veröffentlichungen sollten Sie aber unbedingt vorher die Erlaubnis der Stiftung Preußische Schlösser und Gärten Berlin-Brandenburg einholen.
* www.spsg.de/schloesser-gaerten/objekt/belvedere-pfingstberg

Einer der Säulengänge mit der wunderschön verzierten Kassettendecke

15 mm | f8 | 1/125 s | ISO 200

Fotografisch macht das Belvedere auf dem Pfingstberg richtig Spaß. Die Gartenanlage vor dem Gebäude, die Arkadengänge auf mehreren Ebenen, die Freitreppen, die Deckenverzierungen – die Motive sind überall. Schatten, Strukturen, Muster, wunderschöne Architektur, und wenn das alles noch nicht reicht, dann ist da noch das große Wasserreservoir im Innenhof der Anlage, das tolle Wasserspiegelungen bietet.

Sich wiederholende Muster und Strukturen gibt es hier überall – ein echter Genuss für Fotografen.

36 mm | f9 | 1/640 s | ISO 200

Tipps

Wunderschöne Ausblicke auf ganz Potsdam und auf Berlin (in der Ferne)!

Die vielen Treppen, Rampen und Säulen bieten tolle Perspektiven, Linien und Muster.

Nutzen Sie die Spiegelung im Wasserbecken im Innenhof der Anlage für Ihre Fotos.

Achtung: Auch hier sind Sie wieder einmal auf dem Privatgelände der Stiftung Preußische Schlösser und Gärten Berlin-Brandenburg, selbst wenn Sie unter freiem Himmel stehen. Also holen Sie erst eine Erlaubnis ein, bevor Sie Bilder veröffentlichen.

Vom kleinen Park vor dem Belvedere aus gesehen, können Sie das Bauwerk sehr schön in seiner Gesamtheit betrachten und fotografieren.

42 mm | f9 | 1/320 s | ISO 200

Das Wasserreservoir und einer der Ecktürme des Belvederes, mal aus einer anderen Perspektive gesehen

27 mm | f7,1 | 1/100 s | ISO 200

Dampfmaschinenhaus

Ein Funktionsbau wie aus dem Märchenbuch: Das Pumpenhaus für Sanssouci trumpft außen wie innen mit ungewöhnlicher Architektur und faszinierenden Details auf

POTSDAM

Moment, hieß es in der Überschrift nicht »Dampfmaschinenhaus«? Wurden hier die Bilder vertauscht? Nein, dieser prachtvolle Bau ist wirklich eine Maschinenhalle, wenn auch eine einzigartige. Das Dampfmaschinenhaus für Sanssouci ist eines der ungewöhnlichsten Gebäude in Potsdam. Was von außen wie eine Moschee mit Minarett und Halbmond aussieht, ist tatsächlich nichts anderes als ein Pumpenhaus – allerdings das vielleicht schönste Pumpenhaus, das Sie je sehen werden. Schon im Barock hatte man in Potsdam versucht, Wasser aus der Havel in ein Hochbecken zu pumpen, um damit Wasserspiele in den verschiedenen Brunnen des Parks Sanssouci zu betreiben, was aber an den technischen Möglichkeiten der dama-

Das Dampfmaschinenhaus mit dem hohen, als Minarett getarnten Schornstein

82 mm | f13 | 1/1250 s | ISO 800

DAMPFMASCHINENHAUS

* Breite Straße 28, 14467 Potsdam

* Bus 605, 606, 610, 631 u.a. oder Straßenbahn 91, 94, 98, jeweils bis Haltestelle Feuerbachstraße

* Die Besichtigung der Innenräume ist nur zu bestimmten (sehr begrenzten) Zeiten mit Führung möglich, daher sollten Sie sich vor Ihrem Besuch informieren. Veröffentlichung von Fotos, Sie ahnen es schon, nur mit Erlaubnis der Stiftung Preußische Schlösser und Gärten Berlin-Brandenburg.

* www.spsg.de/schloesser-gaerten/objekt/dampfmaschinenhaus-moschee

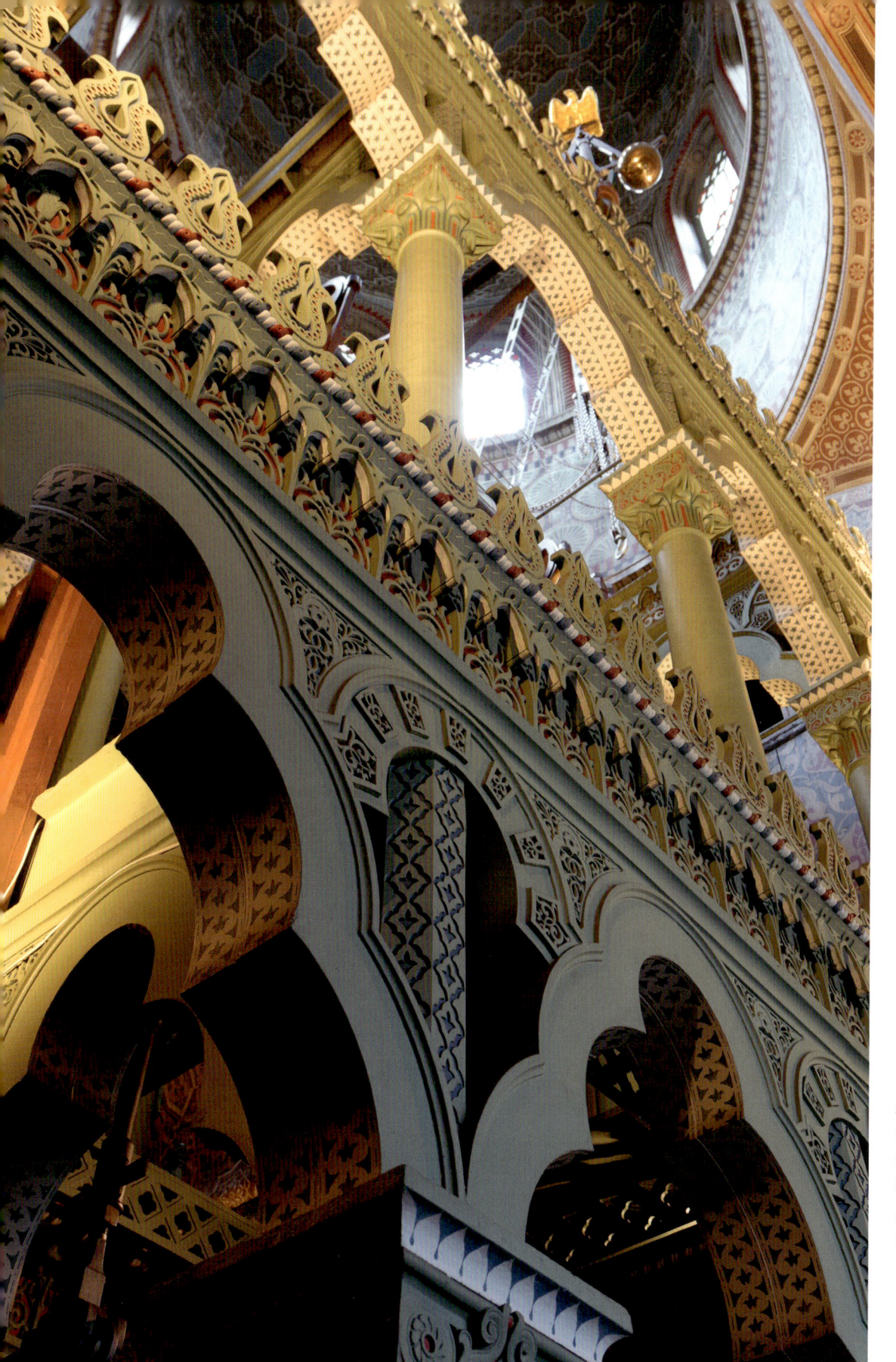

Zwischen all den Säulen und Verzierungen ist die Dampfmaschine kaum zu erkennen.

34 mm | f6,3 | 1/13 s | ISO 800 | +⅓ EV

ligen Zeit scheiterte. 1842 schaffte der König dann eine Zweizylinder-Dampfmaschine zum Wasserpumpen an. Die verbrannte stattliche 4 Tonnen Kohle am Tag und generierte damit traurige 82 PS Leistung. Aber nun schoss aus dem Brunnen vor Sanssouci eine bis zu 38 Meter hohe Wasserfontäne – nicht schlecht für die damalige Zeit. Ein Problem aber blieb: Die Pumpanlage stand an der Neustädter Havelbucht, in Sichtweite von Sanssouci. Und da sich seine Hoheit nicht die Aussicht ruinieren wollte, ließ er die Dampfmaschine kurzerhand in ein moscheeartiges Gebäude packen. Das »Minarett« diente dabei als Schornstein.

Aber nicht nur die Fassade des Hauses wurde kunstvoll gestaltet, der Maschinenraum selbst ist unglaublich aufwendig dekoriert und bemalt. Hinter all den geschwungenen und gemusterten Trägern, Säulen und Stützen können Sie die eigentliche Dampfmaschine kaum noch erkennen, es sei denn, sie setzt sich in Bewegung. Dieses Schauspiel können Sie heute bei Führungen durch das Gebäude immer noch erleben. Inzwischen wird die Maschine allerdings nicht mehr mit Kohle, sondern von einem Elektromotor bewegt.

Bleiglasfenster wie in einer Kirche – der Kontrast zwischen Industriemaschine und kirchenartiger Architektur ist sehr ungewöhnlich und sehenswert.

27 mm | f5 | 1/13 s | ISO 800 | +⅓ EV

Tipps

Unbedingt ein starkes Weitwinkelobjektiv mitbringen, die Räumlichkeiten sind sehr beengt!

Trotz der Lampen ist es ziemlich dunkel in der Maschinenhalle, für ein großes Stativ ist es aber zu eng. Entweder benutzen Sie ein Tischstativ und halten es an eine der Säulen, oder Sie schrauben die ISO-Zahl hoch, halten die Luft an und drücken laaangsam den Auslöser.

Selbst die Wendeltreppe ist ein kleines Kunstwerk, von den gekachelten Wänden ganz zu schweigen.

24 mm | f5,6 | 1/5 s | ISO 800 | +⅓ EV

Wie eine (kleine) Kathedrale: der Innenraum des Dampfmaschinenhauses in Potsdam

25 mm | f3,5 | 1/50 s | ISO 800 | +⅓ EV

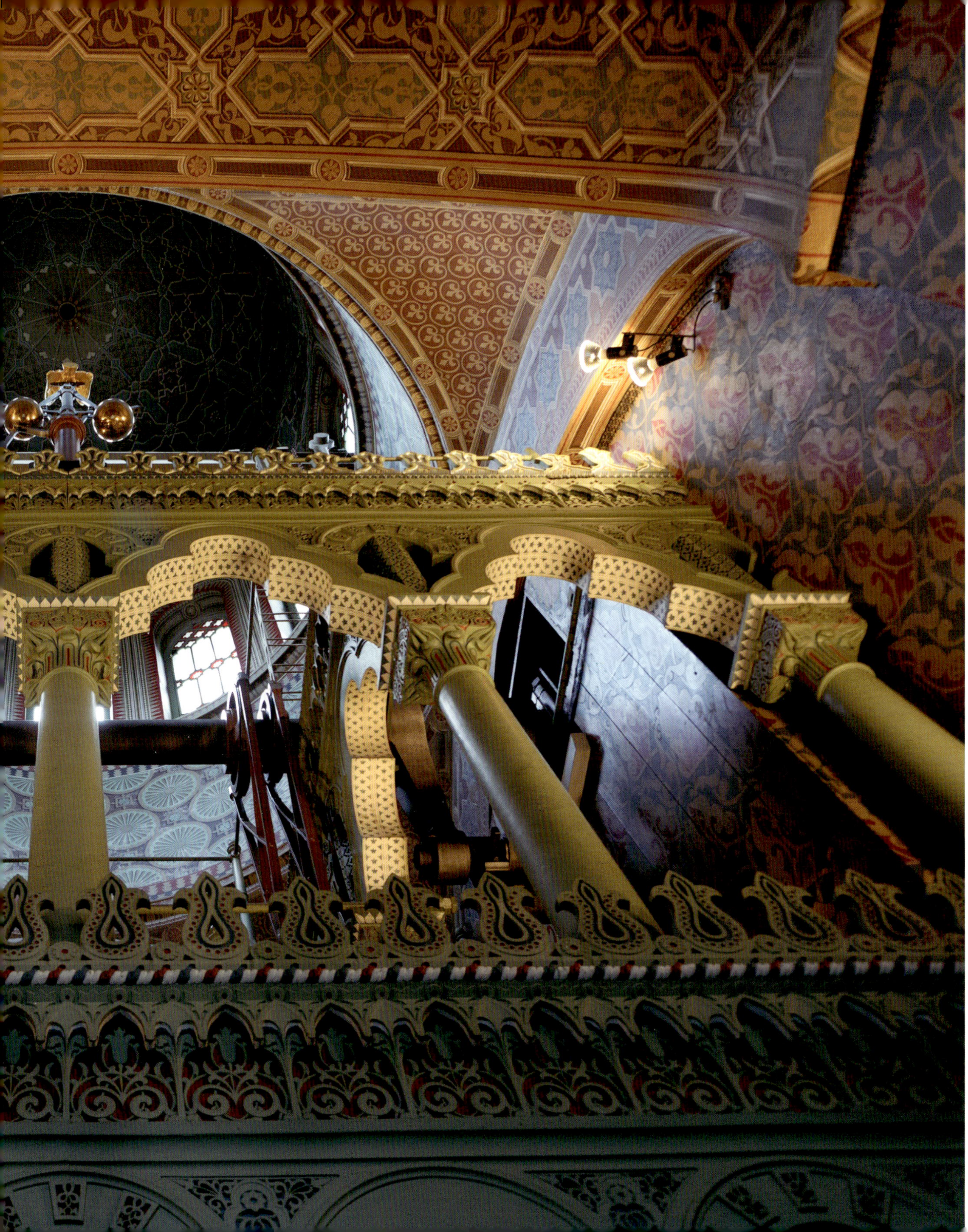

Der Neue Garten

Die »kleine Schwester« des Parks Sanssouci orientiert sich an englischer Landschaftsarchitektur und bietet zudem einige interessante Bauwerke

Der Neue Garten ist so ein bisschen wie die kleine, weniger bekannte Schwester des Parks Sanssouci. König Friedrich Wilhelm II., der direkte Nachfolger Friedrichs des Großen, ließ die Parkanlage bereits 1787 anlegen. Trotzdem könnten die beiden Parks kaum verschiedener sein. Anstelle von barockem Gartenbau orientiert sich der Neue Garten an den englischen Landschaftsparks und ist eher der freien Natur nachgebildet. Es gab ursprünglich sogar weidende Kühe im Park! Auch die Bebauung ist nicht monumental wie im Park Sanssouci, sondern eher klein und über den Park verstreut.

Marmorpalais

Das imposanteste Bauwerk aus dieser Zeit ist das Marmorpalais von 1793, ein ursprünglich zweistöckiger, quadratischer Bau im Stil des Frühklassizismus. Friedrich Wilhelm II. ließ es direkt am Heiligen See als seine Sommerresidenz erbauen. Doch das Schlösschen war bald zu klein, und so wurden zwei Seitenflügel hinzugefügt. Die Marmorsäulen der Kolonnaden holte man sich praktischerweise einfach aus dem Park Sanssouci. Direkt neben dem Palais, etwas tiefer und ebenfalls direkt am Wasser, stoßen Sie auf ein Gebäude, das an eine griechische Tempelruine erinnert. Wie so oft bei den Bauten dieser Zeit beherbergt es aber etwas ganz Profanes: die Schlossküche. Analog

Das Marmorpalais im Neuen Garten, hier von der Schlossküche aus gesehen, die einem verfallenen antiken Tempel nachempfunden wurde. Direkt daneben liegt der Heilige See.

24 mm | f11 | 1/320 s | ISO 200

NEUER GARTEN

* Am Neuen Garten, 14469 Potsdam
* Bus 603, Birkenstraße/Alleestraße, Glumestraße oder Schloss Cecilienhof
* ganzjährig von 8 Uhr bis Einbruch der Dunkelheit
* www.spsg.de/schloesser-gaerten/objekt/neuer-garten

Die Marmorsäulen der Kolonnaden an den Seitenflügeln des Marmorpalais holte man kurzerhand aus dem Park Sanssouci.

25,6 mm | f16 | 1/125 s | ISO 200

dazu gibt es im Park auch noch eine Pyramide, die als Kühlhaus diente, und ein ägyptisches Portal, das den Eingang der Orangerie schmückt.

Orangerie

Die Orangerie ist übrigens nur einige Meter vom Marmorpalais entfernt und definitiv auch einen Besuch wert. Zum einen liegt direkt daneben ein aufwendig gestalteter Garten mit Blumen, Rasenflächen, Springbrunnen und schattigen Plätzen zum Ausruhen. Zum anderen wird die Orangerie im Sommer zu einem wunderschönen, kleinen Café, das die Innenräume nutzt, solange die im Winter hier eingelagerten Pflanzen draußen Sommersonne tanken. Die Orangerie selbst ist definitiv das eine oder andere Foto wert, aber gönnen Sie sich auch mal eine Pause, trinken Sie einen Kaffee, essen Sie ein Stück Kuchen, und genießen Sie die Sonne.

Der Eingang zur Orangerie ist wunderschön gestaltet und beherbergt im Sommer ein gemütliches Café.

15 mm | f9 | 1/250 s | ISO 200

Diesen Blick haben Sie von einem der Café-tische im Eingangsbereich der Orangerie.

26 mm | f5,6 | 1/125 s | ISO 200

Tipps

Der Neue Garten ist entspannter als der Park Sanssouci. Genießen Sie das, und setzen Sie sich vielleicht auch mal ein paar Minuten ans Wasser, oder trinken Sie einen Kaffee.

Gehen Sie auch einmal auf die Nordseite von Schloss Cecilienhof, der Garten ist sehenswert.

Achtung: Auch der Neue Garten wird von der Stiftung Preußische Schlösser und Gärten Berlin-Brandenburg verwaltet. Falls Sie hier fotografieren, um die Bilder zu veröffentlichen, müssen Sie erst eine Erlaubnis einholen.

Rechts: Der Garten neben der Orangerie: Mich sprach die geschwungene Form des Gartens an, die ich durch die leichte Vogelperspektive und die relativ kurze Brennweite noch verstärkt habe.

27 mm | f9 | 1/320 s | ISO 200

Das ist der Blick aus der Orangerie heraus auf den Vorplatz und die dahinterliegenden Gebäude des Holländischen Etablissements. Hier gefiel mir der Kontrast zwischen der perfekt gepflegten Szenerie und dem sehr alltäglich wirkenden Gärtner, der langsam mit dem Rasenmäher seine Kreise zog.

43 mm | f9 | 1/125 s | ISO 200

Schloss Cecilienhof

Das wahrscheinlich bekannteste Bauwerk im Neuen Garten ist das Schloss Cecilienhof. Es entstand erst 1913–17 als Residenz des damaligen Kronprinzen, der es mit seiner Familie bis 1945 bewohnte. Bekannt wurde das Schloss im Stil eines englischen Landsitzes aber durch die Potsdamer Konferenz, die hier von den Alliierten nach dem Ende des Zweiten Weltkrieges abgehalten wurde und bei der die drei Siegermächte UdSSR, USA und Großbritannien die Neuordnung Deutschlands beschlossen. Für die Konferenz wurde das Schloss in drei Bereiche für die verschiedenen Delegationen aufgeteilt, die nach dem Geschmack der jeweiligen Delegationsleiter eingerichtet wurden. Die Möbel dafür besorgte man in den Schlössern der Umgebung. Den roten Stern aus Blumen im Innenhof (siehe Foto) pflanzten übrigens die Sowjets noch vor der Konferenz. Da Potsdam in ihrer Besatzungszone lag, waren sie die Gastgeber.

Der Blick in den Innenhof des Schlosses Cecilienhof durch das Eingangstor

26 mm | f8 | 1/320 s | ISO 200

Die Innenräume des Schlosses können besichtigt werden, und die Ausstellung ist in erster Linie der Geschichte der Potsdamer Konferenz gewidmet – inhaltlich definitiv sehenswert, aber fotografisch aus meiner Sicht weniger interessant. Sehr schön sind hingegen die Außenbereiche des Schlosses. Gehen Sie unbedingt auch einmal um das Schloss herum, denn die Gärten auf der Nordseite sind wirklich reizvoll.

Der Innenhof des Schlosses Cecilienhof, von Norden aus gesehen
15 mm | f9 | 1/160 s | ISO 200

Auf der Nordseite des Schlosses gibt es unter anderem einen wunderschönen Garten und diesen kleineren Innenhof zu entdecken.
15 mm | f8 | 1/160 s | ISO 100

Der Neue Garten

Russische Kolonie Alexandrowka

Russische Blockhütten mitten in Potsdam – Zeugen einer wechselhaften europäischen Geschichte

Eines der Gehöfte in der Kolonie Alexandrowka

26 mm | f10 | 1/400 s | ISO 200 | –⅓ EV

Ein paar hundert Meter nördlich des Stadtzentrums von Potsdam liegt ein ovales grünes Areal, das auf den ersten Blick wie eine Schrebergartenkolonie wirkt, nur ohne die vielen kleinen Häuschen. Häuser gibt es, allerdings nur 14 Stück, was auf dem weitläufigen Areal verschwindend wenig ist. Allerdings handelt es sich bei den Häusern streng genommen um Bauernhöfe, was die großen Freiflächen erklärt. Aber wieso gibt es mitten in Potsdam Bauernhöfe? Und warum sind sie im russischen Stil gebaut? Das hängt mit ihrer faszinierenden Geschichte zusammen, und die begann mit dem Russlandfeldzug Napoleons von 1812. In dem war das zuvor von Napoleon geschlagene

Preußen gezwungen, gegen seinen ehemaligen Alliierten Russland in den Krieg zu ziehen. Dadurch kamen etwa 1000 russische Kriegsgefangene nach Preußen, von denen 62 blieben. Bereits 1813 wurden Preußen und Russland wieder Verbündete, jetzt im Kampf gegen Frankreich. Mit dabei waren auch die 62 ehemaligen Kriegsgefangenen, aus denen man inzwischen einen Sängerchor gebildet hatte, der die Truppen im Heerlager unterhielt. Am Ende erlaubte der russische Zar Alexander I. nicht nur den Verbleib der russischen Soldaten in Preußen, er schickte sogar noch sieben weitere Grenadiere für den Chor, um im Krieg gefallene Mitglieder zu ersetzen.

Tipps

Besonders schön lassen sich die Häuser während der goldenen Stunde fotografieren, da die Sonne die Holzfassaden dann in ein warmes Licht taucht. Gleichzeitig werfen die architektonischen Details durch die tief stehende Sonne zum Teil interessante Schatten.

Die Häuser liegen zum Teil recht weit verstreut. Am bequemsten können Sie das Areal auf dem Fahrrad erkunden.

RUSSISCHE KOLONIE ALEXANDROWKA

* Russische Kolonie 2, 14469 Potsdam
* **Bus** 604, 609, 629 oder **Straßenbahn** 92, 96, Am Schragen
* Von der Straße aus problemlos zu fotografieren. Die Häuser sind alle in Privatbesitz und daher nicht öffentlich zugänglich. Eine Ausnahme stellt das Haus Nr. 2 dar, das ein Museum und ein Café beherbergt.
* http://alexandrowka.de

Unter dem kunstvoll aus Holz gefertigten Dachgiebel steht hier, passend zum russischen Stil, ein Samowar.

93 mm | f5,6 | 1/320 s | ISO 125 | −1/3 EV

Der preußische König Friedrich Wilhelm III wiederum war so angetan von der freundschaftlichen Beziehung zwischen Preußen und Russland, dass er 1825 die russische Kolonie gründete und sie zu Ehren des Zaren Alexandrowka nannte. Und so bekamen die noch verbliebenen russischen Sänger jeder ein komplett möbliertes Gehöft, einen bereits angelegten Garten und eine Kuh. Bedingung war, dass die Männer verheiratet waren und die Gehöfte nicht verkaufen und nur an ihre direkten männlichen Nachfahren vererben durften. 1861 verstarb der letzte der Sänger und 2008 der letzte direkte Nachfahre der Sänger. Die Siedlung ist heute Teil des UNESCO Weltkulturerbes Potsdam.

Die Gestaltung der Häuser orientierte sich an russischen Holzhäusern und ist dadurch für die Region Brandenburg sehr ungewöhnlich. Umso interessanter ist sie für uns als Betrachter. Insbesondere die kunstvollen Fenster- und Dachgiebel der Häuser sind spannend, aber auch einige andere Details sowie zum Teil die Dekoration der Häuser durch ihre heutigen Bewohner.

Hier trägt der Blumenschmuck einen zusätzlichen Farbklecks zur ansonsten von Brauntönen dominierten Fassade bei.

112 mm | f4 | 1/250 s | ISO 125 | –1/3 EV

Die für die Region ungewöhnliche Architektur bietet zahlreiche interessante Motive.

82 mm | f8 | 1/160 s | ISO 100

Telegrafenberg

Wer sagt, dass Wissenschaft keinen Spaß macht? Bei den faszinierenden Observatorien auf dem Telegrafenberg kommen Fotografen auf jeden Fall auf ihre Kosten

Das Michelsonhaus mit seinen drei Kuppeltürmen steht auf dem höchsten Punkt des Telegrafenberges und ist sowohl ungewöhnlich als auch ausgesprochen schön.

28 mm | f9 | 1/250 s | ISO 100

Auf den Telegrafenberg verirrt sich nur selten ein Potsdam-Besucher, doch das ist eigentlich ein Jammer, denn es ist ein faszinierender Ort. Südlich des Hauptbahnhofs liegt die bewaldete Anhöhe abseits der anderen Attraktionen Potsdams. Das stört auch wenig, denn in erster Linie geht es auf der 94 Meter hohen Erhebung um Wissenschaft und nicht Tourismus. Eingebettet in einen Landschaftspark, wurden hier seit 1874 diverse Observatorien gebaut. Viele von ihnen sind nicht nur wissenschaftshistorisch, sondern auch architektonisch interessant. Ein großes Highlight ist hierbei das Michelsonhaus mit seinen drei Kuppeltürmen, die ursprünglich drei Fernrohre beherbergten. Sie wurden in erster Linie zur Sonnenbeobachtung genutzt. Das Gebäude war seinerzeit das erste astrophysikalische Observatorium der Welt.

Direkt gegenüber steht der Große Refraktor. Unter der 200 Tonnen schweren Kuppel des Gebäudes steht seit seiner Eröffnung 1899 ein Doppelrefraktorteleskop mit einer Brennweite von mehr als 12 Metern, das selbst heute noch das

Manche Gebäude auf dem Telegrafenberg sind nicht so gut erhalten, bieten aber trotzdem oder vielleicht gerade deshalb interessante Motive. Die Meridianhäuser von 1892 dienten einstmals der exakten Zeitbestimmung.

45 mm | f5,6 | 1/80 s | ISO 100

viertgrößte Linsenteleskop der Welt ist. Die Innenräume können mit Führungen besichtigt werden. Das Tolle an diesen (und einigen weiteren) Gebäuden auf dem Telegrafenberg ist, dass hier nicht nur Meilensteine der Wissenschaft erreicht wurden, sondern dass sie noch dazu architektonisch wunderschön gestaltet sind.

TELEGRAFENBERG

* Telegrafenberg, 14473 Potsdam
* **Bus** 691 Telegrafenberg
* Das Gelände ist tagsüber frei zugänglich, um Anmeldung an der Pforte wird gebeten. An der Pforte kommen Sie automatisch vorbei, hier erhalten Sie auch einen kostenlosen Lageplan des Areals.
* http://geschichte.telegrafenberg.de

MDCCCIC.

Der Große Refraktor von 1899: Obwohl es ein »Funktionsbau« ist, haben die Architekten an Verzierungen nicht gespart.

45 mm | f9 | 1/200 s | ISO 200

Architektonisch gibt es kaum etwas Vergleichbares: der Einsteinturm

16 mm | f13 | 1/80 s | ISO 200 | –⅓ EV

Tipps

Es gibt einen Rundweg durch den Wissenschaftspark, auf dem alle relevanten Bauwerke beschrieben werden. Eine Karte gibt es kostenlos an der Pforte.

Nehmen Sie sich Zeit, nicht nur Fotos zu machen, sondern auch mehr über die Geschichte der Gebäude zu erfahren. Es lohnt sich.

Der Einsteinturm ist im Osten, Süden und Westen von hohen Bäumen umgeben. Falls Sie also viel Sonne wollen, sollten Sie in der Mittagszeit hierherkommen.

Der unbestrittene Star des Telegrafenberges ist wohl der Einsteinturm, der einige Meter südlich des Großen Refraktors steht. Er wurde vom Architekten Erich Mendelsohn in Zusammenarbeit mit Albert Einstein und dem Astronomen Erwin Finlay Freundlich entworfen. Der Turm beherbergt ein Sonnenobservatorium, das bis zum Zweiten Weltkrieg das wissenschaftlich bedeutendste seiner Art in Europa war und ursprünglich dazu dienen sollte, die von Einsteins allgemeiner Relativitätstheorie vorhergesagte Rotverschiebung von Spektrallinien im Schwerefeld der Sonne nachzuweisen. Interessanter für uns Fotografen ist aber wohl die Architektur des Gebäudes, und die ist ziemlich außergewöhnlich. Außergewöhn-

Selbst die Wasserspeier an der Fassade sind faszinierend geformt. Das ganze Gebäude wirkt organisch und geschwungen.

51 mm | f9 | 1/160 s | ISO 100

lich ist leider auch der Aufwand, der nötig ist, um den Turm zu erhalten. Bereits drei Jahre nach seiner Fertigstellung 1924 musste das Bauwerk zum ersten Mal umfassend saniert werden. Mendelsohn hatte den gesamten Turm aus Beton bauen wollen, was damals aber technisch noch Neuland war und viele Probleme schuf. Und so wurde der Turm selbst aus Ziegelsteinen gebaut, die Anbauten und der Kuppelkranz aber aus Beton, was man dank des einheitlichen Putzes nicht sieht. Probleme schafft es trotzdem, da sich die verschiedenen Materialien bei Temperaturschwankungen unterschiedlich stark ausdehnen und zusammenziehen und sich (unter anderem) deshalb schnell Risse bildeten, in die wiederum Feuchtigkeit eindrang. Allein seit dem Krieg wurde das Gebäude mehr als fünfmal instand gesetzt. Schön anzusehen und zu fotografieren bleibt es trotzdem. Hier gibt es viele verschiedene Kurven, Kanten und Formen zu entdecken, Details sowie Aufnahmen des gesamten Gebäudes bieten die Chance auf tolle Bilder.

Der Eingang zum Einsteinturm: Fast jedes Detail ist hier ungewöhnlich.

19 mm | f8 | 1/125 s | ISO 200

Herrschaftlich anders

Potsdam bietet unglaublich viele Motive, insbesondere für Fans von Schlössern und Parks. Eigentlich ist die Landeshauptstadt eine eigene Reise Wert, aber wenn die Zeit dafür nicht reicht, sollten Sie auf jeden Fall einen kurzen Abstecher hierher machen. Es lohnt sich wirklich! Und falls Sie eine Pause vom Trubel der Großstadt brauchen, ist Potsdam auch ein toller Ort, um vom wilden Treiben in Berlin ein bisschen zu entschleunigen und Natur und Geschichte zu tanken.

Diese Motive haben es nicht ins Buch geschafft. Warum?

Bei all den schönen Motiven in Potsdam ist es manchmal schwer, eine Auswahl zu treffen. So fehlt hier das **Holländische Viertel** mit seinen markanten Backsteinhäusern ebenso wie die **St. Nikolaikirche**. Beide sind sehenswert, aber ich fand einfach, dass es beeindruckendere oder abwechslungsreichere Motive gab, die mir wichtiger waren. Ein anderes Problem ist, dass fast alle Sehenswürdigkeiten in Potsdam von der Stiftung Preußische Schlösser und Gärten Berlin-Brandenburg verwaltet werden, die hohe Gebühren für die Erlaubnis erhebt, Fotos von ihren Gebäuden und Parks veröffentlichen zu dürfen. Diesen Überlegungen sind unter anderem das **Neue Palais**, aber auch der **Park Babelsberg** und das **Schloss Babelsberg** zum Opfer gefallen. Die sind alle schön und einen Besuch wert, aber eben nicht so spektakulär oder ungewöhnlich wie die anderen Orte in diesem Kapitel.

Tour 1: Neu und alt und neu

Hauptbahnhof – Reichstagsgebäude – Brandenburger Tor – Holocaust-Denkmal – Potsdamer Platz

Im Herzen der Stadt finden Sie auf recht kleinem Raum viele interessante Motive, daher sind die Strecken zwischen den verschiedenen Orten bei dieser Tour sehr kurz und gut zu Fuß zu bewältigen. Anfangen können Sie wahlweise am Hauptbahnhof oder am Potsdamer Platz. Wenn Sie beim **Hauptbahnhof** (Seite 286) starten, gehen Sie nach Ihrer Erkundung desselben hinaus auf die Südseite des Bahnhofs (in Richtung Kanzleramt, das ist kaum zu übersehen) und nehmen die Gustav-Heinemann-Brücke (das ist die Fußgängerbrücke) über die Spree. Überqueren Sie den großen Platz zwischen Kanzleramt (links) und Paul-Löbe-Haus (rechts). Nach einigen Metern taucht vorne links das **Reichstagsgebäude** auf. Falls Sie einen Besuchstermin gebucht haben, können Sie die Kuppel besuchen, ansonsten überqueren Sie die große Wiese vor dem Reichstagsgebäude und biegen dann an seiner Südseite links ab. Entweder folgen Sie dabei der Scheidemannstraße bis zur nächsten Ecke und biegen dann rechts ab, oder Sie nehmen den Simsonweg, einen schmalen Fußweg durch den Tiergarten, der diagonal nach links abgeht. Hier kommen Sie am Denkmal für die im Nationalsozialismus ermordeten Sinti und Roma Europas vorbei, und am Ende des kurzen Weges stehen Sie schon vor dem **Brandenburger Tor** (Seite 24). Von hier aus geht's die Ebertstraße entlang, an der US-Botschaft vorbei weiter nach Süden, und schon sehen Sie links das **Denkmal für die ermordeten Juden Europas** (Seite 280). Von hier folgen Sie weiter der Ebertstraße, bis Sie an der Ecke Potsdamer Straße dann mitten auf dem **Potsdamer Platz** (Seite 268) stehen.

Hauptbahnhof
Seiten 286–293

Hauptbahnhof

Hauptbahnhof

Brandenburger Tor
Seiten 24–29

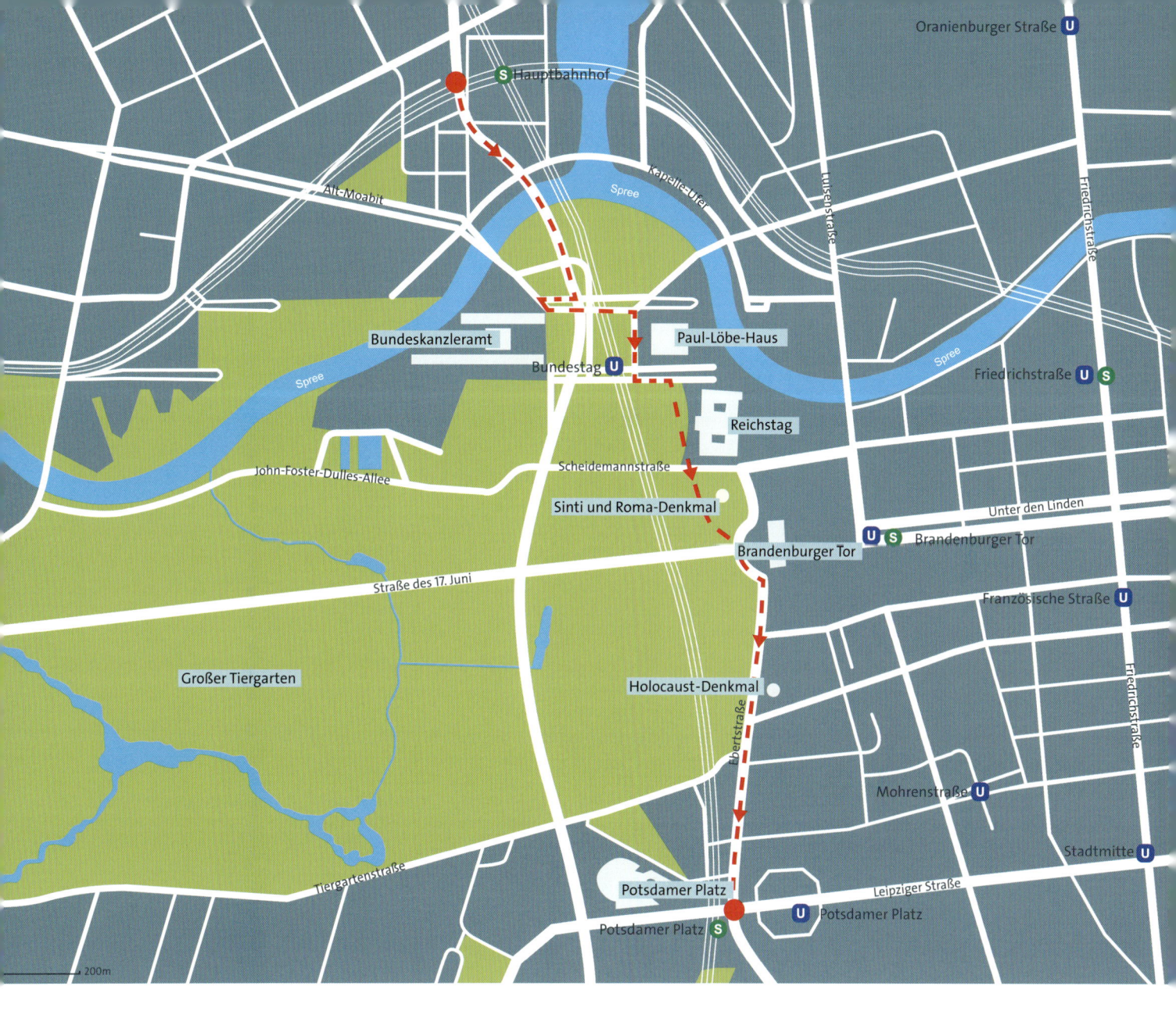

Brandenburger Tor

Holocaust-Denkmal
Seiten 280–285

Potsdamer Platz
Seiten 268–277

Potsdamer Platz

Tour 1: Neu und alt und neu   345

Tour 2: Ab durch die Mitte

Checkpoint Charlie – Gendarmenmarkt – Deutsches Historisches Museum – Museumsinsel – Rotes Rathaus – Fernsehturm – Alexanderplatz

Diese Tour deckt einen Großteil der touristischen Highlights Berlins ab, die sich auf relativ engem Raum im alten Zentrum Berlins konzentrieren. Wir beginnen am **Hauptbahnhof** (Seite 286) und arbeiten uns nach Süden bis zum Potsdamer Platz vor (Details zu diesem Abschnitt finden Sie in der Tour »Neu und alt und neu« auf Seite 344). Vom Potsdamer Platz folgen Sie der Leipziger Straße am Leipziger Platz und dem Sitz des Bundesrates vorbei nach Osten bis zur Ecke Mauerstraße. Hier biegen Sie rechts ab und folgen der überraschend ruhigen Seitenstraße bis zur Ecke Friedrichstraße, wo Sie sich abrupt mitten im Touristenrummel um den ehemaligen **Checkpoint Charlie** wiederfinden. Anschließend folgen Sie der Friedrichstraße nach Norden bis zur Mohrenstraße und biegen rechts ab. An der nächsten Kreuzung treffen Sie auf den **Gendarmenmarkt** mit dem Konzerthaus, Französischem Dom und Deutschem Dom. Auch wenn ich ihn in diesem Buch nicht als Motiv aufgeführt habe, ist es doch ein sehr schöner und sehenswerter Platz. Von der Nordwestecke des Platzes folgen Sie der Charlottenstraße nach Norden und biegen dann auf der Straße Unter den Linden rechts ab. Hier kommen Sie an vielen schönen klassizistischen Bauten vorbei, unter anderem der Staatsoper, der Humboldt Universität und der Neuen Wache. Letztere liegt auf der anderen Straßenseite. Überqueren Sie hier die Straße, und folgen Sie der kleinen Straße zwischen der Neuen Wache (links) und dem Zeughaus, die »Hinter dem Gießhaus« heißt. An der nächsten Ecke sehen Sie rechts die Ausstellungshalle von I. M. Pei, einen Anbau des **Deutschen Historischen Museums** (Seite 294). Wenn Sie der Straße anschließend weiter folgen, stoßen Sie nach wenigen Metern auf den Kupfergraben, den Kanal, an dessen anderem Ufer die **Museumsinsel** (Seite 14) liegt. Wenn Sie Bode-Museum oder Pergamonmuseum besuchen wollen, sollten Sie hier links abbiegen, ansonsten überqueren Sie die Brücke und folgen der Bodestraße. Links von Ihnen liegen jetzt das

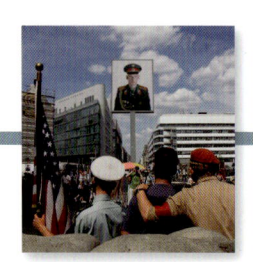

Checkpoint Charlie
Seiten 99 – 103

DHM
Seiten 294 – 299

Rotes Rathaus
Seiten 30 – 35

Fernsehturm
Seiten 120 – 135

Neue Museum und die Alte Nationalgalerie, rechts das Alte Museum. An der nächsten Ecke biegen Sie rechts ab. Nach wenigen Metern liegt rechts vor Ihnen der Lustgarten, links der Berliner Dom. Auf der gegenüberliegenden Straßenseite erhebt sich der Neubau des Stadtschlosses. Überqueren Sie die Hauptstraße und dann die Brücke links (oder umgekehrt). Richtung Südosten (vorne rechts) können Sie jetzt schon den mächtigen Turm des **Roten Rathauses** (Seite 30) sehen. Um dorthin zu gelangen, durchqueren Sie einfach den davorliegenden Park. Ebenfalls unübersehbar ist hier schon der riesige **Fernsehturm** (Seite 120), der nächste Halt auf der Tour. Wenn Sie südlich (rechts) am Fernsehturm vorbeigehen, stoßen Sie auf den Bahnhof Alexanderplatz (links) bzw. eine Unterführung unter dessen Gleisen (geradeaus). Gehen Sie hindurch, und Sie landen bei der Urania-Weltzeituhr auf dem **Alexanderplatz** (Seite 120).

Auf dieser Tour sind die Strecken zwischen den verschiedenen Orten sehr kurz, zum Teil weniger als 100 Meter. Dadurch lässt sie sich bequem in relativ kurzer Zeit bewältigen. Falls Sie also nur einen Tag in Berlin haben und noch nie zuvor dort waren, bietet dieser Rundgang eine gute Möglichkeit, vergleichsweise viel in kurzer Zeit zu sehen.

Tour 3: Die DDR-Tour

Alexanderplatz – Karl-Marx-Allee – East Side Gallery – Sowjetisches Ehrenmal im Treptower Park

Diese Tour ist ziemlich lang, daher sollten Sie mindestens einen halben Tag, idealerweise mehr, einplanen, und gutes Schuhwerk ist empfehlenswert. Die Tour können Sie auch sehr gut mit dem Fahrrad machen. Falls Sie zu Fuß unterwegs sind, sollten Sie wahrscheinlich hier und da auf öffentliche Verkehrsmittel zurückgreifen, um die weniger spannenden Abschnitte etwas zu verkürzen. Fahrräder dürfen in Berlin auch in den öffentlichen Verkehrsmitteln in entsprechend markierten Wagen mitgenommen werden, Sie müssen dafür allerdings ein Fahrradticket kaufen, das es an allen Ticketautomaten gibt.

Wir fangen an im Stadtzentrum, am **Alexanderplatz** (Seite 120). Anschließend geht es zu Fuß oder idealerweise mit dem Fahrrad die **Karl-Marx-Allee** (Seite 136) entlang gen Osten über den Strausberger Platz bis zum Frankfurter Tor. Hier nehmen Sie die Straßenbahn M10 Richtung Wahrschauer Straße bis zur Endstation (oder radeln, es ist nicht weit) und laufen/radeln dann den Hügel hinunter zum Spreeufer. Hier liegt die **East Side Gallery** (Seite 72), das größte noch existierende Stück der Berliner Mauer. Nach dem Besuch hier würde ich empfehlen, dass Sie über die wunderschöne Oberbaumbrücke die Spree überqueren. Von der Brücke aus bietet sich auch ein toller Blick in Richtung Berliner Innenstadt. Am anderen Ufer angekommen, schlendern Sie entweder die Schlesische Straße mit ihren vielen Cafés entlang oder, falls die Füße inzwischen müde sind, springen Sie in den Bus 165 Richtung Köpenick Müggelschlösschenweg und fahren bis zur Haltestelle »Herkomerstraße«. Sehen Sie sich nach einer Art kleinem Triumphbogen um, das ist der Eingang zum **sowjetischen Ehrenmal im Treptower Park** (Seite 146).

Alexanderplatz
Seiten 120 – 135

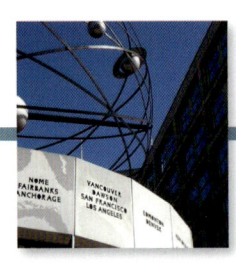

Alexanderplatz

Karl-Marx-Allee
Seiten 136 – 145

Karl-Marx-Allee

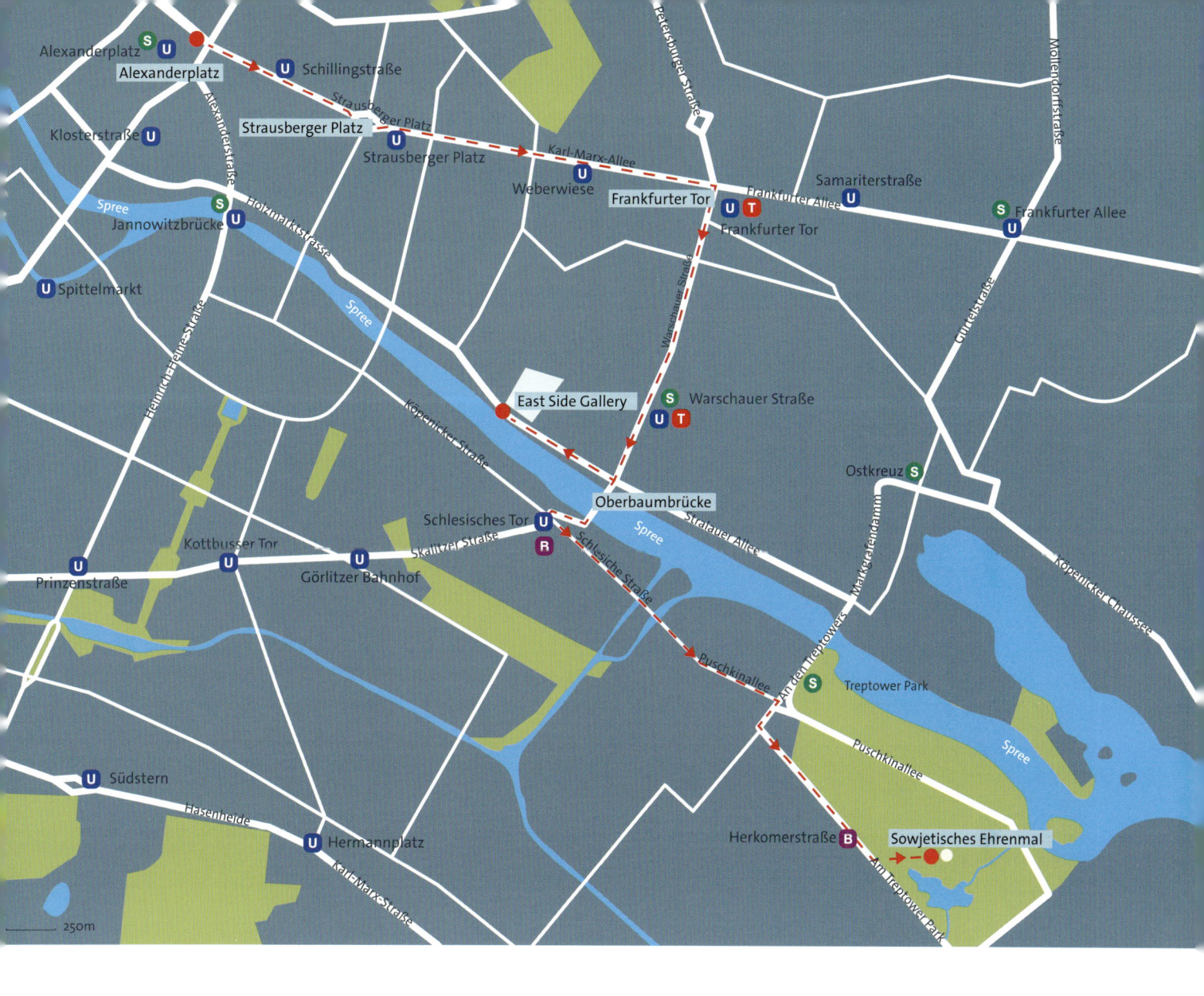

East Side Gallery
Seiten 72–79

East Side Gallery

Sowjetisches Ehrenmal
Seiten 146–151

Sowjetisches Ehrenmal

Tour 3: Die DDR-Tour

Tour 4: Interbau und ganz viel Grün

Hansaviertel – Tiergarten – Siegessäule – Schloss Bellevue – Haus der Kulturen der Welt

Vom S-Bahnhof Bellevue aus folgen Sie der Bartningallee an den Punkthäusern vorbei durch das **Hansaviertel** (Seite 198) bis zur Altonaer Straße. Wenn Sie die überqueren, sehen Sie rechts die Kirche St. Ansgar. Gehen Sie nun die Klopstockstraße hinunter, und biegen Sie in die zweite Straße links ab, die Händelallee. Der folgen Sie zunächst und kommen dabei an der Kaiser-Friedrich-Gedächtniskirche vorbei. Nach ca. 100 Metern macht die Straße einen Knick nach links. Nach weiteren 50 Metern stehen Sie vor dem Zeilenhaus in der Altonaer Straße 3–9. Hier geht ein kleiner Fußweg nach rechts ab, dem Sie folgen. Er führt Sie zurück zur Altonaer Straße. Überqueren Sie die erneut, und nehmen Sie den Fußweg in den **Großen Tiergarten** (Seite 214) hinein in Richtung Englischer Garten und Teehaus. Hier kommen Sie durch einen sehr schönen Teil des Tiergartens. Am Südende dieses Parkabschnitts stoßen Sie auf den Großen Stern, den riesigen Kreisverkehr im Tiergarten, in dessen Mitte die **Siegessäule** (Seite 220) steht. Nachdem Sie die besucht haben, nehmen Sie den Spreeweg bis zum **Schloss Bellevue** und biegen dort rechts in die John-Foster-Dulles-Allee ein, auf der Sie nach circa 700 Metern das **Haus der Kulturen der Welt** (Seite 166) erreichen.

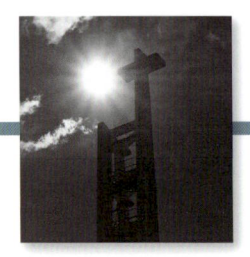

Hansaviertel
Seiten 198 – 205

Hansaviertel

Tiergarten
Seiten 214 – 219

Siegessäule
Seiten 220 – 223

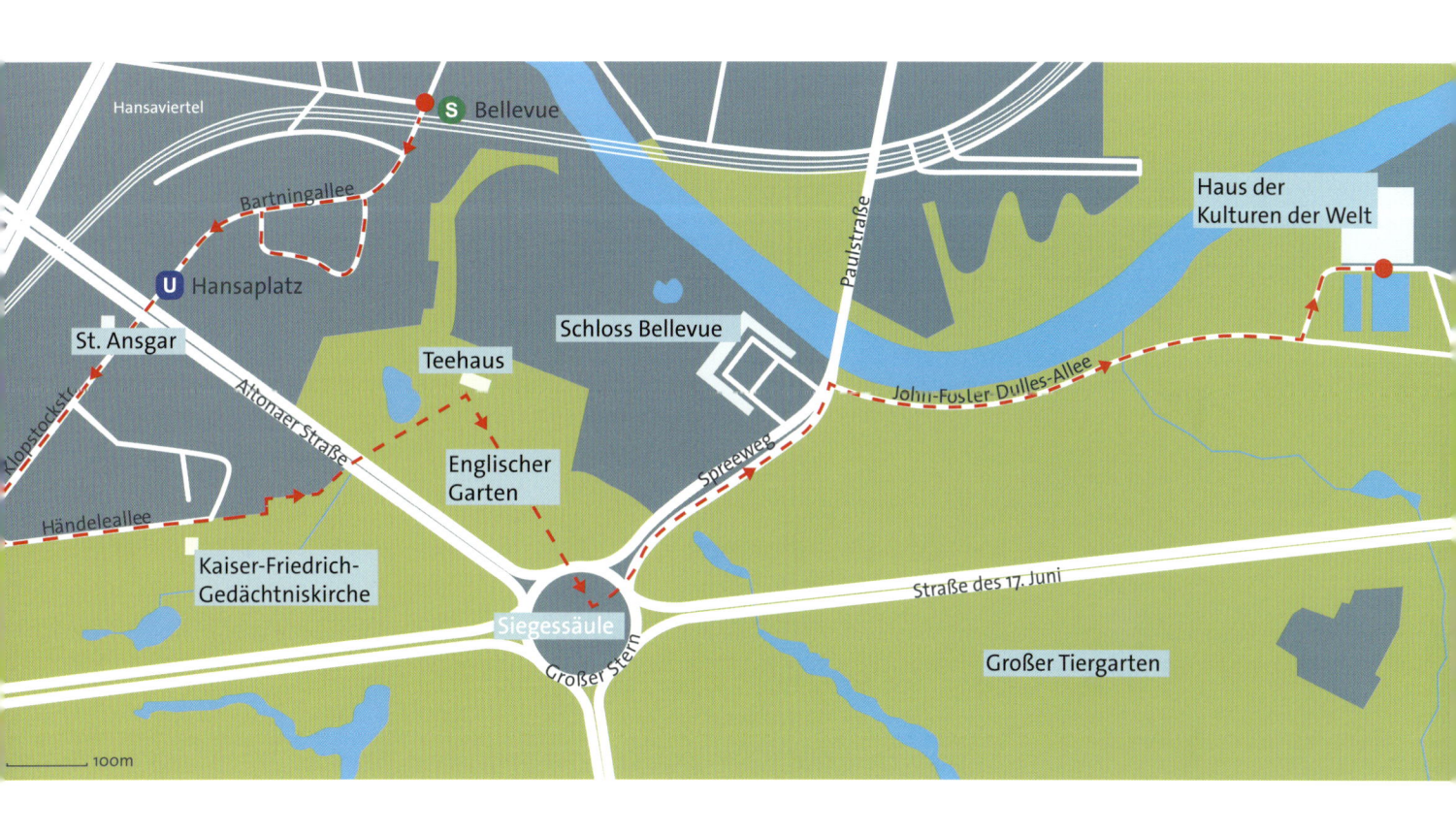

Siegessäule

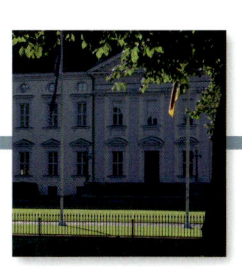

Schloss Bellevue
Seiten 218–219

Haus der Kulturen der Welt
Seiten 166–171

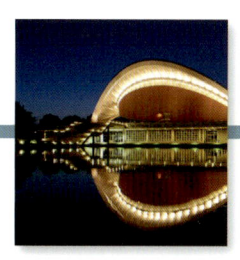

Haus der Kulturen der Welt

Tour 4: Interbau und ganz viel Grün

Tour 5: Tief im Westen

ICC – Olympiastadion – Teufelsberg

Diese drei Orte haben, abgesehen von ihrer geografischen Lage tief im Westen der Stadt, wenig gemein, aber genau das macht diesen Ausflug sehr abwechslungsreich. Obwohl diese Tour nur drei Ziele umfasst, sollten Sie mehrere Stunden dafür einplanen, denn sowohl das Olympiastadion als auch der Teufelsberg sind weitläufig und bieten sehr viele Motive. Und klären Sie auf jeden Fall im Vorfeld, ob und wann es Führungen in der Abhörstation auf dem Teufelsberg gibt, damit Sie nicht unerwartet vor verschlossenen Toren stehen.

Beginnen Sie Ihre Tour am besten am **ICC** (Seite 180), das durch die S-Bahn-Station »Messe Nord« und die U-Bahn-Station »Kaiserdamm« (U2) sehr gut angebunden ist. Nach dem Besuch hier fahren Sie mit der U2 noch drei Stationen weiter aus der Stadt heraus bis zum **Olympiastadion** (Seite 36).

Nach Ihrem Besuch dort kehren Sie allerdings nicht zur U-Bahn-Station zurück, sondern umrunden das Gelände nach Süden, gehen dort zur S-Bahn-Station »Olympiastadion« und nehmen die S5 eine Station in Richtung Innenstadt. Von der S-Bahn-Station »Heerstraße« aus laufen Sie dann nach Süden zum **Teufelsberg**. Eine genauere Wegbeschreibung für diesen Teil der Tour finden Sie auf Seite 190.

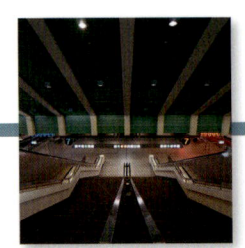

ICC
Seiten 180–189

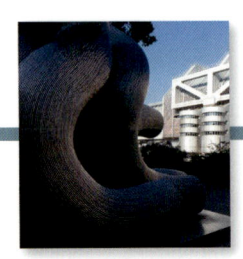

ICC

ICC

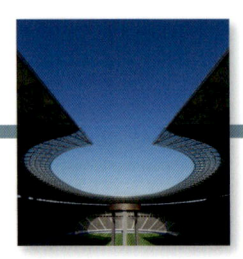

Olympiastadion
Seiten 36–41

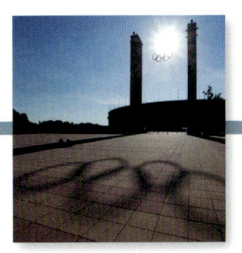

Olympiastadion

Teufelsberg
Seiten 190–197

Teufelsberg

Teufelsberg

Tour 5: Tief im Westen

Tour 6: Insel Wannsee – die »Fahrradtour«

Während es bei den anderen Touren in diesem Buch meist verschiedene Möglichkeiten gibt, von A nach B zu kommen, funktioniert die hier beschriebene Route eigentlich nur auf dem Fahrrad. Fahrräder können Sie im Zweifel quasi überall in der Innenstadt mieten, und wenn Sie nicht von sich aus über einen Fahrradverleih stolpern, wird Ihnen Ihr Hotel oder Hostel einen empfehlen können. Mit dem Rad steigen Sie in die S- oder Regionalbahn und fahren bis zum Bahnhof »Wannsee« (Fahrradticket nicht vergessen, siehe »Die DDR-Tour«). Der Bahnhof hat übrigens auch eine schöne, historische Eingangshalle. Draußen angekommen, folgen Sie zunächst der Straße den Hügel hinunter und biegen dann an der großen Kreuzung rechts ab auf die B1, die hier Königstraße heißt. Über eine breite Brücke gelangen Sie so auf die Insel Wannsee und biegen dort direkt wieder an der ersten Kreuzung rechts ab in die Straße Am Großen Wannsee. Hier geht es vorbei an prächtigen Villen, unter anderem auch dem Haus der Wannseekonferenz. Kurz danach folgen Sie rechts dem kleinen Uferweg. Ab hier können Sie nur noch laufen oder radeln, für Autos ist hier Schluss. Und das ist ein Segen, denn der Uferweg zieht sich im Schutz von dichten Bäumen direkt am Ufer des Wannsees entlang. Schilf und Sträucher wechseln sich hier ab mit kleinen sandigen Stellen, wo man direkt bis ans Wasser kommt. Ein paar kleine Wiesen am Ufer gibt es auch, wo an heißen Sommertagen hier und da ein paar Menschen Picknick machen oder sogar baden. Nach etwa 3½ Kilometern erreichen Sie die Anlegestelle für die Fähre zur Pfaueninsel (siehe Seite 253).

Falls Ihnen inzwischen die Puste ausgeht, können Sie hier am Anleger im Restaurant etwas essen oder von hier aus auch mit dem Bus zurück zum Bahnhof Wannsee fahren. Wenn nicht, finden Sie wenige Meter weiter am Ufer entlang hoch auf dem Berg die Kirche St. Peter und Paul, die den kurzen steilen Aufstieg definitiv wert ist. Wenn Sie dem Seeufer weiter folgen, kommen Sie an einem

Wannsee
Seiten 248–255

Wannsee

Wannsee

Wannsee

weiteren Ausflugsrestaurant vorbei. Nach weiteren knapp 2 Kilometern erreichen Sie das Schloss Glienicke und den dazugehörigen Park, die beide ebenfalls einen Besuch wert sind. Hier treffen Sie auch wieder auf die Bundesstraße 1, die einmal quer über die Insel verläuft. Wenn Sie ohne Fahrrad unterwegs sind, können Sie von hier mit dem Bus zurückfahren (Linie 316) oder über die Glienicker Brücke nach Potsdam weiterfahren und die Tour dort fortsetzen.

Wannsee

Wannsee

Wannsee

Wannsee

Tour 6: Insel Wannsee – die »Fahrradtour«

Tour 7: Potsdam ohne Sanssouci

Glienicker Brücke – Marmorpalais – Orangerie – Schloss Cecilienhof – Belvedere auf dem Pfingstberg – russische Kolonie Alexandrowka – Telegrafenberg

Wenn Sie nur einen Tag für Potsdam Zeit haben, bietet es sich fast an, nur den Schlosspark Sanssouci oder nur den Rest der Stadt zu besuchen. In ersterem ist das Fahrradfahren verboten, wodurch Sie in dem großen Park lange Strecken zu Fuß zurücklegen müssen. Das braucht Zeit und Kraft. Im Rest der Stadt können Sie sehr bequem Fahrrad fahren, was ich auch empfehlen würde. Hier daher eine Empfehlung für eine Tour durch »das restliche Potsdam«. Wir beginnen dort, wo die Tour über die Insel Wannsee endet, an der **Glienicker Brücke**. Wenn Sie die Brücke, von Berlin kommend, überqueren, fahren Sie danach direkt rechts ab in die Schwanenallee und folgen dem Ufer. Nach einigen hundert Metern treffen Sie auf eine kleine Brücke über den Hasengraben, einen kleinen Kanal. Ab hier kommen Sie wieder nur noch zu Fuß oder mit dem Fahrrad weiter. Sie nehmen den kleinen Pfad zum Grünen Haus und folgen dann weiter dem Ufer bis zum **Marmorpalais** (Seite 328) und der nahe gelegenen Schlossküche (ausgeschildert). Dann geht es zur wenige Meter entfernten **Orangerie** (Seite 329) für einen gemütlichen Kaffee und ein Stück Kuchen (nur im Sommer). Frisch gestärkt folgen Sie den Schildern zum **Schloss Cecilienhof** (Seite 332). Nach der Besichtigung dort geht es weiter zur Meierei an der Nordspitze des Parks. Hier verlassen Sie den Park und nehmen die Große Weinmeisterstraße und dann die Straße Am Pfingstberg. Von dort zweigt nach circa 200 Metern links ein kleiner Weg ab, dem Sie zum **Belvedere auf dem Pfingstberg** (Seite 318) folgen. Der Anstieg kann hier zum Teil recht steil sein. Nach dem Besuch des Belvederes fahren Sie auf der anderen Seite des Hügels wieder runter in Richtung **russische Kolonie Alexandrowka** (Seite 334). Am Südostende der Kolonie treffen Sie auf die Friedrich-Ebert-Straße, der Sie einmal quer durch die Potsdamer Innenstadt folgen (die übrigens sehr schön ist). Sie endet an der Breiten Straße, auf die Sie nach links einbiegen. Nach wenigen Metern überqueren Sie die Havel und erreichen

Marmorpalais
Seite 328

Belvedere auf dem Pfingstberg
Seite 318

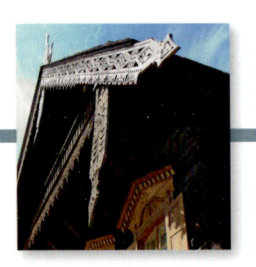

Russische Kolonie Alexandrowka
Seiten 333 – 337

Telegrafenberg
Seiten 339 – 343

den Hauptbahnhof. Hier können Sie entweder in die Bahn zurück nach Berlin steigen, oder Sie fahren daran vorbei auf die Heinrich-Mann-Allee, von der gleich darauf rechts die Albert-Einstein-Straße abzweigt. Die führt recht steil den Hang hinauf zum **Telegrafenberg** (Seite 338), wo Sie den Einsteinturm und diverse andere Forschungseinrichtungen besichtigen und fotografieren können.

Index

A

Aalto, Alvar 200
Abhörstation auf dem Teufelsberg 190, 191, 193, 194, 196, 197, 258, 265, 352
Action-Fotografie 231
Admiralbrücke 258
Ägyptisches Portal (Neuer Garten) 329, 330
Akademie der Künste 200, 201
Alexander I 335
Alexanderplatz 120, 121, 124, 210, 347, 348
  Bahnhof Alexanderplatz 120, 347
  Berlin Congress Center (bcc) 128, 129, 131, 155
  Brunnen der Völkerfreundschaft 122, 124
  Fernsehturm 31, 120, 121, 122, 124, 125, 126, 220, 271, 347
  Haus der Elektroindustrie 128, 130, 134
  Haus der Statistik 128, 131, 134
  Haus des Lehrers 128, 129, 131
  Haus des Reisens 128, 129, 133
  Kongresshalle → Berlin Congress Center (bcc)
  Marienkirche 124
  Rotes Rathaus 30, 31, 32, 33, 34, 121, 124, 347
  Urania-Weltzeituhr 121, 122, 124, 347
Alexandrowka 334, 335, 336, 337, 356
Alpha Festival 303
Alte Nationalgalerie 14, 15, 20, 21, 347
Altes Museum 15, 16, 17, 347
Amerika Haus 301
Ampelanlage Potsdamer Platz 268, 277
Analogfilm 153
Arbus, Diane 301
Asymmetrie 28
Atrium Tower 271, 277
Aussichtsplattform 82, 222, 271, 272
Avedon, Richard 301

B

Backsteinexpressionismus 42, 54, 59
Badeschiff in der Spree 158
Baerwaldbrücke 162
Bahnhof Alexanderplatz 120, 347
Bahnhof Zoo 202
Bahntower 271, 273
Beisheim-Center 271, 273, 277
Belichtungszeit
  lange 51, 234
Belvedere auf dem Klausberg 315, 316
Belvedere auf dem Pfingstberg 318, 319, 320, 321, 356
Berlin Congress Center (bcc) 128, 129, 131, 155
Berliner Bauakademie 16
Berliner Dom 15, 17, 18, 347
Berliner Mauer 73, 77, 84, 85, 110, 113
  East Side Gallery 72, 74, 75, 76, 78, 110, 258, 348
  Gedenkstätte 80, 81, 82, 83, 84, 110
  Mitte 80
  Park am Nordbahnhof 104, 105, 107, 108, 109
  Potsdamer Platz 268
  Verlauf 102, 104, 105, 110, 111, 116, 117
  Wachturm 112, 115
  Wedding 80
Berliner Stadtschloss 306, 347
Berlin-Mitte → Mitte 80
Berlin-Spandauer Schifffahrtskanal 112
Bewegungsunschärfe 174, 179
Bikini Berlin 202
Bildbearbeitung 134, 281, 285, 303
Bildrauschen 200
Blende 179
  kleine 51
Blitz 179
Bode-Museum 15, 23, 346
Borsigturm 59
Bourke-White, Margaret 301
Brandenburger Tor 24, 25, 26, 27, 28, 210, 214, 271, 344
Brennweite 197, 249
  extreme 26
  kurze 74, 331
  lange 32, 41, 307
Bruderkuss zwischen Leonid Breschnew und Erich Honecker 72, 73
Brunnen der Völkerfreundschaft 122, 124

C

Café Alberts 139
Café Moskau 138, 139
Capital Beach 162
Cartier-Bresson, Henri 301
Charlottenburg 68
  Amerika Haus 301
  C/O Berlin 301
  Helmut Newton Stiftung 300
  Museum für Fotografie 300
Checkpoint Alpha 99
Checkpoint Bravo 99
Checkpoint Charlie 98, 100, 101, 102, 299, 346
Chinesisches Haus 313
Chinoiserie 313
Chipperfield, David 20
Christopher Street Day 66, 68, 69
C/O Berlin 301
Cölln 14
Crossentwicklung 131, 153

D

Dämmerlicht 169
Dampfmaschinenhaus 322, 323, 324, 325, 326
Denkmal für die ermordeten Juden Europas 214, 280, 282, 283, 285, 344
Denkmal für die im Nationalsozialismus ermordeten Sinti und Roma Europas 344
Deutsches Historisches Museum 294, 295, 296, 298, 346
Deutsches Technikmuseum Berlin 302
Dynamik 50, 84, 93, 129, 166, 174, 177, 203, 285

E

East Side Gallery 72, 74, 75, 76, 78, 110, 258, 348
   Bruderkuss zwischen Leonid Breschnew und Erich Honecker 72, 73
Einstein, Albert 342
Einsteinturm 342, 343, 357
Eisenman, Peter 280
Englischer Landschaftspark 328
Entsättigte Farben 20, 52, 126, 148
Europäischer Monat der Fotografie Berlin 302
Evans, Walker 301
EyeEm Festival & Awards 303

F

Fackellauf, olympischer 38
Farbfilm 134
Farbsättigung 20, 52, 153
Farbtemperatur 290
Farbwert 153
Fenster des Gedenkens 81, 82, 83
Fernsehturm 31, 85, 120, 121, 122, 124, 125, 126, 220, 271, 347
Festival of Lights 17, 208, 210, 211
Feuchtbiotop 277
Filter
   kreative 131
Fisheye 303
Flughafen Berlin-Tempelhof 48, 49, 50, 51, 52
   Hungerkralle 49
Fotopioniere 141
Fototasche 9
Frankfurter Tor 142, 144, 145, 348
Freundlich, Erwin Finlay 342
Friedenskirche 314
Friedrich der Große 306, 315
Friedrichshain 75, 259
   East Side Gallery 72, 74, 75, 76, 78, 348
   Oberbaumbrücke 73, 74, 78, 206, 348
Friedrichstadt-Palast 152, 153, 154, 155, 156, 206
Friedrichwerdersche Kirche 16
Froschperspektive 17, 26, 32, 42, 43, 65, 74, 75, 131, 156, 277, 281

G

Gärten der Welt 242, 243, 244, 245, 246, 247
Gedächtniskirche 202
Gedenkstätte Berliner Mauer 80, 82, 84, 110
   Fenster des Gedenkens 81, 82, 83
   Kapelle der Versöhnung 86, 87, 88
Gendarmenmarkt 16, 65, 207, 346
Glienicker Brücke 253, 355, 356
Glockenturm 39, 190
Goldene Stunde 335
Goldin, Nan 301
Görlitzer Park 261
Graffiti 72, 74, 75, 76, 78, 91, 93, 194, 196, 197, 239, 240, 256, 258, 259, 261, 263, 264, 265
Gropius, Walter 200
Großer Refraktor 338, 341
Großer Tiergarten 214, 215, 216, 344, 350
   Denkmal für die im Nationalsozialismus ermordeten Sinti und Roma Europas 344
   Haus der Kulturen der Welt 214, 350
   Schloss Bellevue 214, 219, 350
   Siegessäule 214, 220, 221, 222, 350
   sowjetisches Ehrenmal 217
Großer Wannsee 159, 248, 249, 253, 254, 255, 354
   Glienicker Brücke 253, 355, 356
   Haus der Wannseekonferenz 249, 354
   Insel Wannsee 248, 249, 354, 356
   Pfaueninsel 253, 255, 354
   Schloss Glienicke 253, 355
   St. Peter und Paul 354
Grundausrüstung 8
Grünes Haus 356
Grunewald 191
   Teufelsberg 190, 191, 193, 194, 196, 197, 352

H

Hamburger Bahnhof 65
Handy-Fotografie 303
Hansaviertel 198, 350
   Akademie der Künste 200, 201
   Kaiser-Friedrich-Gedächtniskirche 200, 350
   Punkthäuser 198, 199, 350
   St. Ansgar 200, 350
   Zeilenhäuser 199, 200, 203, 205, 350
Hauptbahnhof 286, 287, 288, 291, 292, 293, 344, 346
Haus Berlin 140, 144
Haus der Elektroindustrie 128, 130, 134
Haus der Kulturen der Welt 166, 167, 168, 169, 170, 171, 214, 350
Haus der Statistik 128, 131, 134
Haus der Wannseekonferenz 249, 354
Haus des Kindes 140, 144
Haus des Lehrers 128, 129, 131
Haus des Reisens 128, 129, 133
HDR 210
Heiliger See (Potsdam) 328
Helmut Newton Stiftung 300
HKW → Haus der Kulturen der Welt

Holländische Viertel 343
Holocaust-Denkmal → Denkmal für die ermordeten Juden Europas
Holzmarktstraße 160
Humboldt Universität 208, 346
   juristische Fakultät 208
Hungerkralle 49

I

Ihne, Ernst von 23
Insel Wannsee 248, 249, 354, 356
Internationale Bauausstellung 166, 199
Internationales Congress Centrum (ICC) 180, 181, 183, 184, 186, 188, 352
   Fußgängerunterführung 189
ISO-Empfindlichkeit 179, 197, 200, 234, 324
Italienische Renaissance 310, 318

J

Jacob-und-Wilhelm-Grimm-Zentrum 125
Jahn, Helmut 273
Jannowitzbrücke 264, 299

K

Kaiser-Friedrich-Gedächtnis-kirche 200, 350
Kaisersaal des ehemaligen Grandhotels Esplanade 279
Kanzleramt 167, 214, 344
Kapelle der Versöhnung 86, 87, 88
Karl-Marx-Allee 136, 137, 138, 142, 143, 348
   Café Alberts 139
   Café Moskau 138, 139
   Fotopioniere 141
   Frankfurter Tor 142, 144, 145, 348
   Haus Berlin 140, 144
   Haus des Kindes 140, 144
   Kino International 139, 142, 155
   Kino Kosmos 142

   Mokka-Milch-und-Eisbar 139
   Sputnik 139
   Strausberger Platz 140, 141, 142, 348
Karneval der Kulturen 66, 67
Kino International 139, 142, 155
Kino Kosmos 142
Kirche am Hohenzollernplatz 42, 43, 45, 46, 47, 54
Klarwein, Ossip 42
Klassizismus 17, 328, 346
Knüppelkrieg 15
Kollhoff-Tower 271
Komplexität 14
Kongresshalle → Berlin Congress Center (bcc)
Kontrast 17, 20, 38, 65, 78, 83, 104, 108, 109, 126, 134, 138, 148, 191, 194, 195, 201, 214, 219, 221, 233, 234, 235, 238, 239, 257, 285, 286, 294, 295, 296, 298, 324, 331
   farblicher 93
Kontrastumfang 210
Kreuzberg 75, 109, 115, 162, 256, 259, 263
   Admiralbrücke 258
   Baerwaldbrücke 162
   Deutsches Technikmuseum Berlin 302
   Görlitzer Park 261
   Karneval der Kulturen 67
   Martin-Gropius-Bau 301
   MyFest 66
   Oberbaumbrücke 73, 74, 78, 206, 259, 348
   Urbanhafen 162
Kronkorken 256, 260, 261
Ku'damm 202
Kunstwerke
   dauerhafte 208
   geschützte 208

L

Landschaftsaufnahmen 254
Landwehrkanal 162, 271
   Baerwaldbrücke 162
   Shell-Haus 60, 61, 62, 64

Leibovitz, Annie 301
Leipziger Platz 110, 277, 346
   Mall of Berlin 277
Leitgebel, Wilhelm 179
Lichtinstallationen 206, 207, 208
Linienführung 215
Luftbrücke 49
Luisenstädtischer Kanal 117
Lustgarten 15, 17, 347
   Brunnen 17, 18

M

Mall of Berlin 277
March, Werner 36
Marie-Elisabeth-Lüders-Haus 111
Marienkirche 124
Marmorpalais 328, 329, 356
Martin-Gropius-Bau 301
Marzahn
   Gärten der Welt 242, 243, 244, 245, 246, 247
Matschinsky-Denninghoff, Brigitte und Martin 183
Mauer, Berliner 73, 77, 84, 85, 110, 113
   East Side Gallery 72, 74, 75, 76, 78, 110, 258, 348
   Gedenkstätte 80, 81, 82, 83, 84, 110
   Mitte 80
   Park am Nordbahnhof 104, 105, 107, 108, 109
   Potsdamer Platz 268
   Verlauf 102, 104, 105, 110, 111, 116, 117
   Wachturm 112, 115
   Wedding 80
Mauerpark 80, 90, 95, 96, 97, 257, 258
   Amphitheater 94, 95
   Flohmarkt 91, 94
   Open-Air-Karaoke 95
Mauerverlauf 102, 104, 105, 110, 111, 116, 117
Mauerweg 110
MDF Berlin 302

Mendelsohn, Erich 342
Meridianhäuser 339
Michelsonhaus 338
Mitte 80, 109
   Berliner Mauer 80
   Jannowitzbrücke 264, 299
   Leipziger Platz 110, 277, 346
   Potsdamer Platz 344, 346
   Rudi-Dutschke-Straße 299
   Trias 161, 299
Mokka-Milch-und-Eisbar 139
Molecule Man 158
Monbijoupark 23
Müggelsee 159
Museum für Fotografie 300
Museumsinsel 15, 346
   Alte Nationalgalerie 14, 15, 20, 21, 347
   Altes Museum 15, 16, 17, 347
   Berliner Dom 15, 17, 18, 347
   Bode-Museum 15, 23, 346
   Brunnen im Lustgarten 17, 18
   Cölln 14
   Lustgarten 15, 17, 347
   Neues Museum 15, 20, 347
   Pergamonmuseum 15, 23, 346
   UNESCO Weltkulturerbe 14
Mutter Heimat 150
MyFest 66

N

Nachtaufnahmen 23, 169, 170, 206, 210, 273
Natur-Park Südgelände 232, 233, 234, 235, 237, 238, 239, 241, 258
   Tälchenweg 234, 239, 240, 258
   Wasserturm 234
Nebel 210
Neue Nationalgalerie 20
Neuer Garten 328
   Ägyptisches Portal 329, 330
   Grünes Haus 356
   Heiliger See 328
   Marmorpalais 328, 329, 356
   Orangerie 329, 330, 331, 356
   Schloss Cecilienhof 332, 333, 356
   Schlossküche 328, 356
Neues Museum 15, 20, 347
Neues Palais 306, 315, 343
Neue Wache 16, 346
Neukölln 67, 109, 259
   Karneval der Kulturen 67
Niemeyer, Oskar 200
Nikolaikirche 16

O

Oberbaumbrücke 73, 74, 78, 206, 259, 348
Objektiv 8
Olympiastadion 36, 37, 38, 39, 40, 352
   Glockenturm 39, 190
Olympischer Fackellauf 38
Orangerie (Neuer Garten) 329, 330, 331, 356
Orangerieschloss (Park Sanssouci) 310, 311, 312

P

Panoramaaufnahmen 75, 76, 197
Panoramablick 196
Panoramafreiheit 21, 208
Panoramafunktion 75
Panoramapunkt 270, 271, 272
Pariser Platz 25
   Brandenburger Tor 24, 25, 26, 27, 28, 210, 214, 271, 344
Park am Nordbahnhof 104, 105, 107, 108, 109
Park Babelsberg 343
Park Glienicke 255
Park Sanssouci 309
   Belvedere auf dem Klausberg 315, 316
   Chinesisches Haus 313
   Friedenskirche 314
   Orangerieschloss 310, 311, 312
Parr, Martin 301

Paul-Löbe-Haus 286, 344
Pei, I. M. 294, 346
Pergamonmuseum 15, 23, 346
Persönlichkeitsrechte 73
Perspektive 43, 62, 73, 75, 82, 84, 100, 167, 177, 195, 205, 244, 246, 285, 287, 298, 309, 321
Pfaueninsel 253, 255, 354
Photoshop 9, 295
Photo Summit Berlin 303
Piano-Hochhaus 271, 273
Planetarium 206, 210
Plastizität 17, 41, 122
Potsdam 355
   Ägyptisches Portal (Neuer Garten) 329, 330
   Alexandrowka 334, 335, 336, 337, 356
   Belvedere auf dem Klausberg 315, 316
   Belvedere auf dem Pfingstberg 318, 319, 320, 321, 356
   Chinesisches Haus 313
   Dampfmaschinenhaus 322, 323, 324, 325, 326
   Einsteinturm 342, 343, 357
   Fahrrad 309
   Fortbewegungsmittel 309
   Friedenskirche 314
   Großer Refraktor 338, 341
   Grünes Haus 356
   Heiliger See 328
   Marmorpalais 328, 329, 356
   Meridianhäuser 339
   Michelsonhaus 338
   Neuer Garten 328
   Neues Palais 306, 315
   Nikolaikirche 16
   Orangerie (Neuer Garten) 329, 330, 331, 356
   Orangerieschloss (Park Sanssouci) 310, 311, 312
   Park Sanssouci 309
   Schloss Cecilienhof 332, 333, 356
   Schloss Charlottenhof 16
   Schlossküche (Neuer Garten) 328, 356

Schloss Sanssouci 306, 307, 308, 309
Telegrafenberg 338, 357
Potsdamer Konferenz 332
Potsdamer Platz 110, 207, 210, 211, 214, 221, 268, 344, 346
  Ampelanlage 268, 277
  Bahntower 271, 273
  Beisheim-Center 271, 273, 277
  Berliner Mauer 268
  Kollhoff-Tower 271
  Panoramapunkt 270, 271, 272
  Piano-Hochhaus 271, 273
  Quartier Potsdamer Platz 270, 271
  S-Bahnhof 271, 276, 277
  Sony Center 271, 277, 278
  Spielbank Berlin 269
  Tilla-Durieux-Park 276
  Verkehrsturm 268, 277
Potsdamer Schlössernacht 312
Prenzlauer Berg 96, 206, 257
  Mauerpark 90, 91, 94, 95, 96, 97, 257, 258
  Schwedter Steg 96
  Zeiss-Großplanetarium 206, 210
Punkthäuser 198, 199, 350

Q

Quartier Potsdamer Platz 270, 271

R

Rache des Papstes 122
Raw-Format 210
Recht am eigenen Bild 73
Regierungsviertel 162
  Capital Beach 162
  Kanzleramt 167, 214, 344
  Marie-Elisabeth-Lüders-Haus 111
  Paul-Löbe-Haus 286, 344
  Reichstagsgebäude 116, 220, 221, 271, 299, 344
Reichstagsgebäude 116, 220, 221, 271, 299, 344

Reichstagskuppel 344
Rokoko 306, 313
Rotes Rathaus 30, 31, 32, 33, 34, 121, 124, 347
Rudi-Dutschke-Straße 299
Ruinenfotografie 194
Rummelsburger See 159
Rümmler, Rainer G. 172

S

Sagebiel, Ernst 49
Salgado, Sebastião 301
Sättigung 153
S-Bahnhof Potsdamer Platz 271, 276, 277
Schärfentiefe 51
  flache 82
Schauspielhaus 16
Schinkel, Karl Friedrich 14, 16, 17
Schloss Babelsberg 16, 343
Schloss Bellevue 214, 219, 350
Schloss Cecilienhof 332, 333, 356
Schloss Charlottenburg 65
Schloss Charlottenhof 16
Schloss Glienicke 16, 253, 355
Schlossgarten Charlottenburg 255
Schlossküche (Neuer Garten) 328, 356
Schloss Sanssouci 306, 307, 308, 309
Schmohl, Eugen 54, 59
Schwarzweißfotografie 21, 41, 129, 149, 167, 168, 180, 186, 188, 200, 202, 235, 239, 254, 294, 296, 298, 318
Schwarzweißkonvertierung 21, 62, 167, 235, 239, 292, 294, 296, 318
Schwedter Steg 96
Sensorreinigung 303
Shell-Haus 60, 61, 62, 64
Siegessäule 214, 220, 221, 222, 350
Silvesterfeier am Brandenburger Tor 66
Sony Center 271, 277, 278
  Kaisersaal des ehemaligen Grandhotels Esplanade 279

Sowjetisches Ehrenmal 146, 147, 148, 149
  Großer Tiergarten 217
  Mutter Heimat 150
  Treptower Park 146, 348
Sozialistischer Klassizismus 136, 142
Spandau 15
Späti 161
Spiegelreflexkamera 8
Spiegelung 18, 167, 169, 206, 253, 277, 320
Spielbank Berlin 269
Spree 73, 78, 158, 160, 161, 162
  Badeschiff 158
  Berliner Mauer 116
  Capital Beach 162
  East Side Gallery 72, 348
  Holzmarktstraße 160
  Jannowitzbrücke 264, 299
  Molecule Man 158
  Monbijoupark 23
  Museumsinsel 14, 346
  Oberbaumbrücke 73, 74, 78, 206, 348
  Rummelsburger See 159
  Strandbad Weissensee 158
  YAAM 160
Spreepark Plänterwald 255
Sputnik 139
Stalin-Denkmal 137
Stalinistischer Zuckerbäckerstil 136
St. Ansgar 200, 350
Stativ 9, 51, 52, 154, 169, 170, 174, 179, 197, 210, 240, 324
Stativ 177
Stettiner Bahnhof 104
St. Nikolaikirche 343
St. Peter und Paul 354
Strandbad Weissensee 158
Straßenfotografie 160
Strausberger Platz 140, 141, 142, 348
Streetart 259, 261
Symmetrie 17, 84, 130, 188, 246
Systemkamera 8

T

Tälchenweg 234, 239, 240, 258
Tegel
  Borsigturm 59
Telegrafenberg 338, 357
  Einsteinturm 342, 343, 357
  Großer Refraktor 338, 341
  Meridianhäuser 339
  Michelsonhaus 338
Teleobjektiv 16, 33, 41, 42, 67, 101, 137, 142, 180, 181, 202, 238, 254, 282, 303
Teltowkanal 55
Tempelhof
  Ullsteinhaus 54, 55, 57, 58, 59
Tempelhofer Feld 224, 227, 228, 230, 231
Teufelsberg 352
  Abhörstation 190, 191, 193, 194, 196, 197, 258, 265, 352
Tiefe 14, 214, 225, 243
Tieraufnahmen 254
Tierfotografie 238
Tiergarten 202, 214, 215, 216, 271, 283, 344, 350
  Atrium Tower 271, 277
  Denkmal für die im Nationalsozialismus ermordeten Sinti und Roma Europas 344
  Feuchtbiotop 277
  Haus der Kulturen der Welt 166, 167, 168, 169, 170, 171, 214, 350
  Neue Nationalgalerie 20
  Potsdamer Platz 110, 207, 210, 211, 214, 221, 268, 344, 346
  Schloss Bellevue 214, 219, 350
  Shell-Haus 60, 61, 62, 64
  Siegessäule 214, 220, 221, 222, 350
  sowjetisches Ehrenmal 217
Tilla-Durieux-Park 276
Tilt-Shift-Objektiv 65

Tischstativ 9, 170, 179, 197, 287, 291, 293, 324
Travertin 62
Treptow 115
  Spreepark Plänterwald 255
Treptower Park 146
  sowjetisches Ehrenmal 146, 147, 148, 149, 348
Trias 161, 299

U

U-Bahn
  Linie 3 179
  Linie 7 172, 174, 177, 178
  Linie 8 176
Ullsteinhaus 54, 55, 57, 58, 59
UNESCO Weltkulturerbe 15, 306, 319, 336
Unter den Linden 207, 346
  Deutsches Historisches Museum 294, 295, 296, 298, 346
Urania-Weltzeituhr 121, 122, 124, 347
Urbanhafen 162
Urheberrecht 208

V

Verkehrsturm Potsdamer Platz 268, 277
Verschlusszeit 179
Verzerrung 61, 62, 65, 128, 178, 194
Vignettierung 134
Vogelperspektive 287, 331

W

Wannsee, Großer 159, 248, 249, 253, 254, 255, 354
  Glienicker Brücke 253, 355, 356
  Haus der Wannseekonferenz 249, 354
  Insel Wannsee 248, 249, 354, 356
  Pfaueninsel 253, 255, 354
  Schloss Glienicke 253, 355
  St. Peter und Paul 354
Wasserturm 234
Wedding 80, 96, 109, 259
  Berliner Mauer 80
Weihnachtsmärkte 207
Weißer See 159
Weitwinkelobjektiv 17, 33, 40, 41, 42, 51, 64, 65, 84, 140, 170, 231, 254, 273, 282, 324
  extremes 26, 41, 128, 131, 156, 194
Westend
  Internationales Congress Centrum 180, 181, 183, 184, 186, 188
Wilmersdorf
  Kirche am Hohenzollernplatz 42, 43, 45, 46, 47, 54
Wittenbergplatz 202
Womacka, Walter 129
Wright, Orville 48
Wrubel, Dmitri 73

Y

YAAM 160

Z

Zar Alexander I 335
Zeilenhäuser 199, 200, 203, 205, 350
Zeiss-Großplanetarium 206, 210
Zitadelle Spandau 65
Zoo Palast 202

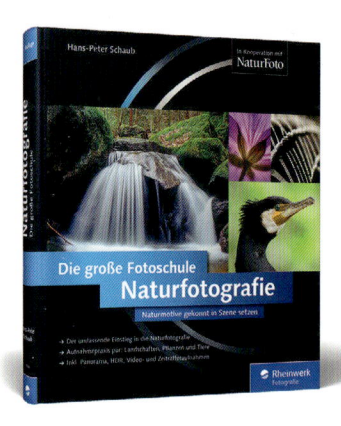

Natur und Fotoreiseführer

Hans-Peter Schaub
**Die große Fotoschule
Naturfotografie**
Naturmotive gekonnt in Szene setzen

In diesem Buch erfahren Sie alles, was Sie über die Naturfotografie wissen möchten! Der Naturfotograf Hans-Peter Schaub führt Sie in die heimischen Landstriche und zeigt Ihnen, dass überall um Sie herum Naturmotive zu finden sind – egal, ob Sie bevorzugt Landschaften, Tiere oder Pflanzenmakros fotografieren.

396 Seiten, gebunden, 39,90 €, ISBN 978-3-8362-1936-5
2. Auflage 2013
www.rheinwerk-verlag.de/3150

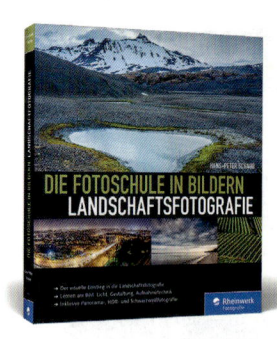

Hans-Peter Schaub
**Die Fotoschule in Bildern.
Landschaftsfotografie**

Ob Berge, besiedeltes Land oder Meer: Hans-Peter Schaub zeigt Ihnen viele inspirierende Landschaftsbilder, und Sie erfahren deren Entstehungsgeschichte mit Aufnahmedaten, Lichtsituation und Skizzen bzw. Vergleichsbildern.

311 Seiten, broschiert, 29,90 €
ISBN 978-3-8362-3673-7
www.rheinwerk-verlag.de/3803

Fotoreiseführer

Gehen Sie mit auf fotografische Entdeckungsreise! Wir führen Sie zu den spektakulären Fotospots und zu fotografischen Highlights jenseits der Postkartenmotive. Nützliche Tipps vom Fotografen, Tourempfehlungen, Land und Leute – alles inklusive. Wir garantieren beste Aussichten und neue Perspektiven!

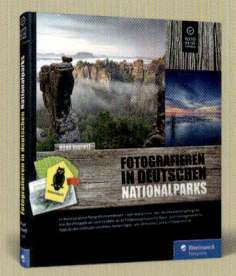

Mark Robertz
**Fotografieren in
deutschen Nationalparks**

Deutschlands sechzehn Nationalparks begeistern mit urwüchsigen und regionaltypischen Landstrichen – von der Küste bis zu den Alpen! Begleiten Sie den Naturfotografen Mark Robertz bei seinen fotografischen Erkundungstouren. Lassen Sie sich von den Fotos, den Tipps, den Tourempfehlungen, den Geschichten und vielem mehr inspirieren!

350 Seiten, gebunden, 39,90 €, ISBN 978-3-8362-3055-1
ab März 2016
www.rheinwerk-verlag.de/3713

Thomas Pflaum
**Fotografieren im
Ruhrgebiet**

Kohle, Stahl, Fußball – das ist das Klischee. Kunst, Kultur, Erholung – gehören nicht weniger dazu. Zwischen Duisburger Binnenhafen und Dortmunder U sind die fotografischen Möglichkeiten nahezu unbegrenzt. Ob Industriedenkmal oder Schlosspark, Musikfestival oder Landmarke: Leider hat auch ein Tag im Pott nur 24 Stunden!

379 Seiten, gebunden, 29,90 €, ISBN 978-3-8362-2805-3
www.rheinwerk-verlag.de/3563

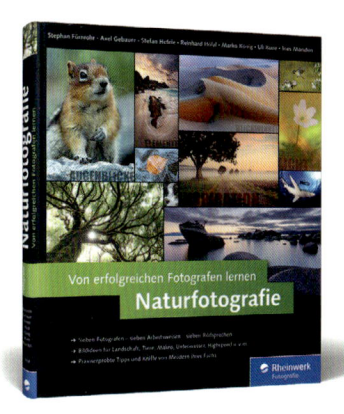

Natur, Makro, Panorama und HDR

Stephan Fürnrohr, Axel Gebauer, Stefan Hefele, Reinhard Hölzl, Marko König, Uli Kunz, Ines Mondon

Von erfolgreichen Fotografen lernen
Naturfotografie

Fragen Sie sich, wie andere Fotografen zu ausdrucksstarken Naturaufnahmen mit ihrer ganz eigenen Bildsprache kommen? In diesem Buch nehmen Sie sieben Fotografinnen und Fotografen mit auf ihre Streifzüge durch die Natur! Sie berichten praxisnah und persönlich aus ihrem fotografischen Alltag und stellen Ihnen ihre Lieblingsthemen und spannendsten Fotoprojekte vor. Ganz nebenbei lernen Sie dabei die Vielfalt der Naturfotografie kennen: Landschaft, Tiere, Makro, Unterwasser, Highspeed, Lichtmalerei u. v. m.

282 Seiten, gebunden, 39,90 €, ISBN 978-3-8362-3438-2
www.rheinwerk-verlag.de/3728

Björn K. Langlotz
Makrofotografie
Die große Fotoschule

Gehen Sie auf Streifzüge durch beliebte Motivwelten, und lassen Sie sich von spannenden Fotoprojekten inspirieren. Praxistipps gibt es auch rund um Technik, Zubehör und Bildbearbeitung.

372 Seiten, gebunden, 39,90 €
ISBN 978-3-8362-2389-8, 3. Auflage 2014
www.rheinwerk-verlag.de/3369

Stefano Paterna
Die Fotoschule in Bildern. Fotografieren auf Reisen

Lernen Sie von Reisefotograf Stefano Paterna, wie Sie auf Ihren Reisen Menschen gekonnt porträtieren, Landschaften stimmungsvoll in Szene setzen und kulturelle Feste auf spannende Weise festhalten – Bild für Bild!

281 Seiten, broschiert, 34,90 €
ISBN 978-3-8362-3028-5
www.rheinwerk-verlag.de/3694

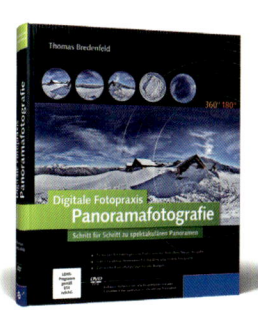

Thomas Bredenfeld
Panoramafotografie
Digitale Fotopraxis

Willkommen in der Welt der digitalen Panoramafotografie: Erfahren Sie, welche Ausrüstung sinnvoll ist, lernen Sie anhand von anschaulichen Beispielen die richtige Aufnahmetechnik kennen und wie Sie Ihre Vorlagen am Rechner perfekt zusammenfügen. Die beiliegende DVD beinhaltet u. a. Beispielbilder und Videolektionen.

379 Seiten, gebunden, mit DVD, 39,90 €
ISBN 978-3-8362-1861-0, 2. Auflage 2012
www.rheinwerk-verlag.de/3027

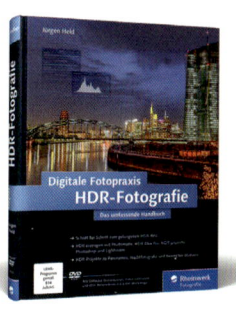

Jürgen Held
Digitale Fotopraxis HDR-Fotografie
Das umfassende Handbuch

Erfahren Sie, wie Sie beeindruckende HDR-Bilder erzeugen – vom Fotografieren der Ausgangsbilder bis zum Tone Mapping. Lernen Sie Schritt für Schritt die wichtigsten Bearbeitungstechniken kennen, und lassen Sie sich von Beispielprojekten inspirieren.

366 Seiten, gebunden, mit DVD, 39,90 €
ISBN 978-3-8362-3012-4, 4. Auflage 2015
www.rheinwerk-verlag.de/3677

Schwarzweiß und Bildbearbeitung

André Giogoli
Schwarzweiß-Fotografie
Die große Fotoschule

Sie können viel gewinnen, wenn Sie Ihre Fotografie auf Schwarzweiß reduzieren: einen anderen Blick auf Motive, ein besseres Verständnis der Fototechnik sowie mehr Kontrolle über Ihr Bild von der Aufnahme bis zum Druck. Dieses Buch zeigt Ihnen, wie Sie in der Jetztzeit die »ursprüngliche« Fotografie (wieder-)entdecken und mit verfügbarer analoger und digitaler Technik sowie dem hybriden Weg zu gelungenen, modernen Schwarzweiß-Fotos kommen.

322 Seiten, gebunden, 39,90 €, ISBN 978-3-8362-1962-4
www.rheinwerk-verlag.de/3181

blende 8

Blende 8, unser Video-Podcast zum Thema Fotografie, geht monatlich auf Sendung. Holen Sie sich gratis neue Anregungen für Ihre eigene Fotopraxis mit aktuellen Kameratests, Aufnahmetipps, Zubehörratgebern, Interviews mit Fotografen, Shooting-Reportagen...

www.foto-podcast.de

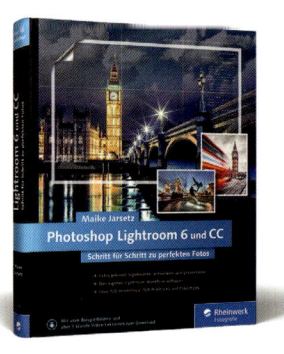

Maike Jarsetz
Photoshop Lightroom 6 und CC
Schritt für Schritt zu perfekten Fotos

Nutzen Sie alle Möglichkeiten von Lightroom 6! Dieses übersichtliche Buch führt Sie Schritt für Schritt durch das komplexe Programm: von Import und Bildorganisation über die ersten Entwicklungsschritte und den optimalen Workflow bis hin zur Ausgabe in Druck, Web, Fotobuch und Diashow. Das ist Lightroom auf den Punkt gebracht!

500 Seiten, gebunden, 39,90 €
ISBN 978-3-8362-3494-8
www.rheinwerk-verlag.de/3765

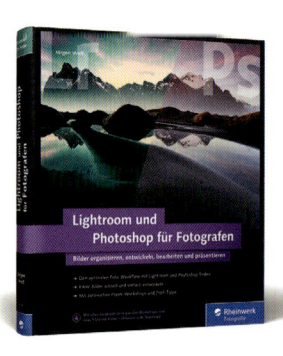

Jürgen Wolf
Lightroom und Photoshop für Fotografen
Bilder organisieren, entwickeln, bearbeiten und präsentieren

Holen Sie das Optimum aus Ihren Bildern heraus! Dieses Buch zeigt Ihnen, wie Sie das Software-Tandem Lightroom und Photoshop bestmöglich einsetzen. Angefangen mit dem Bildimport wird ein nahtloser Foto-Workflow über Bildorganisation, Bildentwicklung, Retusche und Ausgabe aufgebaut.

490 Seiten, gebunden, 39,90 €
ISBN 978-3-8362-3770-3
www.rheinwerk-verlag.de/3853

DomQuichotte
Die Bildlooks der Profis
Kreative Bildstile mit Photoshop und Lightroom

Mit diesem einzigartigen Buch finden Sie die Inspiration und Rezepte, die Sie für überragende Fotos brauchen. Beeinflussen Sie die Bildwirkung und gönnen Sie Ihren Fotos einen coolen Look, eine moderne Anmutung oder Effekte aus der Filmindustrie! Mit einfachen Einstellungen in Photoshop, Lightroom oder Camera Raw werden Sie Ihre Visionen gekonnt umsetzen.

436 Seiten, broschiert 39,90 €
ISBN 978-3-8362-3739-0
www.rheinwerk-verlag.de/3837

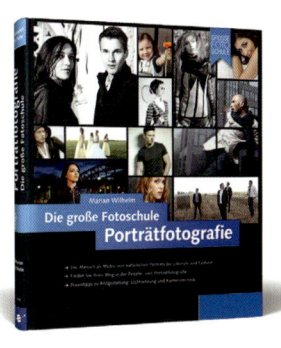

Porträt, Studio und Blitztechnik

Marian Wilhelm
Porträtfotografie
Die große Fotoschule

Marian Wilhelm zeigt Ihnen, wie Sie Ihren Blick für das Motiv Mensch schärfen. Er gibt Tipps für einen unverkrampften Umgang mit Ihren Modellen und erklärt, wie Sie durch gezielte Bildgestaltung wirkungsvolle Aufnahmen machen. Fotoprojekte des Autors zeigen Ihnen dabei anschaulich die Bandbreite der Porträt- und Peoplefotografie.

332 Seiten, gebunden, 39,90 €
ISBN 978-3-8362-2490-1
www.rheinwerk-verlag.de/3402

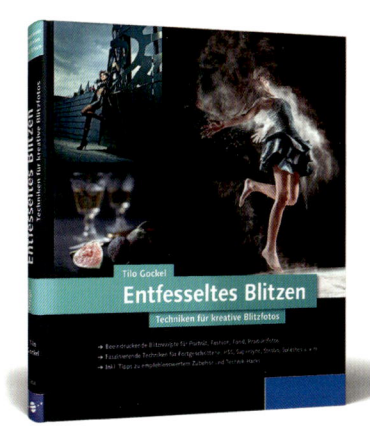

Tilo Gockel
Entfesseltes Blitzen
Techniken für kreative Blitzfotos

Lassen Sie sich von Tilo Gockels Feuerwerk an Blitztechniken in den Bann ziehen! Von flexiblen Lichtsetups für die Porträt- und Foodfotografie über Farb- und Musterprojektionen bis hin zu aufwendigen Shootings mit Highspeed- und Stroboskopeffekten – hier lernen Sie die Techniken, mit denen Sie begeistern werden!

254 Seiten, gebunden, 39,90 €, ISBN 978-3-8362-2626-4
www.rheinwerk-verlag.de/3469

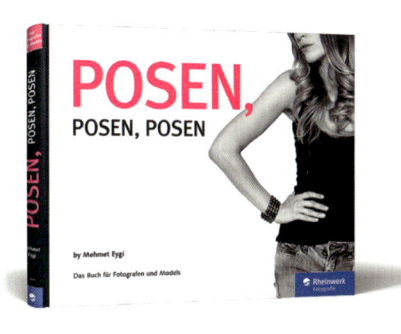

Mehmet Eygi
Posen, Posen, Posen
Das Buch für Fotografen und Models

Dieses Buch informiert und inspiriert Sie als Fotografen oder Sie als Model, vor und während Ihres Shootings! Auf jeder Seite dieses Buchs finden Sie eine Grundpose in vier Variationen, und prägnante Texte verdeutlichen, worauf es bei dieser Pose ankommt.

296 Seiten, gebunden, 39,90 €
ISBN 978-3-8362-2601-1
www.rheinwerk-verlag.de/3443

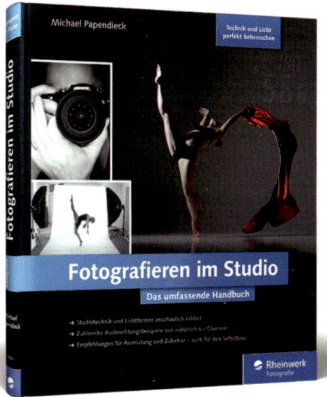

Michael Papendieck
Fotografieren im Studio
Das umfassende Handbuch

Hier bekommen Sie einen umfassenden Überblick über die Studiotechnik: Wie richte ich ein Studio ein? Welche Blitzanlagen und Lichtformer gibt es und wie setze ich sie ein? Praxisworkshops zeigen Ihnen, wie Sie u. a. mit den »Klassikern« Low und High Key arbeiten oder wie Sie ein Glamour-Shooting ausleuchten. So setzen Sie im Handumdrehen eigene Bildideen im Studio um!

284 Seiten, gebunden, 39,90 €, ISBN 978-3-8362-1984-6
www.rheinwerk-verlag.de/3218

Wir hoffen, dass Sie Freude an diesem Buch haben und sich Ihre Erwartungen erfüllen. Bitte teilen Sie uns doch Ihre Meinung mit. Eine E-Mail mit Ihrem Lob oder Tadel senden Sie direkt an den Lektor des Buches: *frank.paschen@rheinwerk-verlag.de*. Im Falle einer Reklamation steht Ihnen gerne unser Leserservice zur Verfügung: *service@rheinwerk-verlag.de*. Informationen über Rezensions- und Schulungsexemplare erhalten Sie von: *ralf.kaulisch@rheinwerk-verlag.de*.

Informationen zum Verlag und weitere Kontaktmöglichkeiten finden Sie auf unserer Verlagswebsite *www.rheinwerk-verlag.de*. Dort können Sie sich auch umfassend und aus erster Hand über unser aktuelles Verlagsprogramm informieren und alle unsere Bücher versandkostenfrei bestellen.

An diesem Buch haben viele mitgewirkt, insbesondere:

Fotografien und Text Harald Franzen
Konzeption und Lektorat Frank Paschen
Korrektorat Annette Lennartz, Bonn
Herstellung Vera Brauner
Layout Vera Brauner, Janina Brönner
Einbandgestaltung Janina Engel
Coverbilder Harald Franzen
Satz Hanno Elbert, rheinsatz, Köln
Druck Firmengruppe Appl, Wemding

Dieses Buch wurde gesetzt aus der TheAntiquaB (9 pt/13 pt) in Adobe InDesign CS6. Gedruckt wurde es auf matt gestrichenem Bilderdruckpapier (135 g/m²).

Bibliografische Information der Deutschen Nationalbibliothek:
Die Deutsche Nationalbibliothek verzeichnet diese Publikation in der Deutschen Nationalbibliografie; detaillierte bibliografische Daten sind im Internet über *http://dnb.d-nb.de* abrufbar.

ISBN 978-3-8362-2457-4
© Rheinwerk Verlag GmbH, Bonn 2016
1. Auflage 2016

Das vorliegende Werk ist in all seinen Teilen urheberrechtlich geschützt. Alle Rechte vorbehalten, insbesondere das Recht der Übersetzung, des Vortrags, der Reproduktion, der Vervielfältigung auf fotomechanischem oder anderen Wegen und der Speicherung in elektronischen Medien, insbesondere auf privaten Webseiten.

Ungeachtet der Sorgfalt, die auf die Erstellung von Text, Abbildungen und Programmen verwendet wurde, können weder Verlag noch Autor, Herausgeber oder Übersetzer für mögliche Fehler und deren Folgen eine juristische Verantwortung oder irgendeine Haftung übernehmen.

Die in diesem Werk wiedergegebenen Gebrauchsnamen, Handelsnamen, Warenbezeichnungen usw. können auch ohne besondere Kennzeichnung Marken sein und als solche den gesetzlichen Bestimmungen unterliegen.

Wie hat Ihnen dieses Buch gefallen?
Bitte teilen Sie uns mit, ob Sie zufrieden waren,
und bewerten Sie das Buch auf:
www.rheinwerk-verlag.de/feedback

Ausführliche Informationen zu unserem aktuellen
Programm samt Leseproben finden Sie ebenfalls
auf unserer Website. Besuchen Sie uns!

Rheinwerk
www.rheinwerk-verlag.de